〔德〕卡尔·冯·克劳塞维茨　著

陈川　译

ON WAR

战 争 论

1

CARL VON CLAUSEWITZ

民主与建设出版社　博集天卷
·北京·

Carl von Clausewitz

HINTERLASSENE WERKE ÜBER KRIEG UND KRIEGFÜHRUNG

Erster Band

Vom Kriege

Erster Teil

Erste Auflage

Ferd. Dümmler's Verlagsbuchhandlung, Berlin, 1832

本卷据费迪南德·迪姆勒出版社1832年版译出

★ 译者前言 ★

卡尔·冯·克劳塞维茨（1780—1831）是普鲁士少将、著名军事理论家和军事历史学家。他12岁参军，13岁参加第一次反法联盟战争（1792—1797），此后一生中又参加了第四次反法联盟战争（1806—1807）、1812年俄法战争，以及1815年反法战争。其间，克劳塞维茨历经普鲁士军校首届学员（1801—1804）、亲王副官（1804—1806）、法国战俘（1807—1809）、普鲁士军事改革的参与者、普鲁士王子的基础军事课教员（1809—1812）等多个角色的变换，但不变的是他的勤于阅读和思考。他阅读了大量政治、军事、历史、逻辑和哲学方面的书籍，在法国战俘营期间对法国革命的影响进行分析，对普鲁士在耶拿会战中大败的原因进行反思，撰写了《关于1806年10月战事的书信集》（后于1823年底又撰写了《处于最大灾难中的普鲁士》，再次进行反思）。在参与1815年反法联盟战争后，克劳塞维茨先是任军参谋长（1815—1818），后任普鲁士军事学院院长（1818—1830）。在任院长期间，他有更多时间对涉及战争的一些根本问题进行思考，着手尝试运用辩证法原理分析战争中具有规律性的现象，对军事与政治、战争与媾和、进攻与防御、战略与战术、绝对战争与现实战争、物质力量与精神力量、常备军战争与人民战争等诸多概念和要素之间的关系进行研究。1831年11月16日，克劳塞维茨突发急症去世，留下大量笔记和手稿，后由其夫人玛丽·冯·克劳塞维茨（1779—1836）整理，于1832—1834年出版。

克劳塞维茨曾表示："我的抱负是要写一部不是两三年后被人遗忘的，而是对军事感兴趣的人会不时翻阅的书。"[1]但是他的著作起初并未受到重视，直到

---

[1] 见本书第一卷首版前言，第3页。

若干年后，经普鲁士总参谋长毛奇元帅推荐，其著作才为更多人所熟知，而且其读者早已不仅是对军事感兴趣的人。

星移物换，时代变迁，但是克劳塞维茨在其著作中揭示出来的战争中的那些带有普遍性和规律性的现象、那些可以被视为真理的法则是不变的，正所谓万变不离其宗。如果以作者的一段话来举例说明其中的这样一些法则（克劳塞维茨称其为"毫不困难就可以弄清楚的语句"）的话，那么这段话是："防御虽带有消极目的，却是比进攻更有力的作战形式，进攻虽带有积极目的，却是较防御更弱的作战形式；大的胜利一并决定小的胜利；针对某些重点所取得的胜利能产生战略效果；佯动是弱于真正进攻的一种力量运用，因此只有在特定条件下才能采用；胜利不仅体现在占领战场，还体现在从肉体和精神上摧毁对方的军队，而这种摧毁大多只有在赢得会战后的追击中才能实现；经过战斗赢得的胜利，其战果才总是最大的，因此对于从某一战线和方向转到另一战线和方向，只能视为一个迫不得已而为之的下策；只有在具有全面优势或者在交通线和退却线方面较对手占优势时，才有权利进行迂回；只有具备前一条中的同样条件时，才能占领翼侧阵地；任何进攻在前进过程中都会受到削弱。"[1]

有一种观点认为克劳塞维茨的理论也没什么了不起，依据是德国人输掉了两次世界大战。但是持这一观点的人恰恰没有认识到，正是当时的决策者没有遵循克劳塞维茨的著名论断——"战争无非是政治以其他手段的延续"[2]，而是认为政治对军事的决定作用在战争开始后不久就停止了，在战争期间应该是军人说了算，才是德国人输掉战争的原因之一。当然，这并不是说如果德国人遵循了克劳塞维茨的论断就一定能赢得两次世界大战，因为战争还有正义性和非正义性，以及民心向背等问题。

可以说，克劳塞维茨提出的很多理论和观点为军事思想和理论的发展做出了贡献，后世的很多政治、军事、战略家、统帅和普通读者也从中汲取了营养。时至今日，他的不少理论和观点不仅没有过时，而且仍具有重要意义，需要人们反思是否遵循或者注意到了他的这些理论和观点。例如克劳塞维茨指出，"只要敌

---

[1] 见本书第一卷说明，第4页。
[2] 见本书第一卷说明，第1页。

国政府及其盟友还没有被迫签订和约，或者敌国人民还没有屈服，我们就不能认为战争（敌对的紧张状态和敌对力量的活动）已经结束"[1]，"人们总是将和约的签订视为战争目的已经达到，战争这个活计也就算是结束了"[2]。又比如克劳塞维茨指出："贪图安逸会使一个生活水平日益提高和热衷于交际的民族堕落下去。一个民族，只有其民族性格和战争历练在不断的相互作用下相互帮衬，才有望在政治世界中拥有牢固的一席之地。"[3]警世醒言般的类似观点在书中还有很多，值得我们仔细研读和思考。当然，克劳塞维茨的理论和观点不可避免地会受到当时历史条件和认知水平的局限，有一些在学术上还有争议，其意义不在于也不可能对所有涉及战争和战略战术的问题提供现成的答案，而在于提示和提醒人们，当面临瞬息万变的情况需要做出决策时能够迅速地、下意识地想到他的这些理论和观点。正如克劳塞维茨所指出的那样："理论无法给人们提供解决问题的公式，无法通过在两侧堆砌原则而把人们限制在一条狭窄的、必走的小路上；理论应该使人们快速了解大量的事物及其相互关系，然后放手让人们进入更高级的行动领域，以便人们根据其天赋的大小运用所有集中起来的力量采取行动，并清楚地、唯一地意识到**真正的**和**正确的**事物。"[4]

人们常说商场如战场。克劳塞维茨也认为："拿战争与某种艺术相比，不如拿它与贸易相比，贸易也是人类利益和活动的一种冲突。距战争近得**多**的是政治，人们也可将政治视为一种规模更大的贸易。"[5]由于军事与经济活动在人员指挥与管理、形势的判断与决策等方面存在不少共性，因此作者的一些理论和观点除了在政治、军事等领域产生诸多影响外，也在经济、商业领域具有一定影响，成为一些世界知名大学或商学院的教学内容。相信广大读者，包括对政治、经济、军事、外交、历史、战略等感兴趣的各界朋友，会从克劳塞维茨的这部经典著作中汲取所需要的营养，做出自己的思考，收获自己的心得。

笔者十岁进入北京外国语学院附属外国语学校学习德语，1987年自北京外

---

[1] 见本书第一卷，第23页。
[2] 同上。
[3] 见本书第一卷，第154页。
[4] 见本书第三卷，第75—76页。
[5] 见本书第一卷，第94页。

国语学院德语系毕业，之后从事军事外交工作，2017年退役。有读者可能会问，目前能够见到的《战争论》的中文版本已经不下七八种，为什么我还要来凑这个"热闹"呢？这主要是因为，对照《战争论》的原文和现有中文译本，不难发现其中不少译文不够准确，而且有的涉及重要的概念和论断。例如原著中那句著名的论断"战争无非是政治以其他手段的延续"，其中"手段"一词，作者用的是复数，而中文译本一般将此句译为"战争无非是政治以另一个手段的延续"。这两种译法的差别还是不小的，有可能引起读者对作者原意的误解，甚至会令人误解作者认为发起战争的门槛并不高。又比如现有中文译本大多将Methodismus译作"方法主义"，而中文里并无"方法主义"这一概念，从而让读者很难理解，不明就里，而如果稍加查考，就会了解到作者以该词是表示习惯做法之意。类似的望文生义、词不达意现象还是不少的。究其原因，一是有的译者本人并不掌握德文，大多译自德文以外语种的版本，导致原文经过多次翻译转换后失准。例如，有的译者将出版原著的迪姆勒出版社误译为"迪姆勒费尔拉格出版社"，这显然是由于译者不清楚Verlag已经就是"出版社"的意思了。二是有的译者并不具备相应的军事知识。很难想象一位不清楚"翼侧"（Flanke）和"侧翼"（Flügel）区别，不清楚"主力会战"（Hauptschlacht）"会战"（Schlacht）"小规模会战"（Treffen）"战斗"（Gefecht）区别的译者会译好这部军事专著。此外，据了解，目前能见到的《战争论》中文译本似乎还没有直接从首版原著翻译过来的，而据不少读者反映，希望能看到未经后人修饰的首版原著的中文译本。好在现在可以很方便地阅读到近200年前的原著首版版本，例如有兴趣的读者可以在著名的克劳塞维茨研究网站Clausewitz.com中查阅到。

出于以上考虑，译者经过近两年的努力，终于在近期完成了《战争论》的翻译和校对，依据的版本是该书1832—1834年的德文首版，并承蒙民主与建设出版社和中南博集天卷文化传媒有限公司出版。此外，在出版方的建议下，笔者尝试为全书和各卷分别撰写制作了音频导读，虽然听起来有些枯燥，但也许多少能有助于读者以阅读之外的方式了解作者的观点。

在翻译和反复校对的过程中，笔者得到了家人和朋友们的帮助。首先要感谢家人尤其是我夫人的付出，除承担了大量我本应更多分担的家务和枯燥的文字录入以外，她还指出了原始译文中不少欠流畅和容易引起歧义的地方，实际上起到了第一读者的作用；感谢友人曹永娟女士和米伦费尔德先生不厌其烦地为我在语言、历史名词等方面答疑解惑；感谢民主与建设出版社和中南博集天卷文化传媒有限公司的编辑们反复校阅，起到了质检员的作用。由于本人水平有限，尽管努力争取不出错，以便为读者提供一个较好的用于了解和研读克劳塞维茨军事理论的译本，但肯定还是会出现错误，在此先向读者致歉并恳请批评指正。

陈川

2020年元月于北京

目录
CONTENTS

首版前言　/ I
说明　　　/ I
作者前言　/ I

★ 第一篇 ★
关于战争的本性

第一章	战争是什么？	/ 002
第二章	战争中的目的和手段	/ 022
第三章	军事天赋	/ 035
第四章	战争中的危险	/ 052
第五章	战争中的劳顿	/ 054
第六章	战争中的情报	/ 056
第七章	战争中的阻力	/ 058
第八章	第一篇的结束语	/ 061

★ 第二篇 ★
关于战争理论

第一章	军事艺术的区分	/ 064
第二章	关于战争理论	/ 072
第三章	军事艺术或军事科学	/ 092
第四章	习惯做法	/ 096
第五章	评论	/ 102
第六章	关于史例	/ 122

★ 第三篇 ★
战略概论

第一章	战略	/ 132
第二章	战略要素	/ 140
第三章	精神要素	/ 142
第四章	主要的精神力量	/ 144
第五章	军队的尚武精神	/ 146
第六章	勇敢	/ 151
第七章	坚定	/ 155

第八章	数量优势	/ 157
第九章	出敌不意	/ 163
第十章	诡诈	/ 169
第十一章	空间上的兵力集中	/ 171
第十二章	时间上的兵力集中	/ 172
第十三章	战略预备队	/ 178
第十四章	兵力的合理使用	/ 182
第十五章	几何要素	/ 183
第十六章	军事行动中的停顿	/ 185
第十七章	现代战争的特点	/ 190
第十八章	紧张与平静	/ 192

★ 第四篇 ★
战斗

第一章	概要	/ 196
第二章	现代会战的特点	/ 197
第三章	战斗概论	/ 199
第四章	战斗概论（续）	/ 203

第五章	战斗的意义	/ 211
第六章	战斗的持续时间	/ 214
第七章	战斗胜负的决出	/ 216
第八章	战斗是否需经双方同意	/ 223
第九章	主力会战	/ 227
第十章	主力会战（续一）	/ 232
第十一章	主力会战（续二）	/ 238
第十二章	利用胜利的战略手段	/ 244
第十三章	会战失败后的退却	/ 254
第十四章	夜战	/ 257

★ 首版前言 ★

人们有理由感到惊讶，这样一部军事著作的前言竟出自一位女性之手。虽然对我的朋友们来说，这是无须解释的，但是我还是希望向那些不认识我的人简单地说明一下我这样做的原因，以免他们认为我不自量力。

眼前这部我现在为之撰写前言的著作几乎让我挚爱的丈夫（可惜他过早地离开了我和祖国）耗尽他生命中最后12年的全部精力。完成这一著作是他最殷切的愿望，但是他并无意一定要在他有生之年让它面世。当我劝他改变这个想法时，他一半是开玩笑，但一半也许是预感到自己的早逝而经常这样回答说："应该由**你**来编纂出版。" 尽管当时我很少认真地考虑过它的含意，但是在那些幸福的日子里，这句话常常使我潸然泪下。也正是这句话让我的朋友们认为，我有义务在我亲爱丈夫的遗著的前面写几句话。即使人们对于我这样做可能有不同的看法，也还是会体谅那种促使我克服羞怯心理来写这篇前言的情感的。这种羞怯心理常常使一位女子即使是出面做这样一些次要的事情也会感到十分为难。

当然在撰写本前言时，我丝毫也不应有自视为一部远在我眼界之外的著作的真正编者的想法。我只想作为一位曾经参与其中的伴随者，在它面世时伴其左右。我应该是有权利以这种身份出现的，因为我在这一著作的形成过程中确实有幸担任过类似的角色[1]。凡是了解我们的幸福婚姻并且知道我们彼此分享**一切**（不仅同甘共苦，而且分享日常生活中的每件琐事和趣事）的人都会明白，假如我不知详情，那么我亲爱的丈夫是不会如此全身心地投入这项工作的。因此没有

---

[1]《战争论》手稿中有些段落是作者夫人的笔迹，可能是为作者抄写的内容。——译者注

人比我更能见证他在从事此项工作时是抱着多么大的热忱，献给了它多少爱，以及寄予了它多少希望。我还见证了这项工作成形的方式和时刻。其丰富和聪颖的精神世界自少年时代起就让他感知到对光明和真理的渴望。尽管他受到了多方面的教育，但是他的思考主要还是集中于对国家安危极为重要的军事科学，其职业也要求他投身于这门科学。沙恩霍斯特[1]首先将他引上正确的道路[2]，后来他于1810年担任普通军事学校[3]的教官，并同时荣幸地为王储殿下[4]讲授基础军事课，这两件事对他来说又是新的动力，促使他把自己的研究和努力集中到这一方向上来，并把他自感解开了的疑惑写下来。1812年他在结束王储殿下课业时所写的一篇文章[5]，已经包含了他后续著作的胚芽，但是直到1816年，他才又在科布伦茨[6]开始研究工作，并且取得了一些成果。他在这期间如此重要的四年战争[7]中的丰富经验使他的思考趋于成熟，结成了这些果实。起初，他把自己的观点记录在简短的、相互之间只有松散联系的文章中。从其手稿中发现的下面这篇没有标明日期的文章看来也是出自这一较早时期：

　　我认为，这里写下的文字已经触及构成所谓战略的主要问题。尽管我还只是把它们视为素材，但我已经相当有把握将其融合成一个整体。

　　这些素材是在没有写作计划的情况下写成的。起初我只想用十分简短、准确和透彻的语句写下我自己思考并弄懂了的那些东西，并未虑及针对这些

---

[1] 沙恩霍斯特（Gerhard Johann David von Scharnhorst, 1755—1813），普鲁士将军，普鲁士总参谋部体制的奠基人。曾创办普鲁士军事学院，后任军事改革委员会主席等职。著有《炮兵研究指南》《军事回忆录》《军官手册》等。——译者注
[2] 1801年，克劳塞维茨被派往普鲁士步兵和炮兵青年军官学校接受三年培训，在此期间与时任校长的沙恩霍斯特中校相识，并深受其影响。——译者注
[3] 普通军事学校（die Allgemeine Kriegsschule），即普鲁士军事学院，由沙恩霍斯特于1810年10月15日在柏林创办。——译者注
[4] 即普鲁士国王威廉三世（1770—1840）的长子，后来的普鲁士国王弗里德里希·威廉四世（Friedrich Wilhelm Ⅳ., 1795—1861），1840—1861年期间为普鲁士国王。——译者注
[5] 这篇文章收录在本书第三卷的附录中。——译者注
[6] 科布伦茨（Koblenz），今德国莱茵兰-普法尔茨州北部一城市，位于摩泽尔河和莱茵河交汇处。——译者注
[7] 指1812—1815年期间拿破仑对俄战争，以及反法联盟对法战争。——译者注

思考要点的研究方法和严谨联系。当时孟德斯鸠[1]研究其问题[2]的方法隐约浮现在我的脑际。我认为，这种简短的、提纲式的篇章（起初我只想把它们称为"颗粒"）凭借它们自己已经确立了的观点，以及继续钻研它们可能得出的观点，均可极大地吸引才华横溢的人们。因此当时浮现在我眼前的是那些才华横溢、对战争已经有所了解的读者。不过我那追求充分论述和系统化的天性最终占了上风。有一段时间，我说服自己，从自己针对个别问题所写的文章中（因为只有这样我才能搞清有关问题，变得有把握）抽出最重要的结论，就是说将智慧集中于较小的范围进行研究。但是后来，我的天性完全支配了我，开始尽自己所能加以论述，之后也就自然考虑到那些对军事还不是很熟悉的读者。

我越是继续此项工作，越是沉醉于研究，也就越注重系统化，于是就陆续形成了一些章节。

我最后的打算是，对全部内容再过一遍，对早期文章中的一些论据加以充实，对后来文章中的一些分析也许再进行提炼，归纳出结论，从而使这些文章成为一个比较像样的整体，形成一部小的八开本书[3]。即使是在成书的过程中，我也要避免写那些已经司空见惯的东西，包括那些不言而喻的、已经谈论过千百遍的，以及已经广为大家所接受的东西，因为我的抱负是要写一部不是两三年后被人遗忘的，而是对军事感兴趣的人会不时翻阅的书。

他在科布伦茨公务繁忙，只能利用零星时间从事这项个人写作，直到1818年他被任命为位于柏林[4]的军事学院院长，才又有闲暇进一步扩展其著作，并用近代战争[5]史来充实其内容。根据这所军事学院当时的制度，研究工作不归院长负

---

[1] 孟德斯鸠（Charles de Secondat Montesquieu, 1689—1755），男爵，法国启蒙思想家、社会学家，西方国家学说和法学理论的奠基人。著有《论法的精神》《波斯人信札》等。——译者注
[2] 指孟德斯鸠经过27年研究，于1748年11月出版《论法的精神》。——译者注
[3] 原文如此（ein kleiner Oktavband）。——译者注
[4] 柏林（Berlin），今德国首都。历史上曾是勃兰登堡选帝侯国和普鲁士的首都。——译者注
[5] 近代战争（neuere Kriege），指法国革命以后的历次战争。——译者注

责[1]，而是由一个专门的研究部领导，因此他对担任院长职务并不十分满意，但是由于可以有充裕的空闲时间，他还是接受了这项新的任务。虽然他没有任何狭隘的虚荣心，没有任何躁动不安的个人野心，但是他想要成为真正有用的人，要让上帝赐予他的才能发挥作用。在他到那时为止忙碌的生命中，他没有得到过能满足这种要求的岗位。对于今后获得这样一个岗位，他也不抱多大的希望。他把自己的全部精力都投入了研究，他生活的目的就是希望他的著作将来能够有益于世人。尽管如此，他内心越来越坚定地打算在他去世之后再出版这部著作。这大概就是最好的证明，证明他追求伟大而深远影响的努力是真诚和崇高的，没有掺杂任何要求得到赞赏的虚荣意图和任何自私的考虑。

他就这样继续勤勉地写作，直到1830年春被调到炮兵部门任职。这之后，他的工作就和以前完全不同了，开始变得非常忙碌，以致至少在初期不得不完全放弃写作。他整理了他的手稿，分别包封起来，给它们贴上标签，十分痛苦地和这项他如此热爱的工作告别。同年8月，他被调往布雷斯劳[2]，担任炮兵第二监察部[3]监察长，12月又调回柏林，担任格奈泽瑙[4]伯爵元帅的参谋长（在格奈泽瑙任总司令期间）。1831年3月，他陪同其尊敬的统帅前往波森[5]。在遭受最悲痛的损失[6]后，他11月从波森回到布雷斯劳，希望能继续从事写作，并争取在当年冬天完成这一工作。然而上帝另有安排。他11月7日回到布雷斯劳，16日就与世长辞了。由他亲手包封的文稿，是人们在他去世以后才打开的！

现在这部遗著就在这里，就是在随后各卷要告诉大家的内容，而且完全是原

---

[1] 当时普鲁士军事学院院长主要负责学院日常行政管理和纪律惩戒。——译者注
[2] 布雷斯劳（Breslau），即今波兰下西里西亚省首府弗罗茨瓦夫（Wrocław），18、19世纪西里西亚的首府和军事重镇。位于奥得河畔。——译者注
[3] 1820年4月，普军炮兵部队分为三个监察部，各辖3个炮兵旅。其中第二监察部下辖第1、第5和第6炮兵旅，分别位于东普鲁士、西普鲁士和西里西亚。——译者注
[4] 格奈泽瑙（August Wilhelm Anton Graf Gneisenau，1760—1831），伯爵，普鲁士元帅。1806年耶拿会战大败后，与沙恩霍斯特等一起致力于军事制度改革，是普鲁士和德国总参谋部的创建者之一，1813—1815年任布吕歇尔元帅的参谋长。——译者注
[5] 波森（Posen），即今波兰大波兰省首府波兹南（Poznan），位于瓦特河畔。——译者注
[6] 格奈泽瑙因患霍乱于1831年8月23日在波森逝世。——译者注

样，没有增减一个字。尽管如此，在出版该书时还是有很多事情要做，有很多资料要整理和商讨。我谨向在这方面给予我帮助的多位挚友表示最衷心的感谢，尤其要感谢厄策尔[1]少校先生，他任劳任怨地承担了付印前的校对工作，并且为这部著作中的历史部分[2]制作了附图。在这里，我也要提及我亲爱的弟弟[3]。他在不幸的时刻是我的支柱，并且在很多方面为这部遗著的出版做出了努力。例如他在细心通读和整理这部遗著时，发现了我亲爱的丈夫开始修改本书的文稿（我丈夫**在1827年写成的**、列在本前言后面的**《说明》**中提到，修改本书是他要进行的一项工作），并把它放入应属的第一篇（因为其内容仅涉及第一篇）。

我还要向其他很多朋友表示感谢，感谢他们为我提出的建议，以及向我表达的哀悼之情和友好之谊。尽管我无法一一列出他们所有人，但是他们一定会接受我由衷的感激之情。我越是坚信他们为我所做的一切不仅是为了我，而且还是为了上帝从他们手中过早掠走的朋友，我的这一感激之情就越是强烈。

我在**这样**一位丈夫身边度过了非常幸福的21年。现在尽管我遭受到无法弥补的损失，但是由于我拥有对往事的珍贵记忆和对未来的希望，拥有我亲爱的丈夫留给我的朋友们的关切和友谊，并且令人振奋地感受到其罕见的价值已经得到如此普遍和光荣的认可，因此我依旧感到非常幸福。

一对高贵的贵族伉俪[4]出于对我的信任，召我到他们身边任职。这一信任对我又是一个新的安慰，为此我要感谢上帝，因为这一信任为我带来了一份光荣的工作。我愉快地投身于这份工作。愿上帝赐福于这一工作，希望目前由我侍奉的

---

［1］厄策尔（Franz August O' Etzel，1784—1850），普鲁士少将。1825—1835年任普鲁士军事学院地形学和地理学教官。1847年晋升少将。——译者注

［2］克劳塞维茨的军事遗著共十卷，本书是其中的前三卷，即战争理论部分，后七卷是历史部分，对一些战例进行了记述和评析。——译者注

［3］即弗里德里希·威廉·冯·布吕尔（Friedrich Wilhelm von Brühl，1791—1859），伯爵，普鲁士中将。1828年成为普鲁士元帅格奈泽瑙的女婿。——译者注

［4］指当时普鲁士国王弗里德里希·威廉三世（1770—1840）的次子威廉王子（Wilhelm Friedrich Ludwig von Preussen，1797—1888）及其夫人奥古斯塔。1861年1月2日，威廉王子在其长兄弗里德里希·威廉四世逝世后成为普鲁士国王，1871年成为德意志帝国首位皇帝（即威廉一世）。——译者注

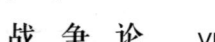

尊贵的小王子[1]将来能够阅读本书,并受到本书的鼓舞而付诸可与其荣耀祖先比肩的行动!

1832年6月30日书于波茨坦[2]附近的大理石宫[3]

玛丽·冯·克劳塞维茨[4]

布吕尔世袭伯爵[5]、威廉王妃[6]殿下侍从长

---

[1] 即后来的弗里德里希三世(Friedrich Ⅲ., 1831—1888),1888年成为德意志帝国皇帝和普鲁士国王,在位仅99天即因喉癌去世。——译者注

[2] 波茨坦(Potsdam),今德国勃兰登堡州首府,东北距柏林约30公里。——译者注

[3] 大理石宫(das Marmorpalais),位于波茨坦附近,普鲁士国王弗里德里希·威廉二世命人于1787—1792年兴建。——译者注

[4] 玛丽·冯·克劳塞维茨(Marie von Clausewitz, 1779—1836),伯爵,萨克森将军阿道夫·冯·布吕尔伯爵之女,普鲁士将军和军事理论家、本书作者卡尔·冯·克劳塞维茨之妻。——译者注

[5] 布吕尔系历史上萨克森和图林根地区的著名贵族姓氏。本书编者玛丽出生时即为布吕尔伯爵,其父阿道夫·冯·布吕尔曾任萨克森和普鲁士骑兵司令,祖父海因里希·冯·布吕尔曾任萨克森选帝侯国首相,在七年战争中曾与普鲁士为敌。——译者注

[6] 威廉王妃(Prinzessin Wilhelm),即普鲁士威廉王子的夫人奥古斯塔(Augusta von Sachsen-Weimar-Eisenach, 1811—1890)。——译者注

★ 说明[1] ★

我认为，已经誊写清楚的前六篇还只是一堆相当不成形的文字，完全应该再修改一次。修改时，应注意让人到处都能更清楚地看到两种不同的战争，这样所有思想就会有更清晰的含义、明确的指向和更具体的运用。这两种不同的战争就是**以战胜对手为目的**的战争（无论是在政治上消灭他，还是仅使他无力抵抗，以便迫使他签订一个符合我们意愿的和约），以及**只是要在其国家的边境地区占领一些地方**的战争（无论是为了占据这些地方，还是为了在媾和时将其作为有用的交换手段）。当然从一种战争到另一种战争之间必然有一些过渡性的战争样式，但是这两种有着不同努力方向的战争，其完全不同的本性[2]必然贯穿于一切方面，并将其互不相容的部分凸显出来。

除了指出这两种战争实际上存在的区别以外，还应明确且准确地确定以下这一实际上同样不可或缺的观点：**战争无非是政治**[3]**以其他手段**[4]**的延续**。如果我们始终坚持这个观点，就会更多地使考察前后一致，一切问题就会更容易得到解决。虽然这个观点主要在第八篇中才发挥其作用，但在第一篇中就必须对它进行透彻的阐述，而且这一观点在修改前六篇时也应一并发挥作用。对前六篇做这

---

［1］即编者在前言中提及的克劳塞维茨于1827年撰写的文章。——译者注

［2］"本性"（die Natur），意为"本身即有的属性"，此处指战争本身具有的属性，如暴力性、对政治的从属性等。以往有的中文译本将其译为"性质"，易使人误解为战争的正义性和非正义性。——译者注

［3］"政治"一词，作者在此处使用了"Staatspolitik"，也可译为"国家政策"，但由于作者在书中其他涉及战争与政治关系的论述中均使用了"Politik"一词，为保持前后一致，故在此将该词译为"政治"。——译者注

［4］在原作中，"手段"一词，作者用的是复数（Mitteln），似可理解为战争只是政治以军事、外交等多种手段延续的其中一种手段。——译者注

样的修改，会去除书中的一些糟粕，弥补一些漏洞，可以把一些一般性的东西归纳成更明确的思想和形式。

第七篇《进攻》（各章的草稿已经写好）应该被视为第六篇《防御》的对应篇，并且应该根据上述更明确的观点立即进行修改，这样以后就可以不必再修改了，而是可以更多地在修改前六篇时作为一个标准。

第八篇《战争计划》（关于整个战争的准备）已经草拟出多个章节，但它们甚至还不能算作真正的素材，而只是对大量材料的粗略加工。这样做是为了能够在真正写作时再明确重点所在。这些篇章已经达到了这一目的。我想在完成第七篇以后，立即着手修改第八篇。修改时我主要是要贯彻上述两个观点，简化一切内容，但同时也要使一切更具思想性。我希望在这一篇中能够澄清某些战略家和政治家头脑中的模糊观点，至少要向世人指出问题的关键所在，以及人们在一场战争中到底应该考虑些什么问题。

如果通过修改这第八篇能厘清我的思路，并充分确定战争的大的轮廓线条，那么此后我就可以比较容易地把这种思路带到前六篇中去，让战争的这些轮廓线条在那里也处处得到体现。只有到这个时候，我才着手修改前六篇。

假如我过早离世，使这项工作中断，那么现有的这些当然就只能叫作一堆不成形的想法了。它们将受到无休止的误解，成为大量不成熟评论的动因，因为在这些问题上，每个人都相信自己提笔写下的突发奇想同样很好，足以被他人引用和印刷发表，认为自己写的内容就像二二得四一样是无懈可击的。假如评论者也像我一样花费这么多精力，长年累月地思考这些问题，并且总是把它们与战史进行对比，那么他们在进行评论时自然就会更加慎重了。

尽管本书尚未成形，但我仍然相信，一位不持偏见、渴望真理和追求信念的读者，在阅读前六篇时对那些经过多年思考和对战争潜心研究之后得到的果实不会视而不见，而且或许会从中发现可能在战争理论中引起一场革命的主要思想。

1827年7月10日 于柏林

除了上面的《说明》以外，在作者的遗稿中还有下面一篇未完成的文章。这篇文章看来是他在辞世前不久写的。

在我辞世后，人们会发现这些关于大规模战争引导[1]的手稿。像目前这个样子，这些手稿只能视为汇集起来的素材，从中应建立起一个关于大规模战争的理论。对其中大部分内容，我尚不满意，而第六篇只能看作一种尝试，我很想对这一篇进行彻底改写，并另寻论述的方法。

不过人们在这些材料中看到的占据主要地位的主要观点，我认为是关于战争的正确观点。这些观点是我始终面对现实进行多方面思考，以及始终记取战史经验教训和与优秀军人交往所受教益的结果。

第七篇《进攻》谈到的问题是在仓促之中写下来的。在第八篇《战争计划》中，我本想更突出地指出战争中政治和人文方面的不同。

我认为第一篇第一章是唯一已经完成的一章。它至少指出了我在全书处处都要遵循的方向。

建立起有关大规模战争的理论或者所谓的战略，是特别困难的。可以说，只有很少的人对其中的各种问题持有清晰的观点，即了解其中各种事物之间必然的和不间断的联系。在行动中，大多数人根据判断情况时的直觉[2]行事，而这一直觉是随着人们天赋的多少而变化的，有的正确，有的则不那么正确。

所有杰出的统帅就是这样行动的。他们判断时的直觉之所以往往是正确的，部分是由于他们的伟大和天赋。对统帅亲为的行动来说，也永远会是这个样子。对这样的行动来说，这种判断时的直觉也足够了。然而如果不是统帅本人行动，而是他要在讨论中说服别人行动，那就必须有明确的观点，并指出事物的内在联系。由于在这方面的训练还很落后，因此大部分讨论只是一些没有根据的话说来说去，结果不是各说各话、各执己见，就是为了顾及对方而妥协，走上毫无价值的折中之路。

---

［1］"引导"，原文"Führung"，依不同语境可译为"指挥""指导""引导"。——译者注
［2］"判断情况时的直觉"（Takt des Urteils），如果直译的话，也可译为"判断情况时的分寸感"。——译者注

因此在这些问题上持有明确的观点并非无益，而且人的思想一般来说都倾向于要求具有明确性，要求找到事物之间的必然联系。

如此富于哲理地建立军事艺术[1]是非常困难的，加之人们在这方面的很多尝试是非常糟糕的，因此大多数人得出结论，认为不可能建立这样的理论，因为这里涉及的是现有法则无法加以概括的东西。假如不是有很多毫不困难就可以弄清楚的语句的话，我们就会同意这种看法，并放弃建立理论的任何尝试。这些语句包括：防御虽带有消极目的，却是比进攻更有力的作战形式，进攻虽带有积极目的，却是较防御更弱的作战形式；大的胜利一并决定小的胜利；针对某些重点所取得的胜利能产生战略效果；佯动是弱于真正进攻的一种力量运用，因此只有在特定条件下才能采用；胜利不仅体现在占领战场，还体现在从肉体和精神上摧毁对方军队，而这种摧毁大多只有在赢得会战后的追击中才能实现；经过战斗赢得的胜利，其战果才总是最大的，因此对于从某一战线和方向转到另一战线和方向，只能视为一个迫不得已而为之的下策；只有在具有全面优势或者在交通线和退却线方面较对手占优势时，才有权利进行迂回；只有具备前一条中的同样条件时，才能占领翼侧阵地；任何进攻在前进过程中都会受到削弱。

---

[1] "军事艺术"（die Kriegskunst），如果直译的话，可译为"战争艺术"，但是从作者在第二篇第一章和第三章中所做分析来看，其含义不仅仅局限于战争，故译为"军事艺术"。——译者注

★ 作者前言 ★

科学的概念不仅仅或者不是主要存在于系统和成熟的学科之中，这在今天已经无须争论了。表面上看，读者在本书中是根本找不到体系的。这里没有成熟的学科，只有一些素材。

本书的科学形式表现在致力于研究战争现象的实质，指出它们与构成它们的那些事物的本性之间的联系。作者在本书中从不回避得出富于哲理的结论，但是当它们犹如一丝细线，不足以引出和说明问题时，作者宁愿扯断它们，而采用实际经验中相应的现象来说明问题。正如某些植物只有枝干不能长得太高才能结出果实一样，在现实的军事艺术园地里也不能让理论的枝叶和花朵长得太高，而是要让它们接近经验，接近它们本来的土壤。

想根据麦粒的化学成分研究出麦穗的形状，这无疑是错误的，因为要想知道麦穗的形状，只要去麦田里看一下就可以了。研究与观察、哲学与经验从来就不允许彼此蔑视或排斥，它们是相互为对方做担保的。因此本书的内容是有内在必然性的，它们或者以经验，或者以战争本身的概念为基础，就像拱形屋顶建在立柱上一样，因此本书的内容是不缺乏依据的[1]。

写出一套系统的、饱含思想和内容的战争理论，也许并非不可能，但我们迄今的理论距此还很遥远。现有的理论竭力追求系统的连贯性和完整性，充斥着各种平庸、套话和高谈阔论，更不要说它们还缺乏科学精神。如果有人想生动地

---

[1] 很多例子证明，很多军事著作家，特别是那些想要科学地研究战争本身的军事著作家并不是这样做的。在他们的结论中，赞成的和反对的观点是如此相互矛盾，以至于得不出什么像样的结论，还不如两头狮子相互吞食后能剩下两条尾巴。——作者注

体会一下这种理论，那么可以读一下利希滕贝格[1]从一篇消防规程中摘出的一段话：

> 如果一幢房子失火，那么人们必须首先试着去防护该房左边房子的右墙和该幢房子右边房子的左墙。因为如果人们，比如说，要去防护位于左边的房子的左墙，那么这幢房子的右墙位于左墙的右边，由于火也在这面墙和右墙的右边（因为我们已经假设房子位于火的左边），因此这幢房子的右墙比左墙距火更近。在火烧至受到防护的左墙以前，如果不对右墙加以防护，那么这幢房子的右墙就可能烧毁。因此可以得出结论说，未加防护的东西可能烧毁，而且会在其他也未加防护的东西被烧毁以前烧毁，因此人们必须放弃后者，防护前者。为使人们对事情有深刻印象，必须指出：如果房子位于火的右边，那么就防护左墙；如果房子位于火的左边，那么就防护右墙。

为避免用这样的啰唆语言吓跑有头脑的读者，为避免在精华中掺水而使之失去美味，作者更愿意把他对战争的多年思考，与他相识的智者的交往，以及他的一些经验在其内心唤起和明确了的东西，铸成未掺杂质的金属小颗粒，献给读者。本书表面上联系不是很密切的各章就是这样产生的，但是希望它们并不缺乏内在的联系。也许不久就会出现一位更有智慧的人，呈现给读者的不再是这些零星的颗粒，而是一整块没有瑕疵和杂质的金属。

---

[1] 利希滕贝格（Georg Christoph Lichtenberg，1742—1799），德国18世纪下半叶的启蒙学者、数学家、作家，德国首位实验物理学教授。——译者注

 第一篇
关于战争的本性

★ 第一章 ★

战争是什么？

1. 引言

我们想首先考察战争的各个**要素**，其次考察其**各个部分**或**环节**，最后再就其内在联系考察**整体**，也就是说先研究简单的，再研究复杂的。但是我们在此比在其他任何地方都更有必要先对整体的本质有一个概括的了解，因为在此比在任何地方都更有必要在考察部分时总是同时想到整体。

2. 定义

在这里，我们不打算一开始就给战争下一个冗长的政论式的定义，而是打算抓住战争的要素——决斗。战争无非是扩大了的决斗。如果我们要把构成战争的无数个决斗想成一个统一体，那么最好把它想象成两个人在摔跤。每一方都试图通过体力迫使另一方服从自己的意志；其**最直接**的目的是**战胜**对手，从而使对方无力再做任何抵抗。

因此战争是迫使对手服从我们意志的一种暴力行为。

暴力以技术和科学的各种发明武装自己，以对付暴力。暴力所受到的国际法惯例的限制是微不足道的，这些限制与暴力同时存在，并未在实质上削弱暴力的力量。暴力（物质暴力，因为除了国家和法的概念以外就没有其他精神暴力了）是**手段**，把我们的意志强加于敌人是**目的**。为了有把握地达到这个目的，我们必须使敌人无力抵抗，因此从概念上讲，使敌人无力抵抗是战争行为的真正目标。这个目标取代了目的，并在某种程度上把目的作为不属于战争本身的东西而排斥掉了。

3. 暴力的最大限度的使用

有些仁慈的人可能很容易认为，会有一种巧妙的方法，不必造成太多的伤亡就能解除对手的武装或者战胜对手，并且认为这是军事艺术发展的真正方向。不管这种想法是多么美妙，却是一种必须消除的错误，因为在像战争这样危险的事情中，由仁慈而产生的**这些**错误恰恰是最糟糕的。由于物质暴力在其全部范围内的使用不以任何方式排斥智慧一同发挥作用，因此不顾一切、不惜流血地使用暴力的一方，在对手不这样做时，想必就会取得优势。这样一来，他就给对手定下法则，于是双方就趋向极端[1]，这种趋向除了受内在的牵制力量[2]的限制以外，不受其他任何力量的限制。

人们必须这样来看问题。出于厌恶这一残暴的要素[3]而忽视其本性是无益的，甚至是错误的。

如果说文明民族的战争与野蛮民族的战争相比，其残酷性和破坏性要小得多，那么其原因在于社会状况不同，既包括交战国内部的，也包括交战国之间的。战争产生于这种社会状况及其各种因素，受到这种社会状况的限制、约束和弱化，但是这些东西并不属于战争本身，对战争来说只是已经存在的东西，因此人们从来就不能将一种缓和的因素硬搬入战争哲理本身，否则就是不合情理的。

---

［1］"极端"（das Äusserste），也可以译为"极限""极致""最大限度"。作者认为，在概念领域内，一切事物都在追求绝对的顶点，例如抽象的战争就是这样。由于一方使用暴力，另一方就不得不同样使用暴力，于是双方对暴力的使用就会达到最大限度，双方都会为追求最高的目标（战胜对手或使对手无力抵抗）而使用最大的力量。——译者注

［2］"内在的牵制力量"（innewohnende Gegengewichte），指人的胆怯、自私等弱点。——译者注

［3］指暴力。——译者注

人与人之间的斗争[1]本来是由**敌对感受**和**敌对意图**这两种不同的要素组成的。我们之所以选择两个要素中的后者作为我们战争定义的标志，是由于它具有普遍性。甚至最野蛮的、近乎出于本能的仇恨感，如果没有敌对意图，也是不可想象的。相反，很多敌对意图根本未伴随着敌对感受，或者至少没有伴随着强烈的敌对感受。在野蛮民族中，归因于情感的意图是主要的；而在文明民族中，归因于理智的意图是主要的。不过出现这种区别的原因不在于野蛮和文明自身的本质，而在于其所处的情况和制度等：因此不是在每个情况下都必然有这种区别，而只是在大多数情况下有这种区别。一句话，即使是最文明的民族，相互间也会爆发激烈的冲突。

由此可见，如果人们把文明民族的战争理解为政府之间纯粹的理智行为，认为战争越来越摆脱一切激情，以至于最后不再真的需要众多军事人员参加，而只是需要双方的兵力对比，对行动进行代数演算就可以了，那将是极为荒谬的。

理论已经开始向这个荒谬的方向发展，但最近几次战争的出现又把它纠正了过来[2]。如果说战争是一种暴力行为，那么它必然也属于情感的范畴。即使战争不是由情感引起的，但它毕竟还是与情感有或多或少的关系，关系的多少不取决于文明程度，而是取决于敌对利益重要性的大小和持续时间的长短。

如果我们发现，文明民族不杀俘虏、未摧毁城市和乡村，那是因为他们在战争中更多地运用了智慧，学会了比这种粗暴发泄的本能更有效的使用暴力的方法。

火药的发明、火器的不断改进已经充分表明，文明程度的提高丝毫没有妨碍或改变战争概念中的消灭对手的倾向。

我们再重复一下我们的观点：战争是一种暴力行为，而暴力的使用是没有界

---

[1] 斗争（der Kampf），在本书中大多指武力冲突，在很多情况下是指真正的战斗，并非泛指政治、经济等斗争。——译者注

[2] 在18世纪的欧洲军事理论中有一种倾向，认为会战不仅没有必要，而且有害，认为演习式的作战比决出胜负的会战更有利。例如英国军事理论家劳埃德认为，如果人们掌握了数学和地形学等方面的知识，就能够运用几何学精确地计算出一切作战行动，从而不必进行真正的会战；普鲁士军事理论家亚当·冯·比洛（Adam Heinrich Dietrich Freiherr von Bülow，1757—1807）则把会战称为"完全绝望中的补救手段"，认为作战对象不应是敌人的军队，而应是敌人的补给线，只要对其构成威胁，就能迫使敌人屈服。18世纪末、19世纪初，普鲁士军队仍受这种思想的支配。作者在此对这些错误进行了批评。这里提到的"最近几次战争"指1806—1815年针对拿破仑的战争。——译者注

限的，于是每一方都给另一方制定法则，就会产生一种相互作用。从概念上讲，这种相互作用必然会导致极端。这是我们遇到的第一种相互作用和第一种极端。

（第一种相互作用）

4. 目标是使敌人无力抵抗

我们说过，使敌人**无力抵抗**是战争行为的目标。我们现在要指出，至少在理论上必须这样。

如果要让对手服从我们的意志，就必须置其于比我们带给他的损失更为不利的境地，这种不利至少从表面上看不能是暂时的，否则对手就会等待出现较为有利的时机而不屈服。因此继续进行的军事活动所引起的对手这一处境的任何变化，都必须使其处境**更为不利**，至少要使对手有这样的想象。参战的一方可能陷入的最不利的处境是完全无力抵抗，因此如果要通过战争行为迫使对手服从我们的意志，我们就必须使之要么确实无力抵抗，要么陷入很可能受到这种情况威胁的境地。由此得出结论：解除敌人武装或者战胜敌人，无论说法如何，必须永远是战争行为的目标。

战争不是一股有生力量对一堆无生命的东西产生作用，它永远是两股有生力量之间的冲撞，因为如果有一方绝对地忍受，那么就不可能进行战争。因此我们上面所谈的战争行为的最后目标，想必是双方都想要达到的。这里又是一种相互作用。只要我没有战胜对手，就不得不担心他战胜我，于是我不再是自己的主宰，而是对手给我定下法则，就像我给对手定下法则一样。这是**第二种相互作用，它导致第二种极端**。

（第二种相互作用）

5. 最大限度地使用力量

如果我们要战胜对手，那么我们就必须根据其抵抗力的大小来决定应该使用多大的力量。这一抵抗力是通过两个不可分开的因素表达出来的，即现有手段的**多少和意志力的强弱**。

现有手段的多少是可以确定的，因为它是基于数量的（尽管并非完全如此），而意志力的强弱是很难确定的，只能根据动机的强弱做大致估计。假设我们用这种方法大体上估计出对手抵抗力的大小，那么我们就可以根据它来决定自己应该使用多大的力量，并且要么加大这种力量，以形成优势；要么在我们力量还不足以形成优势的情况下，尽量增加我们的力量。但是对手也在这样做。这又是一个相互间的升级，从纯概念上讲，又必然会趋向极端。这是我们遇到的**第三种相互作用**和**第三种极端**。

（第三种相互作用）

6. 在现实中修正

在纯概念的抽象领域里，思考活动在达到极端以前是绝不会停止的，因为思考活动是在与一个极端的东西打交道，是在与一场力量冲突打交道，而这些力量自行其是，只服从其内在法则，不服从任何其他法则。因此，如果我们要从战争的纯概念中为我们设定的目标和应使用的手段找到一个绝对点，那么我们就会在不断的相互作用中陷入对极端的追求，这些追求无非是概念的游戏，是由逻辑上吹毛求疵所形成的几乎看不见的脉络所引起的。如果人们坚持追求绝对，对全部困难都以一种法则来应对，严格按照逻辑，坚持任何时候都必须准备对付极端，每一次都必须最大限度地使用力量，那么这种法则就只是书本中的法则，而不是适用于现实世界的法则。

即使假设最大限度地使用力量是一个容易做到的绝对的东西，人们还是要承认，人的头脑也很难接受这种逻辑梦幻的支配。最大限度地使用力量会在某些情况下造成力量的无谓浪费，这想必会与执政艺术的其他原则相抵触；最大限度地使用力量还会要求人的意志力发挥到与既定目的不相称的程度，从而无法实现，因为人的意志从来就不是通过逻辑上的吹毛求疵来获得力量的。

如果我们从抽象转入现实，那么一切就不同了[1]。在抽象领域中，一切都被想象得很乐观，我们不得不设想作战双方不仅在追求完美，而且均已达到完美的程度。在现实中也是这样的吗？假如以下情况成立，那么在现实中才会也是这样：

（1）战争是一个完全孤立的行为，它突然发生，与此前的国家生活没有联系。

（2）战争是由唯一的一次决战或者由若干个同时进行的决战组成的。

（3）战争包含一个自身已经做出了的决策，对战后政治状况的考虑不会在战争结束前反过来对战争产生影响。

7. 战争从来就不是一个孤立的行为

关于上述第6节三点假设中的第（1）点，我们认为，互为对手的每一方对另一方来说都不是抽象的人；对那个在抵抗力中不依赖外界事物的因素（意志）来说，也不是抽象的。这一意志并不是完全不可知的，它的今天预示着它的明天。战争不是突然发生的，它的扩大也不是瞬间的事情。因此双方中的每一方根据对方是怎样的，以及对方正在做什么，就能判断出对方的大部分情况，而不是根据对方（严格地说）应该是怎样的和应该做什么。人及其不完善的组织机构总是达不到尽善尽美这条线的——这一双方都存在的缺陷就成为一个弱化的因素。

8. 战争不是短促的、唯一的一击

上述第6节三点假设中的第（2）点促使我们做如下考察：

[1]关于这个问题，克劳塞维茨在1827年12月22日给吕德尔少校的信中写道："我们不能误入歧途，不能将战争视为一个单纯的暴力和消灭的行为，不能从这一有着逻辑结论的简单概念中得出一系列与现实世界的现象根本不再相符的结论。我们必须回到这样的结论：战争是一个政治行为，其法则不是全部只体现在自身内部。战争是一个真正的、政治的工具，它自己不活动，而是要由一只手来操纵。这只手就是政治……做了上述分析后，我无须证明有可能存在着目标更小的战争。这种战争只是一种威胁，是一种武装起来的谈判，或者在结成联盟的情况下，纯粹是一个装装样子的行为。但是如果人们断言这种战争与军事艺术不再有任何关系，则完全不符合哲理。只要军事艺术认为有必要承认可能合理地存在着不以极端、战胜和消灭敌人为目标的战争，那么军事艺术就必须放下身段，去研究政治利益有可能要求出现的所有不同程度的战争。"——编者注（本书中的"编者注"均为克劳塞维茨的夫人所注。——译者注）

假如战争中的决战是唯一的一次，或者是若干个同时进行的决战，那么为决战而进行的一切准备想必会趋向极端，因为一旦错过就无法再补救，而且在现实世界中可以作为我们准备依据的顶多是我们所能知道的对手的准备情况，其余的一切又都要交给抽象概念了。但是如果决战是由多个逐步采取的行动组成的，那么前一行动及其一切现象自然就可以成为衡量下一行动的尺度。于是现实世界在这里就又取代了抽象概念，从而弱化了对极端的追求。

然而假如用于战争的所有手段同时存在或者可以同时使用，那么每场战争就只能存在于一次决战或者一系列同时进行的决战，因为一次不利的决战必然使手段减少，所以如果在第一次决战中就已经使用了所有手段，那么其实也就不能再设想有第二次决战了。所有可能后续进行的军事行动，本质上都属于第一次决战，实际上只是它的延续。

不过我们已经看到，在准备战争时，现实世界就已经取代了纯粹的概念，现实的尺度就已经取代了极端的假设。两位对手仅是出于这个原因就会在相互作用下，不会把力量使用到最大限度，不会一开始就使用全部力量。

这些力量之所以不能全部同时发挥作用，还在于这些力量及其使用的本性。这些力量是：**真正的武装力量**[1]、**国土（连同其上面的居民）和盟友**。

国土（连同其上面的居民）除了是所有真正武装力量的源泉以外，本身还构成战争中有效要素的一个有机部分，当然具体只是属于战区[2]或者对战区有显著影响的那部分国土。

人们也许能够让所有可移动的武装力量同时发挥作用，但是不可能让所有的要塞、河流、山脉、居民等同时发挥作用，简而言之，就是不可能让整个国土同时发挥作用，除非国土小到战争的第一个行动即将其包括在内。此外，盟友的参与并不取决于交战者的意志，盟友往往较晚才参战或者为恢复失去的均势而增兵，这是国际关系的本性决定的。

这部分不能立即投入行动的抵抗力量，在某些情况下占全部抵抗力量的比例，比人们初看时认为的要大得多；由此即使人们在首次决战中使用了巨大的力

---

[1]"真正的武装力量"（die eigentlichen Streitkräfte），指军队。——译者注
[2]对"战区"（Kriegstheater）这一概念，作者在本书第二卷第五篇第二章中有专门论述。——译者注

量，即在力量平衡受到很大干扰的情况下，这一平衡还是可以恢复的。对上述这两点，以后我们还要做进一步的研究。在这里我们只想指出，**在时间上集中全部力量**是违背战争本性的。但是这一点本身不能成为减少首次决战投入力量的理由，因为在不利条件下进行决战总是没好处的，人们不会有意去承受，而且首次决战的规模越大，即使它不是唯一的一次决战，它对后续决战的影响也就越大。不过由于此后还可能有决战，这使得人们担心在此之前过多使用力量，于是在首次决战时就不会像本来应有的那样集中使用力量。两个对手中的任何一方由于兵力少而未采取的行动，对另一方来说，就成为一个真正的减少用兵的**客观**理由。由于这种相互作用，对极端的追求就又回到只是在一定程度上使用力量。

9. 战争的结果从来就不是什么绝对的东西

最后，甚至整个战争总的胜负也不能总是被视为绝对的胜负。战败国往往把失败只看成暂时的不幸，认为在将来的政治关系中，这一失败还是可以得到补救的。**这种情况**想必也会大大弱化紧张程度和力量使用的激烈程度，这是显而易见的。

10. 现实生活中的盖然性取代了概念的极端性和绝对性

这样一来，整个战争行为就摆脱了严格的被推向极端的力量法则。既然不再担心对方追求极端，自己也不再追求极端，那么自然就交由判断力去确定使用力量的限度，而不必最大限度地使用力量。这只能根据现实世界的现象所提供的情况，根据**盖然性**的法则来确定。如果两个对手不再是纯粹的概念，而是具体的国家和政府，如果战争不再是一个理想的战争，而是一个有自己特点的行动过程，那么实际已经发生了的事情就会为人们确定未知的和需要期待的事情提供依据，告诉人们应该如何努力。

双方中的任何一方都可以根据对手的特点、位置、状态和各种关系，根据盖然性的法则推断出另一方的行动，并据此确定自己的行动。

11. 现在政治目的再度显现

我们此前（见第2节）曾排除在考察之外的一个问题，现在自己再度进入考察的范围，即**战争的政治目的**。到目前为止，极端法则、使对手无力抵抗和战胜对手的意图，在某种程度上掩盖了政治目的。现在既然这一极端法则的力量已经减弱，这一意图已经降低了它的目标，战争的政治目的就必然再度显现出来。既然这里的全部考虑是根据特定的人和条件进行的一种盖然性的计算，那么作为战争**最初动机的政治目的**就必然成为计算中的一个很重要的因素。我们要求对手付出的代价越小，我们就越可以期待对手投入的力量不会挫败我们。而对手投入的力量越少，我们投入的力量也就可以越少。再有就是，我们的政治目的越小，我们对它的重视程度就越小，就越容易放弃它。出于这一原因，我们投入的力量也就越少。

这样，作为战争最初动机的**政治目的**就成为一个尺度，既是通过战争行为应达到目标的尺度，也是应投入力量的尺度。但是政治目的**本身**无法成为这种尺度，而是必须**与双方国家联系起来**才能成为这种尺度，因为我们要打交道的是实际存在的事物，不是纯粹的概念。同一个政治目的在**不同的民族**（甚至在同一民族）和不同的时期可以引发完全不同的行动，因此只有当我们认为政治目的**能对它应推动的民众产生作用**，以至于要考虑民众的本性时，我们才能把它作为一种尺度。民众对一个行动来说是加强的因素还是削弱的因素，由此产生的结果可能是完全不同的，对这一点是不难理解的。在两个民族和国家之间有可能存在很紧张的局面和大量敌对的因素，导致战争的政治动机本身虽然很小，却有可能引发远超出其本性的行动，引发一种真正的爆炸。

上面说的这一点[1]适用于政治目的应在双方国家中动员多少力量，也适用于政治目的应为战争行为设定什么目标。有时政治目的本身就可能是战争行为的目标，例如占领某一地区。有时政治目的本身不适合为战争行为规定目标，这时就需要找一个目标作为政治目的的等价物，并在媾和时可以代表政治目的。但是即使在这种情况下，前提也总是要考虑到参战国家的特点。在有的情况下，如果

---

[1] 指政治目的必须与双方国家联系起来并对民众产生作用，才能成为一种尺度。——译者注

人们要以政治目的的等价物来达到这一政治目的时，这个等价物要比政治目的大得多。民众越是表现得无所谓，民众中以及两国国内和两国之间的关系越是不紧张，政治目的作为尺度就越要起到主导作用，就越要自己决定。于是就会出现政治目的几乎独自决定的情况。

如果现在战争行为的目标是政治目的的一个等价物，那么一般来说，政治目的就连同这一等价物一起变小，而且这一政治目的越居于主要位置，就越是如此。这就解释了为什么在重要性和投入方面有各种不同程度的战争（从歼灭战向下直到纯粹的武装监视），而且未出现内在矛盾。但是这又使我们面临另一个要研究和回答的问题。

12. 以上还没有解释军事行动中为什么会有停顿

不管两个对手的政治要求多么无足轻重，不管他们使用的手段多么少，也不管他们为战争行为所设定的目标多么小，这种行为会有片刻的停顿吗？这是一个深入到事情本质的问题。

完成任何行动都需要一定的时间，我们将其称为行动的持续时间。这一持续时间根据行动者不同的缓急可长可短。

这里我们不关心行动者的缓急问题。每个人都是以自己的方式行事。行事慢的人不是因为想多用时间而比较慢，而是出于其天性需要更多的时间，假如他快了，就会把事情办得差一些。因此多用的这一段时间取决于内在的原因，本来就是行动**持续时间**的一部分。

如果我们把战争中每个行动多用的时间都计入它的持续时间，那么我们至少在最初不得不认为，在战争行为中，在这种持续时间以外所用的任何时间（每次停顿）看来都是不对的。当然在这里不能忘记，我们谈的不是两个对手中的一个或另一个的进展，而是整个军事行动的进展。

13. 只有一个原因能使行动停顿，而且看来它总是只能存在于一方

既然双方已经准备战斗，那么想必是有一个敌对因素促使他们这样做。只要他们处于这种准备战斗的状态，也就是说没有媾和，那么这一敌对因素就必然存在。两个对手中的任何一方只有在唯一的一个条件下才有可能休战，**即要等待一个对行动更有利的时机**。这样初看上去，这一条件总是只能存在于一方，因为这一条件恰恰因此[1]成为另一方的对立面。如果一方有行动的兴趣，那么另一方想必是有等待的兴趣。

双方力量完全相等时并不能引起停顿，因为这时有积极目的的一方（进攻者）想必会继续前进。

但是如果我们这样来设想均势：有积极目的（较强动机）的一方，拥有的力量却较少，以至于均势是双方动机与力量平衡的产物，那么我们还是要指出：如果看不出这种均势状态会有任何变化，那么双方就应该媾和；而如果预料这种均势状态会有变化，那么这种变化只会对其中一方有利，从而必然促使另一方考虑采取行动。我们看到，均势这个概念并不能解释为什么出现停顿，问题仍在于等待一个更有利的时机。假设两个国家中的一个抱有积极目的，想夺取对手的一个地区作为媾和时的资本，那么它占领这个地区后就达到了其政治目的，行动的需求就没有了，对它而言就可以休战了。如果对手面对这一结果也想停下来，那么它就不得不媾和；如果对手不想媾和，那么它就必须行动。这时人们可以设想对手四周后能为行动准备得更好，因此它有一个充分的理由推迟行动。

而从这一时刻起，从逻辑上看，采取行动的责任似乎又到了胜利者一边，以便不让战败者有时间准备行动。当然这里的前提是双方对情况都十分了解。

14. 军事行动因此可能持续，使一切又激烈起来

假如军事行动的持续性确实存在，那么这会使一切又趋向极端，因为这样一

---

[1] "恰恰因此"一词，作者用了拉丁语"eo ipso"。——译者注

种不间断的行动会激发更多的情感力量，赋予整体更高程度的激情和更多的原始力量，而且行动的持续性还会使行动衔接得更紧密，使行动之间的因果联系更加不受干扰，每个具体行动也因此变得更加重要，从而也就更为危险。

但是我们知道，军事行动很少或者从来没有这种持续性；有大量战争，其中行动往往只占战争所用时间的极小部分，其余都是停顿。而这不可能总是反常现象。军事行动中的停顿想必是有可能出现的。就是说，行动与停顿并不是自相矛盾。现在我们就来谈谈行动与停顿之间并不矛盾，以及为什么会是这样。

15. 在这里要运用两极性的一个原理

当我们把一方统帅的利益总是设想成与另一方统帅的利益相对立时，我们就是以一种真正的**两极性**为前提的。我们准备以后专门用一章来讨论这个原理[1]，但在这里必须就这一原理做如下的说明。

两极性原理只适用于正数与其对立的负数恰好相互排斥的同一事物。在一次会战中，双方中的任何一方都想取得胜利，这是真正的两极性，因为一方的胜利排斥另一方的胜利。但是如果我们谈论的是两个不同的事物，它们与自身以外的其他事物有共同的关系，那么具有两极性的就不是**这两个事物**，而是它们与其他事物的关系。

16. 进攻和防御是形式和长处不同的事物，因此对它们无法运用两极性原理

假如战争的形式只有一种，即进攻对手，就是说没有防御，或者换句话说，进攻只是通过积极的动机而与防御有所区别，即前者抱有积极的动机，后者没有积极的动机，而斗争的形式却始终是相同的，那么在这样的斗争中，一方的每个有利之处就总会是另一方同样大小的不利之处，这样就会存在两极性。

不过军事活动分为进攻和防御两种形式，正如我们以后要客观论述的那样，

---

[1]原文如此，疑误。本书并没有专门的章节讨论这个原理，作者只是在本书第一卷第三篇第十六章中提到了这个问题。——译者注

它们是非常不同的，长处也是不等的，因此两极性存在于进攻和防御相关联的事物即决战中，但是不存在于进攻和防御本身。如果一方的统帅想要迟些决战，那么另一方的统帅想必愿意早些决战，当然这只是就同一种作战形式而言。如果甲有兴趣，但不是现在，而是四周后进攻乙，那么乙就会有兴趣，不是四周后，而是现在就受到甲的进攻。这是直接的对立，但不能从中就得出结论称乙有兴趣，现在就进攻甲，因为这显然是完全不同的事物。

17. 两极性的作用往往因防御优于进攻而消失，这就解释了军事行动为何会有停顿

如果防御的形式比进攻的形式更有力（我们以后要说明这一点），那么就要问，**较迟决战**给一方带来的好处是否与**防御**给另一方带来的好处同样大。如果不是同样大，那么前者就不能借助其对立面[1]来抵消防御给后者带来的好处，也就不能以这种方式影响军事行动的进展。我们看到，双方利害关系的两极性所具有的推动力[2]有可能由于防御和进攻的长处区别而消失，从而变得不起作用。

因此，如果目前时机对一方有利，但他力量太弱，不能缺少防御带来的好处，那么就只好等待较为不利的将来，因为在这不利的将来进行防御，总还是有可能比现在进攻或媾和更有利。由于我们确信防御的优越性很大，而且比人们初看上去想象的大得多（要正确理解），那么这就可以解释战争中出现的大部分停顿的原因，而且不会自相矛盾。主动行动的动机越弱，这些动机就越会被防御和进攻在长处方面的区别吞噬和抵消，军事行动就越会经常停顿，经验也是这样告诉我们的。

18. 出现停顿的第二个原因在于不完全了解情况

还有另一个原因能使军事行动停顿，这就是对情况不完全了解。每位统帅只能全面了解自己的情况，对对手的情况只能根据不确切的情报进行了解。因此他

---

[1] 即较早决战。——译者注
[2] 指推动军事行动继续进行的力量。——译者注

在判断对手情况时可能产生错误，并基于此认为对手应该采取行动，而实际上是他自己应该采取行动。在了解情况方面的这一缺陷既能使人在不该行动的时候行动，又能使人在不该停顿的时候停顿，因此这一缺陷本身推迟或加快军事行动的可能性是相同的，然而人们总还是把这一缺陷视为**可能使军事行动在不自相矛盾的情况下停顿**的自然原因之一。如果考虑到，人们总是有更多的倾向和理由去高估而不是低估对手的力量（因为人的本性就是这样），那么人们也就会承认：一般来说，对情况不完全了解想必在很大程度上增加了军事行动停止的可能性，并弱化了军事行动的要素。

出现停顿的可能性为军事行动增加了新的弱化因素，因为停顿的可能性在一定程度上以时间稀释了军事行动，减少了军事行动进程中面临的危险，增加了恢复均势的手段。产生战争的紧张局势越严峻，战争的能量越大，停顿的时间就越短；战争的要素越弱，停顿的时间就越长。这是因为较强的动机会增加意志力，而我们知道，意志力在任何时候都是一个因数，是力量的乘积。

19. 军事行动中经常出现的停顿使战争更远离绝对性，更成为盖然性的计算

军事行动进行得越慢，停顿的次数越多，停顿的时间越长，就越有可能弥补出现的错误，行动方在做假设时也就越大胆，越不趋向极端，越把一切建立在盖然性和推测的基础上。具体情况的本性自身就已经要求人们根据已知的情况进行**盖然性的计算**。而军事行动的进程比较缓慢，就多少允许有一定的时间进行这种计算。

20. 只要再有偶然性，战争就成为赌博了，而战争是最不缺少偶然性的

由此可见，战争的客观本性是多么明显地使战争成为盖然性的计算。现在只需要再有一个要素，就可使战争成为**赌博**，而战争肯定不缺少这个要素：这就是**偶然性**。人类再没有像战争这样经常而又普遍地与偶然性接触的活动了。伴随着

偶然性的不确定性，以及伴随着不确定性的幸运在战争中占据了很多地方。

21. 战争不仅因其客观本性，还因其主观本性而成为赌博

如果我们再看一看战争的**主观本性**，也就是进行战争所必需的那些力量，那么战争对我们来说想必还会更多地以一场赌博的面目出现。军事活动离不开的一个因素是危险，而在危险中最宝贵的精神力量是什么呢？是**勇气**。虽然勇气与聪明的计算能够很好地共处，但它们毕竟是不同类型的东西，属于不同的精神力量。相反，**冒险**、**相信运气**、**大胆**、**蛮干**等只是勇气的表达，所有这些内心的涌动都在寻找偶然性，因为偶然性是它们的要素。

由此可见，在军事艺术的计算中，所谓数学上的绝对值一开始就没有任何坚实的基础，一开始就有一场由各种可能性、盖然性、幸运和不幸组成的赌博参与其中，它们像织物的经纬线一样交织在战争中，使战争在人类的各种活动中最接近和类似于纸牌赌博。

22. 这一点一般来说最符合人的想法

尽管我们的理智总感觉自己应趋于清晰和明确，但是我们的内心却往往受到不确定性的吸引。人的想法不愿与理智一起去走那条哲理研究和逻辑推理组成的狭窄小道，不愿这样几乎不知不觉地进入它感觉陌生、熟悉的一切似乎离它而去的房间，而是更愿意和想象力一起留在偶然和幸运的王国；人的想法不愿受到前者贫乏的必然性的束缚，而是更愿意沉浸在后者的各种可能性之中。受到各种可能性的鼓舞，勇气就如虎添翼，于是冒险和危险就成为一种因素，人们投入其中就像一位勇敢的泳者投入激流。

在这种情况下，理论难道可以不去理会人的想法而一味自负地去追求绝对的结论和规则吗？如果是这样的理论，那么它对现实生活也就没有什么用处了。理论也应顾及人性，也应让勇气、大胆甚至蛮干有一席之地。军事艺术是与有生命的力量和精神的力量打交道，因此它在任何地方都无法达到绝对和确定。战争中

到处都有偶然性的活动余地，而且它在最大和最小战事中的余地同样广阔。如果一方面有了偶然性，那么勇气和自信就必须出现在另一方面，以填补偶然性的空当。勇气和自信有多大，为偶然性准备的空间就可以有多大，因此勇气和自信对战争来说是十分重要的因素。合乎逻辑的是，理论提出的法则只应是必需的，只应是最宝贵的尚武精神[1]可以以其各种程度和变化在其中自由发挥那些法则。即使是在冒险中也还要有机智和谨慎，只是它们是按照另一种比例来计算的。

23. 然而战争毕竟始终是为一个严肃的目的而采取的一个严肃的手段——进一步说明什么是战争

战争就是这样，指挥战争的统帅就是这样，研究战争的理论就是这样。但是战争不是消磨时间，不是只对冒险和成功感兴趣，不是自由发挥激情的作品，战争是为达到一个严肃的目的而采取的一个严肃的手段。战争所有因幸运交替而具有的丰富色彩，它所接纳的全部跌宕起伏的激情、勇气、幻想和兴奋，只是这一手段的诸多特点。

某个群体（整个民族）的战争，特别是**文明**民族的战争，总是产生于某个政治状态，而且只能是某个政治动机引起的，因此战争是一个政治行为。假如战争像我们从其纯粹概念中推断的那样，是一个完美的、不受干扰的行为，是暴力的一种绝对表达，那么它就会从被政治引发的那一刻起，作为一个完全独立于政治的东西而取代政治，将政治挤走并只服从战争自己的法则，就像一枚爆炸的地雷，只能在人们预先设置的方向上爆炸，不可能再有其他改变。迄今每当政治与进行战争之间由于缺少协调而引起理论上的分歧时，人们的确就是这样认为的[2]。不过事实并非如此，这是一个根本错误的观点。我们所看到的现实世界的战争不是通过一次爆发就能消除其紧张的极端行为，而是一些力量的活动。这些力量的发展方式和程度不完全相同，它们有时聚集在一起，足以克服惰性和摩

---

[1] "尚武精神"（kriegerische Tugenden），也可译为"血性"。其中"kriegerisch"一词有"好战""骁勇"之意，"Tugend"一词源于拉丁语"virtus"，意为"孔武有力""男子汉气概"。以往有的中文版本按现代德语的字面词义将该词直译为"武德"，而"武德"意为"习武之人应有的品德"，显然与原意不符。——译者注

[2] 指人们当时认为战争自它爆发的那一刻起，就成为一个完全独立于政治的东西。——译者注

擦带来的阻力，而有时又太弱，以至于发挥不出什么作用。因此战争在一定程度上是暴力的脉动，时缓时急，因而也就时快时慢地消除紧张和消耗力量。换句话说，战争时快时慢地引导人们走向目标，但总是要持续足够的时间，以便人们在其进程中尚能对它施加影响，以便人们能够为它规定一个方向，简短地说，就是以便让战争始终服从居于领导地位的智者的意志。如果我们现在考虑到战争出自一个政治目的，那么很自然地，这个引起战争的最初的动机在战争领导者那里也应该始终受到首要的和最高的重视。但是政治目的并不因此就是专横的法则制定者，它必须顺从手段的本性，因此往往要做出完全的改变，但是政治目的必须总是首先加以考虑的问题，因此政治将贯穿于整个战争行为，并在战争中爆发的各种力量的本性所允许的范围内对战争行为不断地产生影响。

24. 战争就是政治以其他手段[1]的延续

于是我们看到，战争不仅是一个政治行为，而且是一个真正的、政治的工具，是政治交往的一个延续，是以其他手段进行的政治交往[2]。如果说战争还有特殊的地方，那指的只是其诸多手段的本性特殊。军事艺术和统帅可以分别在总的方面和每个具体场合要求政治指向和意图不与这些手段产生矛盾[3]，这一要求

---

[1] 在原文中，"手段"一词，作者用的是复数。——译者注
[2] 克劳塞维茨在1827年12月22日给吕德尔少校的信中写道："战争不是一个独立的东西，而是政治以变化了的手段的延续，因此所有大的战略计划的主要轮廓绝大部分是政治属性，而且这些主要轮廓越是包括整个战争和整个国家，其政治属性也就越强。整个战争计划直接产生于两个交战国家的政治状态，以及它们与其他国家的关系。战局计划产生于战争计划，甚至如果所有军事行动仅限于一个战区，那么战局计划往往就和战争计划是同一个。然而一个战局的各个部分也渗透着政治因素，很少有大规模的军事行动（例如一场会战）不受政治因素的某些影响。根据这一观点，就谈不上对一次大规模的战略上的整体行动进行纯军事评价，也谈不上这一整体行动的纯军事的计划。这一观点是十分必要的，也是只要看一下战史就很容易想到的，这大概用不着什么证明。尽管如此，这一观点至今没有确立起来。这表明，人们迄今仍将大的战略计划中纯军事的内容与政治的内容分开，并将政治内容视为不得体的东西。战争无非是政治努力以变化了的手段的延续。我认为这一观点是整个战略的基础，并且相信，谁拒绝承认这一观点的必要性，谁就尚未真正看到问题的关键。透过这一基本观点去看整个战史，它就变得让人可以理解，否则其中就会充斥着极为荒唐的东西。"——编者注
[3] 关于这一点，克劳塞维茨在1827年12月22日给吕德尔少校的信中写道："军事艺术面对政治的任务和权利主要是预防政治提出违背战争本性的要求，预防政治在使用这一工具时因不了解其效能而犯错误。"——编者注

确实是不低的。不过，无论这一要求在具体情况下反过来对政治意图的影响有多么大，人们还是只能将其视为对政治意图的修改，因为政治意图是目的，战争是手段，而没有目的的手段永远是不可想象的。

25. 战争的多样性

战争的动机越是有力和强烈，这些动机越是涉及民族的整个生存问题，战前的局势越是紧张，那么战争就越接近于它的抽象形态，就越是关系到要战胜敌人，战争目标和政治目的就越是趋于一致，战争看上去就越是纯军事的，而较少是政治的[1]。而战争的动机越弱，战前局势越不紧张，则战争要素（暴力）的自然指向[2]与政治规定的路线就越不一致，于是战争就必然更多地偏离其自然的方向，政治目的与一个理想的战争目标就越不同，战争看上去就更多变成是**政治的**。

但是为避免读者误解，我们在这里必须说明，我们上面所说的战争的**自然趋势**指的只是哲理上的、本来就符合**逻辑**的趋势，绝不是指实际处于冲突中的各种力量的趋势。这些力量包括作战双方的各种情感力量和激情等。虽然这些力量在某些情况下也有可能被激发得很高，导致要费力才有可能把它们控制在政治解决的途径上，但是在大多数情况下是不会出现这一矛盾的，因为有如此强烈的情感和激情，就要求有一个与之相应的有力的计划。而如果这一计划追求的目的不大，那么参战人员以其情感力量追求的目标也会较低，导致这些参战人员往往更需要激发，而非抑制。

---

[1]关于这一点，克劳塞维茨在1827年12月22日给吕德尔少校的信中写道："政治越是从大的、涉及整个民族及其生存的利益出发，问题越是涉及对立双方的生死存亡，政治和敌视就越加一致，政治就越是融入到敌视中，战争就会越简单，就越是从暴力和消灭敌人的纯概念出发，就越符合根据这一概念按逻辑提出的要求，战争的所有部分就越有必然的联系。这样的战争看起来完全是非政治的，因此往往被认为是标准的战争。但是显然这样的战争同其他战争一样，也少不了政治因素，只是政治因素与暴力和消灭敌人的概念完全一致，因此人们看不出来罢了。"——编者注

[2]指暴力走向极端的趋向。——译者注

26. 一切战争均可视为政治行为

现在我们再回到主要问题上来。即使政治真的在某一种战争中好像完全消失了，而在另一种战争中又很明确地出现了，人们还是可以断言，这两种战争都是政治的，因为如果人们将政治视为一个拟人化了的国家的头脑，那么在其必须考虑的所有问题中想必也包括对产生前一种战争的各种因素本性的考虑。只有当人们不把政治理解为一个普遍存在的认识，而认为政治是一个**传统的概念**，是一种避免使用暴力的、谨慎的、狡猾的甚至阴险的计谋，后一种战争才有可能比前一种战争更多地属于政治。

27. 这一观点对战史理解和理论基础的影响

我们看到：**第一**，我们在任何情况下都不应该把战争想成**独立的东西**，而是应该把它视为政治的工具。只有坚持这一观点，才有可能不陷入与全部战史的矛盾，才有可能对战史这部巨著有深刻的认识；**第二**，同样是这一观点，它告诉我们，由于产生战争的动机和因素的本性不同，战争必然是各不相同的。

因此，政治家和统帅做出的首个最重大和最明确的判断应该是在这方面对他所进行的战争有正确的认识，不要把他进行的战争误认为或使之成为不符合当时情况本性的东西。这是所有战略问题中首要的和涉及面最广的问题，我们将在《战争计划》一篇中进一步考察该问题。

关于什么是战争这一问题，我们就研究到这里。这样我们就确立了考察战争及其理论所必须依据的主要观点。

28. 理论上的结论

因此战争不仅是一条真正的变色龙（因为它的本性在每个具体情况下都有所变化），而且就其全部现象来看，在其本身的主要倾向方面，它还是一个奇特的三位一体[1]，由三个方面组成，一是战争要素固有的暴力性，包括仇恨和敌视，这些可看作**盲目的本能**；二是盖然性和偶然性的游戏，它们使战争成为一种**自由的精神活动**；三是作为一个政治工具的从属本性，使战争归于**纯粹的理智**。

这三个方面中的第一个主要与民众有关，第二个主要与统帅及其军队有关，第三个主要与政府有关。在战争中应迸发的激情此前就应该已经存在于民众之中；在偶然性的盖然性王国里，勇气和才干的活动范围取决于统帅和军队的特点；政治目的则只是政府的事。

这三种倾向就像三个不同的立法，深植于战争的本性之中，同时其作用大小又是变化无常的。假如一个理论欲忽视其中的一个倾向，或者要任意确定三者之间的关系，就会立即陷入与现实的矛盾，以致这个理论不得不被视为已经消亡。

因此，我们的任务就是使理论在这三个倾向之间保持悬浮的状态，就像悬浮在三个引力点之间一样。

至于用什么方法才能最好地完成这项困难的任务，我们打算在有关战争理论的那一篇里探讨。无论如何，这里已经对战争的概念加以确定，使其成为我们投射到理论基础建设上的第一道光，它首先照到大量的现象，使我们能够辨别它们。

---

［1］三位一体（Dreifaltigkeit），原为宗教用语，在基督教义中指圣父、圣子、圣灵三体合一。——译者注

★ 第二章 ★
战争中的目的和手段

我们在前一章中认识了战争复杂和可变的本性，现在来研究这一本性对战争中的目的和手段有什么影响。

如果我们首先问，为成为政治目的的合适的工具，整个战争应追求什么目标？那么我们就会发现，如同战争的政治目的和战争特有的因素，战争的目标也是可变的。

如果我们还是先从战争的纯粹概念谈起，那么我们不得不说，战争的政治目的本来是在战争领域之外的。既然战争是迫使对手服从我们意志的一种暴力行为，那么问题的关键想必**始终**而且只能是战胜对手，就是使对手无力抵抗。战胜对手**这一**目的虽然是从概念中推断出来的，但是与现实中大量战例的目的非常接近，因此我们打算先考察一下战胜对手这一目的的现实性。

我们以后将在《战争计划》一篇中进一步研究，什么叫作使一个国家**无力抵抗**，但在这里必须马上区分**敌人的军队、国土和意志**这三个要素，因为它们作为普遍存在的研究对象包含了其余一切研究对象。

必须消灭敌军，**就是说，必须使敌军处于无法再继续作战的状态**。顺便说明一下，以后我们所说的"消灭敌军"，指的只是这个意思。

必须占领敌人的国土，因为否则的话，敌人在那里可以建立新的军队。

但是即使做了以上两点，只要敌人的**意志**还没有被征服，也就是说只要敌国政府及其盟友还没有被迫签订和约，或者敌国人民还没有屈服，我们就不能认为战争（敌对的紧张状态和敌对力量的活动）已经结束，因为在我们完全占领敌人国土的同时，敌人有可能在其国内重燃斗争，或在其盟友的支持下重燃斗争。当然这种情况在媾**和以后**也是会发生的，但这无非证明不是每场战争本身就能完全决出胜负和解决问题。然而即使是出现这种情况，随着和约的签订，很多原本会在暗中继续燃烧的火星最终还是熄灭了，紧张的局势得到缓和，因为所有倾向于媾和的人都会完全放弃抵抗的念头，而这样的人在任何民族中和在任何情况下总是很多的。因此，无论接下来如何，人们总是将和约的签订视为战争目的已经达到，战争这个活计也就算是结束了。

由于在上述三个对象中，军队的任务是保卫国土，因此自然的顺序是首先消灭敌军，然后占领敌人的国土，通过这两方面的胜利，以及此后我们所处的状态，迫使对手媾和。通常消灭敌军是逐步实现的，之后对敌人国土的占领也同样是逐步实现的。这两者往往相互影响，地区的丧失反过来影响到军队的削弱。但是这个顺序不是绝对必需的，因此也并非总是有这个顺序。有时敌军在受到显著削弱之前就会退向国土的边境，甚至完全退往国外。在这种情况下，就可以占领敌人绝大部分或全部国土。

但是**使对手无力抵抗**这一**抽象战争**的目的，这一为达到政治目的（在政治目的中应包括其他一切目的）而采取的最后手段，在现实中绝不是普遍存在的，不是媾和的必要条件，因此不能在理论上以任何方式把它当作一个法则提出来。有无数和约得以缔结，而之前并不能认为双方中的一方已经无力抵抗，有时甚至连均势都还没有被明显打破。不仅如此，如果我们看一下具体情况，就不得不说，在很多具体情况下，尤其是当对手明显更强大的时候，**战胜对手就会是一种毫无用处的概念游戏**。

从战争概念中推断出来的目的之所以不能普遍适用于现实战争，是因为抽象战争和现实战争不同，这一点我们在前一章中已经讨论过了。假如战争是纯概念规定的那样，那么**力量悬殊**的国家之间发生战争就是荒唐的，就不可能发生战争了；在纯概念中，交战双方物质力量的差距最多只能到相反的精神力量可以弥补的程度，而在欧洲今天的社会状态下，国与国之间物质力量的差距远大于这种要求。因此如果我们看到**力量悬殊**的国家之间发生了战争，那是**因为现实中的战争往往距其最初的概念非常远。**

在现实中，除无力继续抵抗以外，还有两种情况可能成为媾和的动机：一是获胜的可能性不大，二是获胜的代价过大。

正如我们在前一章中已经看到的那样，整个战争不得不摆脱内在必然性的严格法则，依靠盖然性的计算，而且战争根据其产生的条件越是适合依靠盖然性的计算，战争的动机和紧张程度越弱，情况就越是如此。这样也就不难理解，为什么从盖然性的计算中也可能产生媾和的动机，因此战争并不总是需要一直打到其中一方垮掉。我们可以设想，在战争动机和紧张程度很弱的情况下，一方很微小的、几乎看不出的获胜的可能性就足以促使对方让步。假如一方事先就已经确信这一点，那么很自然，他就会只去争取**这种获胜的可能性**，而不会先去寻找和走上彻底战胜敌人这条绕远的路。

对已经和即将消耗的力量的考虑，对决心媾和有着更为普遍的影响。由于战争不是盲目的冲动行为，而是受政治目的支配的，因此这一政治目的的价值就必然决定我们为达到这一目的要付出多大的代价。这里所说的代价，不仅是指其**规模的大小**，而且也指承受代价的**时间的长短**。因此一旦力量消耗过大，导致政治目的的价值无法再保持与它的平衡，那么就必须放弃这个政治目的，其结果就是媾和。

由此可见，在一方不能使另一方完全无力抵抗的战争中，双方的**媾和动机**随下一步获胜的可能性和所需力量消耗的大小而起伏。假如双方的媾和动机同样强烈，那么他们的政治分歧就会得到折中的解决；当一方的媾和动机变得更强时，另一方的媾和动机就可以弱一些；当双方的媾和动机合在一起，勉强达到媾和的程度，那么虽然会媾和，但结果自然对媾和动机较弱的一方更有利。

我们在这里有意不谈政治目的的**积极本性**和**消极本性**在行动中必然引起的差别。尽管这种差别是极为重要的（我们以后要谈到此点），但是我们在这里只能做较为宽泛的论述，因为最初的政治意图在战争的过程中可能有很大的改变，最后可能变成与最初完全不同的意图，**这正是由于政治意图同时取决于已经取得的和很可能会取得的结果。**

现在就产生了一个问题：如何增加获胜的可能性？首先，自然是使用那些能战胜对手的同样方法，即**消灭其军队和占领其地区**。但是这两种方法在用于加大获胜可能性和用于战胜对手时，不是完全相同的。当我们进攻敌军时，是想在第一次打击之后继续一系列其他打击，直至敌军的一切被摧毁，还是只想赢得一次胜利，以打破对手的安全感，让他感觉到我们的优势而对其前景感到不安，这两者是完全不同的。如果我们的目的是后者，那么只要消灭足以达到这一目的的敌军就可以了。同样，如果占领地区不是为战胜对手，那么占领其地区就是另一种举措。在以战胜对手为目的的情况下，消灭其军队是真正的有效的行动，占领其地区只是消灭其军队的后果；在敌军被战胜之前占领其地区，始终只能被看作迫不得已而为之的下策。相反，如果我们的目的不是战胜敌军，而且确信敌人并不寻求而是**害怕血腥决战**，那么占领敌人一处防御薄弱或者根本没有防御的地区**本身就是一个好处**。如果这一好处大到足以使对手担心战争总的结局，那么也可将这一好处视为通往媾和的一条捷径。

现在我们还要指出一个无须战胜敌军就能加大获胜可能性的特别手段，即那些**有直接的政治关系**的行动。既然有些行动特别适合于分化对手的盟友或者使其不起作用，适合于为我们争取到新盟友，激起对我们有利的政治活动等，那么就不难理解，这些行动有可能使胜算大增，成为比战胜敌军容易得多的达到目标的捷径。

第二个问题是，加大敌人的力量消耗，也就是使其付出更高代价的手段有哪些？

对手的力量消耗包括其军队的消耗（被我们摧毁）和地区的丧失（被我们占领）。

同样是消灭敌军和占领敌人地区，以增加敌人消耗为目的时的意义与要达到其他目的时的意义也是不一样的，只要进一步考察一下就可以自然得出这一观点。这种意义的差别大多只是很小的，但我们不能因此而受到迷惑，因为在现实中，当动机微弱时，最细小的差别往往会决定使用力量的方式。我们在这里只想指出，在满足一定条件的前提下，通过其他途径达到目标**是有可能的**，这些途径没有内在的自相矛盾之处，不是**荒唐**，甚至也不是**错误**。

除上述两种方法以外，还有另外三个特殊的途径能够直接加大对手的力量消耗。第一个途径是**入侵**，就是攻占敌人的某些地方，但意图不是占据它们，而只是为了在这些地方征收战争税[1]，或者干脆将其夷为平地。这样做的直接目的既不是夺取敌人的国土，也不是战胜其军队，而只是完全泛泛地给敌人造成损失。

第二个途径是**优先**针对可加大敌人损失的对象采取行动。我们很容易想到，我们的军队有两种不同用法，其中之一是在要战胜敌人时优先使用军队，另一种是在谈不上和无法谈得上战胜敌人时使用军队，却能带来更多的好处。习惯上，人们会认为第一种更多是军事上的用法，另一种更多是政治上的用法，但是如果人们从最高的视角看问题，那么两者就都是军事上的用法，每种用法只有在适应当时的条件时才是符合目的的。第三个途径是**拖垮**对手，从属于它的情况范围来说，这是最重要的途径。我们选择"拖垮"这个字眼，不仅是为了以一个词即可描述这一途径，而且还因为它全面表达出了这一途径，不像第一眼看上去修辞色彩那么重。在战斗中，"拖垮"这个概念的意思是：**通过持久的行动，逐渐耗尽对手的体力和意志。**

如果我们想通过持久的作战来战胜对手，我们就必须满足于达到尽量小的目的，因为达到较大的目的要比达到较小的目的需要更多的力量，这是事物的本性决定的。而我们能为自己设定的最小目的是**纯粹的抵抗**，即没有积极意图的战斗。在进行这种战斗时，我们的手段能发挥相对最大的作用，取得好结果的把握是最大的。这种消极性能到什么程度呢？显然不能成为绝对的被动，因为纯粹的忍受就不再是作战了；而抵抗是一种行动，通过这一行动应摧毁敌人很多的力量，以至于他不得不放弃其意图。只有这才是我们在每次纯粹抵抗行动中要达到的目的，其中包含着我们意图的消极本性。

毫无疑问，这一消极意图在其具体行动中的效果比积极意图在同一情况下的效果要差（前提是积极意图能够成功实现）。但是这两种意图的区别恰恰在于前者更容易成功，就是说把握更大。消极意图在具体行动中欠缺的效果不得不用时间，也就是通过持久的战斗来弥补。因此，构成纯粹抵抗要素的这一消极意图也是通过持久的战斗战胜对手的自然手段，这就是拖垮敌人。

在整个战争领域中到处都可以看到**进攻**和**防御**的区别，其根源就在这里。但

---

[1] 战争税（die Kriegssteuer），指政府为进行战争而向本国或敌国居民征收的一种税赋。其中向敌国居民征收的战争税，又称占领税，是占领军"以敌养己"策略的一项重要内容。——译者注

是我们在这里还不能深入探讨这个问题，而只是满足于说：从这一消极意图本身可以引申出战斗的一切有利于消极因素的好处，即更有力的战斗形式。胜利大小与获胜把握之间存在的哲学和力学法则就体现在这种意图里。对所有这一切，我们以后还要考察。

如果消极意图（集中一切手段进行纯粹的抵抗）在斗争中带来优势，而且这种优势大到足以**抵消**对手不大的优势，那么仅仅是战斗**持续**的时间就足以使对手的力量消耗逐渐增大，导致他无法再在政治目的和付出代价之间保持平衡，于是不得不放弃这个政治目的。由此可见，这种拖垮对手的方法是弱者抵抗强者时大多会采用的。

弗里德里希大帝[1]在七年战争[2]中，本来是无法战胜奥地利君主国[3]的。假如他试图像卡尔十二世[4]那样行事，必然会一败涂地[5]。但是他天才地运用了节制用兵的明智方法，使联合起来针对他的列强在七年中看到他们的力量消耗远超其当初的想象，只好与他媾和。

由此可见，在战争中达到目标的途径很多，不是在任何情况下都要通过战胜

---

[1] 弗里德里希大帝（Friedrich der Grosse，1712—1786），即弗里德里希二世，普鲁士国王（1740—1786），著名统帅。在位时推行"开明专制"，实施一系列改革，扩充军备，通过三次西里西亚战争（1740—1763）使普鲁士成为欧洲强国之一，故在世时即被其国人尊称为大帝。著有《致将军们的训词》《我所在的时代》《七年战争史》等。——译者注

[2] 七年战争是普鲁士及其盟友英国、汉诺威为一方，奥地利及其盟友俄国、法国、萨克森、瑞典等国为另一方，于1756—1763年为争夺势力范围而进行的战争。战争在中欧、葡萄牙、北美、印度、加勒比等地进行，因此也有历史学家将其称为"第一次世界大战"。其中普鲁士与奥地利、俄国等国之间主要是争夺中欧霸权地位，英国和法国之间则还争夺在北美和印度的霸权地位。普鲁士从其角度出发也将七年战争称为第三次西里西亚战争。普鲁士当时是一个小国，在力量对比上处于劣势（英国主要是以资金支援普鲁士）。由于普鲁士国王弗里德里希二世合理用兵，采取了消耗战的方法，使对方感到力量消耗过大而被迫签订和约，承认普鲁士对西里西亚的所有权。——译者注

[3] 奥地利君主国（die österreichische Monarchie），又称哈布斯堡君主国、哈布斯堡帝国、多瑙君主国等，是史学界的一个非正式称呼，指哈布斯堡家族（自1736年起称哈布斯堡-洛林家族）自中世纪至1918年直接统治的欧洲地区。——译者注

[4] 卡尔十二世（Karl XII.，1682—1718），瑞典国王（1697—1718）。在位期间进行了北方战争（1700—1721），对俄、波、丹三国联盟作战。曾战胜丹麦，击败波兰，但1709年7月被彼得大帝败于波尔塔瓦（Poltawa，今乌克兰中部一城市）。1718年进攻挪威时阵亡。——译者注

[5] 瑞典国王卡尔十二世在北方战争（1700—1721）中对俄国、波兰、丹麦三国同盟作战，1700年进攻丹麦，迫使丹麦签订和约，随即于纳尔瓦会战中击溃俄军，后又击溃波兰军队，占领波兰。由于没有慎重考虑本国力量，继而攻入乌克兰并向莫斯科进军，在1709年波尔塔瓦会战中被俄皇彼得一世击败。1718年12月，卡尔十二世在进攻挪威时头部中弹身亡。——译者注

对手才能达到目标。**消灭敌军、夺取敌地区、仅占领敌地区、仅入侵敌地区、直接指向政治关系的行动，以及被动等待敌人进攻都是手段。**这些手段中的每一个都可用于挫败敌人的意志，但是哪一个更有效，则要根据具体情况的特点来定。除此之外，我们还能补充很多目的，作为通往目标的捷径。我们也许可以称之为"根据他人的视角和理解而论证出来的捷径"。在人类交往的领域中有哪个不出现这些超越一切客观因素的个性因素的火花呢？在战争中也许是最不缺少这种火花的，因为战斗人员的个性，以及人在政府中和战场上的个性在战争中起着很大的作用。我们在此满足于指出这些个性因素即可，因为我们不可能把它们一一分类，那是书呆子的做法。由于有了这些个性因素，我们也许可以说，通往目标的可能途径会一直增加到无穷无尽。

为了不低估这些通往目标的不同捷径的价值，既不认为它们仅是罕见的例外，也不认为它们在作战中造成的差别是无关紧要的，人们只需意识到能够引起战争的政治目的的多样性，或者比较一下一场事关政治存亡的毁灭性战争与一场被迫结成的或日渐衰弱的联盟不得不履行义务的战争之间的区别。在这两种战争之间有无数不同程度的战争，并确实存在于现实中。如果人们认为有理由在理论上否定其中的一种，那么人们就会有理由把它们全部否定，从而完全无视现实的世界。

以上我们泛泛地论述了人们在战争中必须追求的目标，现在我们来谈谈手段。

这个手段只有唯一的一个，那就是**斗争**。无论其形式多么繁多，无论它与拳击中粗暴地发泄仇恨和敌意有多么不同，也无论其中夹杂着多少本身并非斗争的内容，战争中出现的所有行动都必然**源于斗争**，这一点始终是战争概念中所固有的。

即使是在最为多样和构成部分最多的现实中，也永远是这样。对此有一个很简单的证明：战争中发生的一切都是通过武装力量发生的。**而哪里使用了武装力量（武装起来的人们），哪里就必然以斗争这个概念为基础。**

也就是说，与武装力量有关的一切，即与武装力量的建立、维持和使用[1]有

---

[1] 武装力量的建立（die Erzeugung der Streitkräfte），指武装人员的招募、组织和装备等；武装力量的维持（die Erhaltung der Streitkräfte），指给养、武器弹药的补充、伤病员的救护和部队的休整等；武装力量的使用（die Verwendung der Streitkräfte），指将武装人员投入作战。参阅本书第一卷第二篇第一章。——译者注

关的一切，都属于军事活动。

建立和维持武装力量显然只是手段，使用武装力量则是目的。

战争中的斗争不是个人对个人的斗争，而是一个划分为多个部分的整体。我们可以将这个大的整体中的单位区分为两种，一种是按主体区分的，一种是按客体区分的[1]。在一支军队中总是把一定数量的军人编成新的单位，这些单位构成更高一级结构的部分。因此这些部分中任何一个部分的斗争就构成一个或多或少可以区分的单位。另外，斗争的目的（斗争的**对象**）也可以构成斗争的一个单位。

我们把每个在战斗中有所区别的单位称为**一次战斗**。

既然武装力量的使用是以斗争这一概念为基础的，那么武装力量的使用无非是确定和部署一定数量的战斗。

因此一切军事活动都必然与战斗有关，或直接，或间接。士兵应征入伍，穿上军装，拿起武器，接受训练，他睡觉、吃饭、喝水、行军，**这一切都只是为了在合适的地点和合适的时间进行战斗。**

既然军事活动的一切线索最后都落在战斗上，那么我们确定了战斗的部署，也就掌握了军事活动的一切线索。军事活动的效果只能从这一部署及其实施中产生，绝不会从其部署和实施以前存在的条件中直接产生。战斗中的一切活动都是为了消灭对手，或者更确切地说，是为了**消灭对手的军队**，因为这是战斗概念中所固有的。因此消灭敌军始终是达到战斗目的的手段。

这一战斗目的同样可能只是消灭敌军，但这绝不是必然的，它也可能完全是其他的东西。正像我们曾经指出的那样，只要战胜对手不是达到政治目的的唯一手段，只要人们在战争中还有其他可追求的目标，那么不言而喻，这些目标就有可能成为具体军事行动的目的，从而也就成为战斗的目的。

然而即使是那些本来就完全是为了战胜作为从属部分的敌军而进行的战斗，也不需要把消灭这些敌军作为其最直接的目的。

如果人们想到一支大规模部队的结构是多种多样的，在使用这支部队时产生作用的情况是众多的，那么就会明白，这样一支部队所进行的斗争也必然有多种

---

[1] 按主体区分，指按军队本身的单位区分（参阅本书第二卷第五篇第五章）。按客体区分，指按不同的目的区分（按任务区分）。——译者注

多样的区分、从属和构成关系。对各部分来说，自然可以而且必须有很多目的，这些目的本身不是消灭敌军，它们虽然对消灭敌军能起很大的作用，但只是间接起作用。如果一个步兵营得到委托[1]，要将敌人从某座山、某座桥或其他什么地方赶走，那么通常占领这些地方是真正的目的，而消灭敌军只是一个手段或者是次要的事情。如果通过一次纯粹的佯动就能驱逐敌人，那么这个步兵营也一样达到了目的。不过占领这座山或桥梁，通常只是为了能在更大程度上消灭敌军。既然在战场上就已经是这样，那么在整个战区就更是这样了，因为在战区不仅是一支军队和另一支军队在对抗，而且是一个国家和另一个国家、一个民族和另一个民族在对抗。在这里，可能出现的各种关系的数量，以及因此而出现的行动组合方式必然会大量增加，战斗部署的多样性就更大，而且由于目的层层从属，最初的手段距最后的目的也更远了。

因此，出于多种原因，消灭敌军（与我们对峙的军队）可能不是一次战斗的目的，而只是作为一个手段出现。在所有这些场合，问题的关键也不再是消灭敌军了，因为战斗在这里无非是力量的一种**较量**，本身没有什么价值，只有它的结果（它的胜负）才有价值。

但是在力量悬殊的情况下，通过纯粹的估计就能得出力量较量的结果。在这些情况下，战斗也就不会发生了，力量较弱的一方会立即屈服。

既然战斗的目的并不总是消灭参与其中的敌军，甚至往往未真正发生战斗，仅通过确定要战斗和由此形成的态势就可以达到战斗的目的，那么这就可以解释，为什么在有些战局[2]中，大的行动虽然不少，但实际的战斗在其中并未起到明显的作用。

战史中数以百计的战例证明是有可能发生这种情况的。至于这些战例中有多少是有理由地采用了这种不流血决胜负的方法，也就是说没有**内在的矛盾**，以及

---

[1] "委托"（der Auftrag）是普鲁士军队以及后来的德军指挥思想中的一个重要概念，与"任务"（die Aufgabe）、"命令"（der Befehl）有很大区别。委托与受委托的关系不是上下级之间的命令与服从关系，而是要求上级在下达命令时充分考虑到下级执行命令的可能性，强调命令的合理性，同时给予下级一定的自主性，不必事事请示上级。现代德军即奉行委托式指挥（die Auftragstaktik），认为其与命令式指挥（die Befehlstaktik）相比，更能激发下级的主观能动性。——译者注

[2] 战局（der Feldzug），指交战双方在一个战区的一个时间段内（大体从一年的开春到次年冬季来临时）的军事行动。作者在本书第二卷第五篇第二章中对此有详细的论述。——译者注

由此而闻名的战例是否经得起评析，我们在这里不想去谈，因为我们只是想指出这样的战争过程是有可能存在的。

我们在战争中只有**一个**手段，就是**战斗**。但是这个手段的运用是多种多样的，使得我们可以根据不同的目的采取不同的方法，导致看似与我们的研究结论相矛盾。但实际上并非如此，因为从手段的这个唯一性中可以引出一条便于考察的线索。它贯穿于整个军事活动，并将整个军事活动联系在一起。

我们曾把消灭敌军视为人们在战争中可能追求的目的之一，但是没有谈在众多目的中应赋予这一目的的多大的重要性。在具体情况下，它的重要性取决于当时的情况，而对于它的普遍价值，我们还没有确定。现在我们再回到这个问题，来看一下应承认这个目的有多少价值。

战斗是战争中唯一有效的活动。在战斗中，消灭与我们对峙的敌军是达到目的的手段，即使是在战斗实际上并未发生的情况下也是这样，因为无论如何，胜负是在消灭敌军已经被视为毫无疑问的前提下决出的，因此消灭敌军是一切军事行动的基础，是所有战斗行动的最后支点。这些战斗建立在消灭敌军这一基础之上，就如同门拱矗立在拱座上。因此一切行动的前提应该是：如果在行动的基础上确实要进行决战的话，那么决战的结果要对我方**有利**才行。决战对战争中的所有大小行动来说，就如同现金支付之于汇票贸易，不管两者之间的必然联系是多么少，不管后者变现为前者是多么少见，但这种联系从来都是不可完全或缺的[1]。

既然决战是所有战斗行动的基础，那么我们就可以得出结论：对手通过**一次胜利的决战可以使**我们这些战斗行动中的任何一个**失去作用**。对手不仅可以在一次决战是我们所有战斗行动直接基础的情况下做到此点，而且只要一次决战足够重要即可做到此点，因为任何一次重要的决战（消灭敌军）都会反过来影响此前的其他一切战斗，因为这些战斗的结果像液体一样，最终是保持在一个水平面上的。

---

[1] 作者在为撰写《战争论》做准备时曾于1804年写道："战斗对战略而言，就如同现金之于汇票贸易。一位统帅打赢的多场战斗，给他带来的战果有可能超出这些战斗的简单相加，正如一位商人有一定数额的财产，往往可以让他得到比他能担保的多得多的贷款。但是谁要是根本没有财产，他就无法提出汇票申请；谁要是不懂作战，他就是行动到累死，也不会有丝毫战果。"——编者注

因此消灭敌军始终以一种更高、更有效的手段的面目出现，其他一切手段必须为其让路。

当然只有在其余一切条件都相同的前提下，我们才能认为消灭敌军具有更大的效果。假如人们要从中得出结论，称盲目的蛮干想必总是比谨慎的机敏更有胜算，那就是犯了一个大的错误。有勇无谋的蛮干将导致自己（而非敌军）的毁灭，因此不可能是我们所主张的。我们说消灭敌军具有更大的效果，不是说消灭敌军作为**途径**具有更大的效果，而是作为**目标**具有更大的效果。我们这里只对一个已经达到的目标的效果与另一个已经达到的目标的效果进行对比。

必须着重指出，当我们说消灭敌军时，并不是仅限于消灭敌人的物质力量，更多地必然还包括摧毁敌人的精神力量，因为两者共同渗透至部队的最小的部分，人们根本不能把它们分开。而正是当我们谈到一次大的歼灭行动（一次大的胜利）对所有其他战斗必然会产生影响时，就更应该看到精神因素是那种最具有水一般流动性的因素（如果我们可以这样表达的话），因此最容易传递到部队的所有部分。消灭敌军相比其他全部手段具有更大的价值，但其对应的是这一手段的宝贵和面临的危险。人们采用其他手段时，只是为了避免这一手段所面临的危险。

这一手段[1]是宝贵的，这是不难理解的，因为在其他一切条件相同的情况下，我们消灭敌军的意图越是强烈，我们自己军队的消耗也就越大。

这一手段面临的危险则在于：正是因为我们试图取得较大的效果，所以在失利时会反过来影响我们，从而导致更大的不利。

因此，采用其他方法，在成功时，付出的代价较小；在失败时，面临的危险也较小。但是我们这样说是要具备一个条件的，即双方均采用这些除消灭敌军以外的其他方法，也就是说，敌人也采用其他方法。假如敌人选择了大规模决战的方法，那么我们**就不得不恰恰因此而违背自己的意愿，将我们的方法也转为这样的方法**。这时一切就取决于歼灭行动的结局。很明显，假设其他一切情况仍然相同，我们在这次行动中也必然处于各方面条件不利的境地，因为我们的意图和手段此前已经部分用于其他目的，而敌人却不是这样的。两个互不相属的不同目

---

[1]指消灭敌军。——译者注

的是互相排斥的，因此用于其中一个目的的力量不可能同时用于另一个目的。如果交战双方中的一方决心采用大规模决战的方法，只要他有把握另一方不想使用这一方法，而是要追求另外一个目标，那么他就已经有很大的胜算。任何一方只有预计其对手和他一样不试图进行大规模决战时，才能明智地设定一个其他的目标。

但是我们这里所说的意图和手段用于其他目的，指的只是人们在战争中除消灭敌军以外还能设定的**积极目的**，**绝不是指**意在耗尽敌人力量而选择的**纯粹抵抗**。纯粹抵抗缺少**积极意图**，因此在进行纯粹抵抗时，我们无法引导力量作用于其他事物，而只是用于打消对手的意图。

现在我们有必要考察与消灭敌军相对应的一面，即保存自己的军队。消灭敌军和保存自己的军队这两种努力总是相辅相成的，因为它们是相互影响的，是同一意图的有机组成部分。我们要研究的只是当其中一个或另一个占主要地位时会产生什么影响。致力于消灭敌军具有积极的目的，能导致积极的结果，这些结果的最后目标有可能是战胜对手；致力于保存自己的军队具有消极的目的，能导致打消敌人的意图，也就是说导致纯粹的抵抗，其最后目标无非是延长行动的时间，导致对手在行动中耗尽力量。

具有积极目的的努力会引起歼灭行动，具有消极目的的努力则等待歼灭行动的到来。

至于这种等待应该和允许到什么程度，则涉及进攻和防御的根源，我们将在研究进攻和防御时做进一步的论述。在这里，我们只想指出，等待不能成为绝对的忍受，在与等待有关的行动中，消灭在这一行动中与我们正在冲突的敌军，与其他任何对象一样，同样可以是我们的目标。因此，假如人们认为具有消极目的的努力必然导致不以消灭敌军为目的，而是倾向于以不流血的方法决出胜负，那就是在基本概念上犯了一个大错。具有消极目的的努力占主要地位时，它当然会促使人们倾向于以不流血的方法决出胜负，但是这样做总会面临这一方法并不合适的危险，因为这完全是由对手的条件，而非我们的条件决定的。因此人们决不能将这一不流血的方法视为迫切希望保存自己军队时的自然手段。如果这一方法不适合当时的情况，那么我们反会因此而彻底毁灭。很多统帅就是因为犯了这个错误而走向毁灭。具有消极目的的努力占主要地位时，其具有的唯一的必要作用是阻止决战，导致人们在某种程度上遁入对决定性时刻的等待。这样做的结果往往是只要情况允许，就在时间上，并且当空间与时间有联系时，也在空间上**推迟行动**。继续推迟到弊多利少时，就会认为消极意图带来的好处已经用尽，致力于消灭敌军的努力就又原样出现了。这一努力此前只是被对应的力量阻止了，但并未被排斥掉。

在迄今的考察中，我们看到：在战争中，有多种途径通向目标（可以达到政治目的），但战斗是唯一的手段，因此一切要服从**以武力决出胜负**这个最高法则；只要对手实际上提出了武力决战的要求，我们就决不能回避这一要求；参战的一方如果要采取武力决战以外的其他方法，那么他事先要确定对手不会采取武力决战这一方法，或者确定对手在战争这一最高法庭的诉讼中将输掉他的官司[1]。一句话，在战争中所能追求的所有目的中，消灭敌军永远是超过一切的目的。

至于其他方法在战争中能发挥什么作用，我们将在以后，当然只能是逐步地去了解。在这里，我们满足于泛泛地承认**其他方法有**可能起到的作用是专注于与概念不同的具体情况。但是我们现在就要指出，必须将**以流血的方式解决危机**（努力消灭敌军）视为战争的长子。在政治目的的小、动机弱、双方力量紧张程度不高的情况下，一位谨慎的统帅可能在战场上和政府中巧妙地尝试各种途径，避免大的危机和流血的解决方式，利用其对手特有的弱点曲折地走向媾和。如果他的各种假设有充分的根据和成功的把握，那么我们就没有权利责备他这样做，但我们必须始终要求他在走这些弯路时，始终有意识地只走有战神相伴的路，始终紧盯对手，以免对手抄起利剑扑向他时，他却只有一把饰品剑应战。

关于什么是战争，目的和手段是如何在其中发生作用的，以及战争在现实中如何或多或少地偏离其原来的严格概念而摆来摆去，却总是像服从一部最高法则一样服从其原来的严格概念等，所有这些结论，我们必须牢记，并且在接下来研究各个问题时必须一再有意识地想到它们，这样我们才能正确地理解这些问题的真正关系和它们的本意，才不会无休止地陷入与现实以及最后与我们自己的巨大矛盾之中。

---

[1]指敌人输掉战争。——译者注

★ 第三章 ★

军事天赋

每项专门活动，要想以一定的造诣来进行的话，就需要在判断力和性情方面拥有专门的禀赋。如果这些禀赋在很大程度上是优秀的，并能通过非凡的成就表现出来，那么这些禀赋所属的才智就被称为天赋。

我们清楚地知道，天赋这个词的含义非常广泛，对它的解释很不一致，要想就其中某些含义来阐明它的本质是很困难的。但是由于我们既未自命为哲学家，又未自诩为语法学家，因此我们可以按常用语的一般词义，把天赋理解为非常擅于进行某种活动的才智力量。

为了更详细地阐明这种说法的理由和进一步了解天赋这一概念的内容，我们想谈一谈这种才智力量的作用和价值。但是我们不能仅停留在因高超的才能而谓之的天赋，而不谈一般的天赋，因为这一概念没有任何经过衡量的边界。我们应该研究的是精神力量作用于军事活动的每一个共同的努力方向，之后就可以把这一共同的努力方向视为**军事天赋的本质**。我们之所以说共同的努力方向，是因为其中就有军事天赋，它不是作用于军事活动的一个单独的力量（如勇气），判断力和情感的其他力量同样不可缺少，或者说这些力量的作用力在战争中也是用得上的。**军事天赋是各种力量的和谐的结合**，其中这种或那种力量可能起主要作用，但是任何一种力量都不允许起到阻碍作用。

如果要求每位军人或多或少都拥有军事天赋，那么我们军队的人数就会很少。正因为军事天赋是精神力量的一种**特殊**指向，所以在要求一个民族具有多方面的精神力量，并进行这方面力量培养的情况下，只会出现极少的军事天才。但是一个民族的活动种类越少，军事活动在这个民族中越占主要地位，军事天才也就必然出现得越多。然而这只能决定军事天赋出现的规模，并不能决定天赋的高度，因为军事天赋的高度取决于一个民族**才智发展的总水平**。如果我们考察一个野蛮好战的民族，就会发现其个体中的尚武精神比文明民族中的常见得多，因为在野蛮民族中，几乎每位军人都具有尚武精神；而在文明民族中，大多数人打仗只是迫不得已，绝不是出于情愿。但是我们在野蛮民族中从未发现一位真正杰出的统帅，只有极少的人可称为军事天才，因为这要求有高超的判断力，而野蛮民族不可能有这样的判断力。不言而喻，文明民族也会有或多或少好战的倾向和发展，越是这样，其军队中具有尚武精神的个体也就越多。由于较普遍的尚武精神与较高的判断力结合在一起，因此最光彩夺目的军事人物总是出自这些文明民族，罗马人[1]和法兰西人就是例证。但在这些民族和所有曾经以作战骁勇而闻名的民族中，其最杰出的统帅总是在文明发展程度较高的时期才出现。

这一现象就已经能让我们猜到，在较高的军事天赋中，判断力的作用占据了很大的部分。现在我们就来进一步论述这个问题。

战争是存在危险的领域，因此**勇气**是军人的首要品质。

勇气有两种：一种是针对个人危险的勇气，一种是敢于负责的勇气，无论是在外来力量面前，还是在内心力量（良心）面前。这里只谈第一种。

针对个人危险的勇气又有两种。第一种对危险满不在乎，不管是个人天生这样，还是由于轻视生命，或是出于习惯，但无论如何，这种勇气都可看作一种不变的**状态**。

第二种是从积极的动机（如荣誉心、爱国心）或任何一种激情中产生的勇气。在这种情况下，它不是一种状态，而是一种情绪活动，是一种情感。

可以理解，上述两种勇气的作用是不同的。第一种勇气更可靠，因为它已经成为人的第二天性，永远不会离人而去，第二种勇气则往往带着人们走得更远；

---

[1] 罗马人（Römmer），原指罗马城的居民，此处泛指罗马帝国的居民。——译者注

坚定更多地属于第一种勇气，勇敢则更多地属于第二种勇气；第一种勇气可以使理智更加清醒，第二种勇气有时可以增强理智，但也经常会使人失去理智。**两种勇气结合起来，就是最完美的勇气。**

战争是存在身体劳顿和痛苦的领域。为了不被它们压垮，就需要有一定的体力和精神力量（不管是天生的，还是锻炼出来的），使人们对此习以为常。具备这种素质的人，在健全的头脑的引导下，就已经是一个有力的作战工具了，而这种素质正是我们在野蛮和半开化的民族中普遍见到的。如果我们进一步研究战争对军人的种种要求，那么就会发现，战争要求军人具有**极强的判断力**。战争是存在不确定性的领域。战争中行动所依据的情况有四分之三处于或多或少的不确定的迷雾中，因此，在这里首先要求有细致入微和敏锐透彻的判断力，以便通过判断时的直觉来感知出真相。

普通的判断力也许偶尔能辨明这一真相，非凡的勇气也许偶尔能弥补失算，但大多数情况（平均的结果）总是会暴露出判断力的不足。

战争是存在偶然性的领域。人类的任何活动都不像战争那样给偶然性这个陌生事物留有如此广阔的天地，因为没有任何活动像战争这样全方位地一直与偶然性接触。偶然性增加所有情况的不确定性，并干扰战事的进程。

所有情报和假设的不可靠性，以及偶然性的不断介入，使得指挥官在战争中不断发现实际情况与他预期的不同，这就会对他的计划，或者至少对与该计划有关的一些设想产生影响。如果这种影响很大，以致不得不明确取消既定的计划，那么通常必须以新的计划来代替它，但这时往往缺少情报，因为在行动过程中，大多要求立即定下决心，不会给人们时间重新了解情况，甚至经常没有充分思考的时间。但更为常见的是：对我们想法的修改和对出现的偶然事件的了解并不足以完全推翻我们的计划，而只是动摇了我们的计划。我们对情况的了解增加了，但是不确定性并未因此减少，而是增加了。原因是：我们的这些认识不是一次得来的，而是逐渐得来的，同时我们的决心不断受到其冲击，精神不得不总是处于戒备状态（如果可以这样说的话）。

一个人要想不断地战胜意外事件，就必须具备两种特性：**一是具备在这一加**

重了的黑暗中[1]仍能发出一些内在微光，引导他走向真相的思维能力；二是具备跟随这一微光前进的勇气。前者在法语中形象地被称为眼力[2]，后者则是果断。

在战争中，首先最引人注意的是战斗，而在战斗中，时间和空间是重要的因素，而在以速战速决的骑兵为主的时代就更是这样。因此迅速和准确地定下决心，这个概念最初是在估计时间和空间这两个因素时产生的，因此得到了"眼力"这个只注重正确目测的称谓。很多军事艺术的教官也是以这个受到局限的意义给它下定义的。但是不能否认，一切在行动实施中瞬间做出的准确决定，不久也都被理解为眼力了，例如判明真正的进攻点等。因此"眼力"指的不仅是视力，更多是指洞察力。当然这个词和它所表达的事物一样，更多是用于战术领域，但在战略上也经常需要迅速决策，因此也是不可或缺的。如果人们给这个概念剥去其名称带来的过于形象和狭隘的外衣，那么它无非是指一种迅速辨明真相的能力。普通眼光根本看不到这一真相，或者要经过长时间的观察和思考才能看到。

果断是勇气在具体情况下的一个行动，当它成为性格特征时，又是精神上的一个习性。但是我们这里讲的不是针对肉体所面临危险的勇气，而是敢于负责任的勇气，就是某种程度上针对精神上面临危险的勇气。这种勇气是从理智中产生出来的，因此通常称之为智者之勇[3]，但它并不因此就是理智的表现，而是性情的表现。纯粹的理智还不是勇气，因为我们看到一些极聪明的人往往并不果断。因此理智必须首先唤起勇气的情感，以便得到其支持和承载，因为在紧急时刻，情感比想法更能支配人。

在这里，我们认为果断的作用是在动机不足时，消除疑虑带来的苦恼和迟疑带来的危险。不是很严谨的用语当然也把纯粹的冒险倾向、大胆、无畏、蛮干等叫作果断，但是只要一个人有了足够的动机（不管是主观的还是客观的，是恰当的还是错误的），我们就没有理由评论他是否果断，否则就是越俎代庖，说他有疑虑，而实际上他根本没有。

---

[1] 指战斗中的不确定性由于意外事件而增加。——译者注
[2] "眼力"，原文为法语"coup d'oeil"，在军事上用来表示目测的能力，以及通过观察判断地形、态势优劣的能力。——译者注
[3] "智者之勇"一词，作者用了法语"courage d'esprit"，直译为"精神之勇"。——译者注

我们在这里只能谈动机的强弱问题。我们还不至于迂腐到为用语的这一点不妥就争论不休，我们的说明只是为消除一些错误的观点。

这种战胜疑虑状态的果断，只能通过判断力产生，具体是通过判断力的一种完全特殊的活动。我们认为，较深的认识和必要的情感简单相加还不能产生果断。有些人虽然有完成最困难任务所需的极敏锐的洞察力，也不缺乏担当的勇气，但是在困难的场合还是做不到当机立断。他们的勇气和他们的认识各自分开，互不施以援手，因此从中没有产生第三种东西——果断。只有通过判断力的**活动**才能产生果断，这种活动使冒险的必要性成为一种意识，并通过冒险的必要性确立意志。判断力的这种特殊活动以对**动摇和迟疑**的惧怕来战胜人内心的任何其他惧怕，从而在人类强有力的情感中形成果断。因此，从我们的标准来看，判断力较差的人不可能是果断的。他们在困难的场合可能毫不迟疑地行动，但这是**未经深思熟虑**的，既然未经深思熟虑就行动，当然也就不会对自己有疑虑。这样的行动偶尔也可能是正确的，但是我们在此还要说：显示出军事天赋存在的，是**平均的结果**。如果有人对我们这种论断仍感奇怪，因为他认识的一些果断的轻骑兵军官并不是善于深思的人，那么我们必须提醒他，这里所说的是判断力的一种特殊活动，而不是善于冥想的能力。

因此我们认为，果断的存在应归功于判断力的特殊活动，而这种判断力的特殊活动更多属于坚强有力的人，而不是表面光鲜的人。我们还可以举出大量事例来证明果断的这种由来。例如有些人在职位较低时表现得非常果断，在职位较高时却失去了果断。尽管他们需要定下决心，但是他们又意识到一旦定下**错误**的决心，就会带来诸多危险。由于他们不熟悉自己面前的事物，于是其判断力就失去了原有的力量。他们越是认识到陷入犹豫不决带来的危险，此前在低级别职位上越是习惯于不假思索地行动，现在就越会变得畏缩不决。

在提到眼力和果断的时候，自然就得谈谈与其相关联的**应变能力**。在战争这样有意外出现的领域中，应变能力必然会起到大的作用，因为它不是别的，而正是一种能够更有力地处置意外事件的能力。人们钦佩应变能力能够对意外的发问做出恰当的回答，也钦佩它在突然出现危险时能够迅速找到应急的办法。这种回答和办法无须超乎寻常，只要恰当即可，因为经过成熟和冷静思考的应变能力，即使不是什么超乎寻常的（给我们的印象是平淡的），但作为判断力的一个快速活动仍是令人钦佩的。**应变能力**这个词想必非常确切地表述了判断力所给予帮助的及时和快速。

一个人具有这种可贵的素质，是应更多地归功于其判断力方面的特质，还是应更多地归功于其性情的均衡发展，这要取决于具体情况，但是两者中的任何一个都不能完全没有。对意外发问的恰当回答更多是聪明头脑的杰作，而在突然遇到危险时拿出恰当的办法则首先以性情的均衡发展为前提。

现在如果我们综观一下战争所处环境的四个组成部分，即**危险、劳顿、不确定性和偶然性**，那么就很容易理解，人们要想在这种困难重重的环境中有把握地顺利前进，就要在性情和判断力方面拥有巨大的力量。我们发现，战事的讲述者和报道者根据这些力量在不同情况下的不同表现形式把它们称为**干劲、坚定、顽强、沉着和刚毅**。所有这些英雄本色的表现，都可以看作同一种意志力在不同情况下的不同表现。但是不管这些表现彼此是多么近似，但它们毕竟不是一回事。因此，在这里把这些精神力量的不同表现至少较为仔细地区别一下，对我们也是有好处的。

首先，为了让我们的观点明确，我们必须指出，给指挥官上述精神力量带来挑战的压力、负担、阻力（不管叫法如何）中，只有极少一部分**直接是敌人的活动、敌人的抵抗和敌人的行动**。敌人的活动直接影响到指挥官的首先只是他个人的安危，但并未影响到他作为一名指挥官的活动。如果敌人抵抗的时间不是两小时，而是四小时，那么指挥官面临危险的时间也就不是两小时，而是四小时。这个危险因素显然是随着指挥官职位的提高而减小的，对居于统帅地位的人来说，这意味着什么呢？——他没有任何危险！

其次，敌人的抵抗之所以**直接**对指挥官产生影响，是由于敌人在较长的抵抗中使该指挥官的手段出现损失，以及他要承担相关的责任。部队受到损失在指挥官心中引起的焦虑，首先就考验和挑战他的意志力。但是我们认为这远不是他不得不承受的最沉重的负担，因为此时他只是要把握住自己，而敌人抵抗所产生的其他一切影响是针对其部下的，并且**通过他们反过来影响指挥官本人**。

只要一支部队勇气十足，带着乐趣轻松地战斗，那么指挥官就很少有必要在追求其目的时展示自己强大的意志力。但是当情况变得困难时（要完成非凡的任务，是不可能没有困难的），战事就不再像绑在一部上足了润滑油的机器[1]上那样自如前行了，而是机器本身开始产生阻力，而克服这种阻力，就需要指挥官有强大的意志力。对**这一阻力**，人们不一定理解为抗命和抗辩（尽管个别人常常有这种表现），而是部队的物质和精神力量逐渐消亡给人带来的总的感受，是看到流血牺牲后引起的撕心裂肺的痛苦情绪。指挥官必须首先克服自己内心的这种情绪，然后与所有其他人的这种情绪做斗争，因为他们的印象、感受、忧虑和意愿都会直接或间接地传递给他。一旦个人的力量不断衰减，靠自己的意志再也不能激发和承载这一力量，那么大量人员的全部惰性就会逐渐压在统帅的意志上。统帅必须用自己的胸中之火和精神之光重新点燃全体部下的信念之火和希望之光。他在这一点上能做到什么程度，就能在什么程度上控制他们，继续做他们的主帅。一旦他做不到这一点，一旦他自己的勇气不再足以重新鼓舞起所有部下的勇气，那么他就会被部下拉入表现出动物本性的低级地带，从而出现临危退缩和荣辱不分的现象。这些就是在斗争中一位指挥官的勇气和精神力量为取得卓越的成就而必须克服的压力。这些压力随部下人数的增多而加大，因此要想承受住这些压力，指挥官的精神力量就必须随职位的提高而增加。

行动的**干劲**表达的是引发行动的动机的强度。这种动机可能来自头脑中的信念，或者来自性情中的激情。而要展示大的干劲，来自性情中的激情是难以或缺的。

我们必须承认，在激烈的战斗中，人们内心充满的所有宏大情感中，最有力和最持久的就是对荣誉和尊严的渴求。在德语中，人们试图用**贪图名誉**[2]和**虚荣**[3]这样的贬义词来贬低这种渴求，未免有失公允。当然，如果人们滥用这种高尚的追求，那么恰恰是在战争中必然会引发最令人愤慨的违背人性的不公正。但是就这些感受的源头来说，它们的确是在人性最高尚的感受之列。在战争中，它们是真正的生命气息，赋予巨大的躯体[4]以灵魂。其他一切情感（例如爱国心、追求理想的狂热、复仇心，以及各种激情情绪），不管它们有可能变得多么普

---

[1] 指部队。——译者注
[2] "贪图名誉"，原文"Ehrgeiz"。——译者注
[3] "虚荣"，原文"Ruhmsucht"。——译者注
[4] 指参战部队。——译者注

遍，或者其中有些看上去多么崇高，都不会让对荣誉和尊严的追求可以缺失。这些情感能在总的方面鼓舞和提高整个部队的士气，但不能赋予指挥官比部下更大的雄心，而这种雄心是指挥官要想在其位置上取得卓越成就所必须要具备的。这些情感都不能像荣誉心那样，把具体的军事行动变成指挥官的个人财产，让他像对待自己的田地那样，努力以最佳方式加以利用，辛勤耕耘，细心播种，以期获得丰收。使军队发挥作用和取得胜利的，主要就是从最高一直到最低的各级指挥官的这种努力、活力[1]、竞争热情和进取心。至于现在说到最高统帅，那么我们要问：自古以来，有哪位杰出的统帅没有荣誉心呢？或者，难道这样一位没有荣誉心的统帅是可以想象的吗？

坚定是指意志对一次具体打击的抵抗力，**顽强**则是指意志对持续打击的抵抗力。

虽然坚定和顽强这两个词的意义十分接近，而且常常相互替代，但是它们在本质上的一个显著不同是不容忽视的。针对一次猛烈冲击所表现出来的坚定可以来自单纯的情感的力量，而顽强则要更多地有判断力的支持，因为随着行动时间的延长，按计划行事的重要性就增加了，顽强的力量有一部分就是来自这种计划性。

现在我们来谈谈**沉着**或**镇定**。首先我们要问，应该如何理解它们。

沉着或镇定显然不是指情感表达强烈，不是指激情澎湃（因为这样的话将违背所有的用语习惯），而是指即使在最激动和激情爆发时也能够服从理智的能力。这种能力仅来自理智的力量吗？我们对此表示怀疑，因为有些人虽然具有突出的理智，却不能自制。尽管这个现象还不能证明我们的怀疑是正确的（因为有人会说，这里需要的是理智的一种特殊的、也许是更有力的本性，而不是泛泛的本性），但是我们仍然认为，即使在情感最冲动的时刻仍服从理智的这种力量，即我们所说的**自制力**，在情感中是有其一席之地的。这种说法是更接近真相的。这是一种别样的情感，它使激情四射的各种强烈的情感保持平衡而不会损伤它们。通过这种平衡，理智的支配作用才得到保证。这种平衡力量无非是对人的尊严的感受，是最宝贵的自豪感，是内心最深处的需求，即希望随时随地作为一个

---

[1]"活力"一词，作者用了法语"industrie"。——译者注

有认知和理智的人发挥作用。因此我们说，沉着是即使在最激动时也不失去平衡的一种强烈的性情。

如果我们从性情方面观察一下不同类型的人，就会发现一类不大活跃的人。我们把这类人叫作情感迟钝或情感平淡的人。

第二类是非常活跃的人，但他们的情感从不超过一定的强度。我们看到，这是一种情感丰富但又平静的人。

第三类是很容易激动的人。他们的情感就像火药燃烧一样迅速和猛烈，但不会持久。

最后，第四类是不为小事所动的人。他们通常不是很快，而是逐渐采取行动，但是其情感非常有力，而且持续时间长很多。这是一种情感强烈、深藏而不外露的人。

这种情感构成上的差异，很可能与活动于人的有机体中的**各种身体力量**的限度有关，并且来源于我们称之为神经系统的具有两重性的组织。这一组织看来一方面与物质有联系，另一方面又与精神有联系。在这个晦暗不明的领域，凭我们这点哲学知识是探索不出什么的。但是对我们来说，略微研究一下这几类人在军事活动中所起到的作用，以及可以期待他们能表现出多大程度的沉着，却是重要的。

情感平淡的人不会轻易失去镇定，但是我们当然不能把这叫作沉着，因为他缺少任何力量。可是我们也不能否认，这类人正是因为能够一直保持镇定，所以在战争中才在一定程度上有他有用的一面。他们往往缺乏行动的积极动机，也就是缺乏驱动力，结果就缺乏行动，但是他们也不容易坏事。

第二类人的特点是遇到小事容易被其激发而行动，遇到大事却容易受其压制而消沉。这种类型的人平时活跃，会帮助个别遭遇不幸的人，但在整个民族遭遇灾难时，却只是在一旁唉声叹气，不能奋起行动。这类人在战争中既能行动，也能保持镇定，却成不了什么大事。要成大事，就要一个强有力的、有头脑的人有干成大事的动机。不过有这样的性情的人很少是强有力和有独立头脑的人。

激动和暴躁的情感本身在现实生活中（也包括在战争中）不是特别有利。这种情感虽然有动力强的优点，但是维持不了多久。如果这种容易激动的情感有发展成为勇气和荣誉心的趋势，那么这种情感在战争中的较低职位上往往非常有用。原因很简单，因为下级军官指挥的军事行动持续的时间很短，往往只要下一个大胆的决心，振奋一下精神就够了。一次勇猛的冲锋、一阵激情的喊杀声是几分钟的事情，而一场激烈的会战可能需要一整天，一个战局则可能需要一年。

这种人在其情感快速冲动时，就倍加难以保持性情的平衡，因此常常失去理智。对指挥作战来说，这是他们最糟糕的一面。但是如果人们断言好激动的人从**不可能**是强大的，也就是说他们在最激动时从**不可能**保持平衡，那也是不符合事实的。既然他们通常是较为高尚的人，那么在他们的内心中怎么会没有自尊的感受呢！在他们身上极少缺乏这种自尊心，但是没有时间发挥出来，因此他们大多事后深感自愧。如果他们通过教育、自己观察和体验，或早或晚地学会了控制自己的方法，能在情绪激动时及时意识到自己内心与之抗衡的力量，那么他们也能成为很沉着的人。

最后，是那一类很少激动而情感深沉的人。这类人的行为方式与前一类人相比，就像炭火与火苗。如果我们把军事行动中的困难形象地比喻为庞然大物，那么这类人最适合用其巨人般的力量把它推开。其情感的作用如同巨大的物体在运动，虽然比较缓慢，却更加势不可挡。

尽管这类人不像前一类人那样容易被其情感左右，不会被其情感拖入事后的自愧，但是如果认为他们不会失去平衡，不会受到盲目冲动的支配，那也是不符合事实的。一旦他们缺少自制这一宝贵的特点，或者当自制力不够强大时，他们也会失去平衡，为盲目的冲动所支配。在野蛮民族的伟大人物身上常常可以看到这种情况，因为在野蛮民族中对理智的培养较少，总容易让冲动占上风。但是即使是在文明民族及其最有教养的阶层中，也充满着这样的现象：有些人为使用暴力的冲动所左右和拖曳着，就如同在中世纪，盗猎者被拴在鹿的身上拖过丛林一样[1]。

因此，我们再重复一遍：性情强大的人不是只会激动的人，而是即使在最激动的时刻也能保持平衡的人，尽管内心如暴风骤雨般激动，但他们的见解和信念却像在暴风雨中颠簸的船上的罗盘指针，仍能进行最精确的活动。

所谓性格强，或者干脆说有性格，指的是能坚持自己的信念。这种信念可

---

[1] 在中世纪，欧洲贵族为惩罚闯入自己林苑的盗猎者，往往将其用铁链拴在鹿的身上拖过丛林。——译者注

能是根据别人或者自己的见解得出的，也可能是某些原则、观点、瞬间灵感或者任何理智思维的一部分。但是如果见解本身经常改变，那么这一**坚定性**当然也就无从表现出来了。见解经常改变，不一定是外界影响的结果，也可能是自己思维不断活动的结果。当然，这表明这一思维活动还有其特殊的不稳定性。很明显，如果一个人时刻都在改变其观点，即使改变的原因很大程度上是出于他自己的思考，人们也不能说**他有性格**。我们只把那些信念非常稳定的人称为有性格的人。他们的信念之所以稳定，或是因为信念根深蒂固（很明确，这本身就不容易改变），或是因为像情感淡漠的人那样缺乏思维活动，于是也就缺少改变信念的基础，或是因为源自思维的一个指导原则，该原则认为要想让意志活动明确无误的话，就应在一定程度上拒绝改变看法。

在战争中，人们在情感方面会有很多强烈的感受，他们了解的情况和得出的见解都不牢靠，因此在战争中比在人类其他的任何活动中，都有更多的原因能使他们离开原来的道路，对自己和别人产生怀疑。

在战争中，人们看到危险和痛苦带来的惨烈景象。这使情感很容易压倒理智的信念，而且在一切现象都模糊不清的情况下，要得出深刻而明确的见解是如此困难，导致人们对见解的改变变得更理解和更容易原谅了。在战争中，人们往往只能揣测和感觉出行动所必须依据的真实情况，因此意见分歧在这里比在任何其他地方都要大，而且大量的感受像洪水一样不断冲击着个人的信念。即使是头脑极为迟钝的人也几乎不会感受不到它们的冲击，因为这些感受过于强烈和生动，而且总是同时针对性情产生作用。

只有那些从一个**较高处**指导着行动的一般原则和观点才可能是明确而深刻的认识的果实，而对当前具体情况的看法某种程度上是以这些一般原则和观点为依据的。但是要坚持这些早先深思熟虑所得出的结论，不受当前不断产生的看法和现象的影响，正是困难所在。在具体情况和基本原则之间常常有广阔的空间，这一空间并不总是可以用一系列明确的推论连接起来。在这一空间里，一定的自信心是必要的，一定的怀疑也是有好处的。此时能帮到我们的往往不是别的，而是一个指导原则。这个原则是现成的，不是我们的思维提出来的，却可以支配我们的思维。这个原则就是：在一切犹豫的情况下，**坚持自己的第一个看法，并且不放弃，直到有清晰的、令人确信的情况迫使我们放弃它**。人们必须坚信，经过验证的原则具有较大的真实性，而在当下的**现象很活跃**时，不要忘记，这些当下现象的真实性是比较小的。如果我们在犹豫的情况下仍能相信并坚持我们早先的信念，那么我们的行动就具备了人们称之为性格的那种坚定性和一贯性。

人们很容易看清，性情的平衡能在很大程度上促进性格的形成，因此性情丰富的人大多是很有性格的人。

在谈到性格强时，我们会想到它的一个变种——固执。

在具体情况下，往往很难划清性格强与固执之间的界限。相反，确定它们在概念上的区别看来并不难。

固执不是思维上的毛病。我们所说的固执是指拒绝更好的见解。如果把这种拒绝归为思维上的毛病，那就会自相矛盾，因为思维能力就是提出见解的能力。**固执是性情上的毛病**。这种意志的执拗性，这种对他人意见的敏感性，只能产生于一种特殊的**私心**。有这种私心的人，其最大乐趣就在于只是用自己的精神活动**支配自己和别人**。假如固执不是比虚荣心稍好些，那么我们就会把它叫作一种虚荣心了。虚荣心满足于表面，固执则满足于事实。

因此我们说，一旦拒绝他人的见解不是由于有更好的信念，不是由于相信有一个更高的原则，而是出于一种**抵触情绪**，那么性格强就变成固执了。即使这个定义对我们的实际帮助不大（如同我们已经承认的那样），但是它毕竟可以阻止我们认为固执只是性格强的一个简单的提升。固执虽然与性格强很接近，并与之相邻，但是与它有本质上的区别。固执对性格强的提升很少，以至于甚至十分固执的人由于缺少头脑，其性格并不强。

以上我们了解了一位优秀的指挥官在战争中应具备哪些由性情和理智共同发挥作用的素质，现在我们来谈谈军事活动的一个特点。这个特点即使不是最重要的，恐怕也可被视为是最强有力的。它只要求有思考能力，而与性情力量无关。这就是战争与地形地貌的关系。

首先，这种关系是**始终存在的**，以至于人们根本不可能设想我们训练有素的部队的一个军事行动不是在一定的空间里进行的。其次，这种关系具有**最具决定性的重要性**，因为它能影响，有时甚至完全改变所有力量的效果。最后，这种关系往往一方面涉及**具体地点的最细微的特点**，另一方面又**包括最广阔的空间**。

这样，战争与地形地貌的关系就使其活动具有显著的特点。我们看到，人类与地形地貌有关的其他活动（例如园艺、农业、房屋建筑、水利工程、采矿、狩猎和林业等），其空间都是很有限的，不久就可以相当准确地探索清楚。而在战争中的指挥官则不得不在一个多种因素共同起作用的空间中行动，指挥官的眼睛无法一览无余地看到这个空间，即使尽最大努力也不是总能够探索清楚，而且空间在不断变换，指挥官也极少能真正了解它。一般来说，虽然对手也面临同样情况，但是，首先，当双方面临共同的困难时，谁能凭借才能和训练有素克服它，谁就会拥有很大的好处；其次，我们这里所说的双方困难相同，只是总的来说是存在的，绝不是针对具体情况而言，因为在具体情况下，交战双方中的一方（防御者）通常对当地地形比另一方熟悉得多。

　　对这种极为特殊的困难，必须用一种特殊的思维禀赋来克服。这种禀赋用一个过于狭义的表述来说就是**方位感**。方位感就是**对任何地点迅速形成正确的几何概念**，从而每次在该地点都可轻易判明方位的能力。显然这是想象力的一种活动。了解地形时，虽然一方面要靠肉眼，另一方面要靠头脑（头脑用它从科学和经验汲取得到的认识补充肉眼所没有看到的，并把肉眼看到的片段合成整体），但是要使这个整体鲜活地呈现在脑海里，成为一幅画，成为一张在内心绘制的地图，并得以长久地保留，使具体的笔画不会时常模糊不清，则**只有我们称之为想象力的这种思维力量能做到**。如果一位有天赋的诗人或者画家感觉受到了伤害，因为我们认为他奉若女神的想象力起到了判断方位的作用；如果他耸耸肩说，这样说来岂不是一位机敏的青年猎手也要有出色的想象力，那么我们愿意承认，我们这里所说的只是想象力在很窄范围内的运用，只是它十分低微的职能。但是无论这种职能多么小，它毕竟来自这种自然力量，因为如果完全没有想象力，那就很难把物体依其形式上的联系而清晰地想象出来。我们愿意承认，良好的记忆力对这方面帮助很大，但是是否就可以据此认为记忆力是一种独立的思维力量，或者能更好地固定对这些事物的记忆，恰恰是由于想象力呢？我们对此不得不更多的是给不出确切的答案，因为就某些关系来看，对这两种思维力量本来就是难以分开考虑的。

　　不可否认，日常训练和头脑的认知在这方面起了很大的作用。著名统帅弗朗索瓦·卢森堡[1]的著名副参谋长[2]皮塞居尔[3]说,当初他在这方面不大相信自己,因为他注意到,每当他要去远处取口令时总是走错路。

职位越高,这种才能的运用范围自然就越广。如果说,轻骑兵和步兵在侦察时必须善于认路,通常为此只需具备有限的判断力和想象力,那么统帅就必须了解一个省份和一个国家的地理概况,并且不能因此就可以缺少具体的方位感,而是必须在眼前总是鲜活地呈现出道路、河流和山脉的特征。虽然对他而言,各类情报、地图、书籍和回忆录能在总的情况掌握方面提供很多帮助,周围的参谋人员能在细节掌握方面提供很多帮助,但是毫无疑问,如果一位统帅拥有迅速而清晰地判断地形的出色才能,那么这可以使他的整个行动进行得更为轻松和更有把握,使他内心避免出现某种程度上的无助感,从而较少依赖别人。

如果把这种能力归功于想象力,那么这也几乎是军事活动要求想象力这位欢闹女神要做的唯一贡献了。除此以外,想象力对军事活动更多是有害的,而不是有益的。

我们认为,到此为止已经论述了军事行动要求人们具备的才智和情感力量的各种表现。思维能力作为一个重要的共同起作用的力量处处都需要,因此人们就可以理解,为什么尽管军事行动的各种现象是简单的和不怎么复杂的,但是不具备卓越思维能力的人却不会取得卓越的战果。

有了上述的观点,人们就不会再盲从地认为"对敌人一处阵地进行迂回"这一出现过千百次、本身很自然的行动,以及很多类似的行动是高度运用智慧的杰作了。

当然,人们习惯于把朴实能干的军人与习惯沉思、想象力丰富或富有见解的人,以及有各种学历光环的人对立起来,这种对立也决非没有现实性,但是这并不证明军人的能干只表现在勇气方面,也不证明军人要成为出色的勇士就不需要

---

[1] 弗朗索瓦·卢森堡(François Henri de Montmorency-Boutteville Luxembourg,1628—1695),公爵,法国元帅,路易十四世时期的统帅。1672年曾在尼德兰作战。——译者注
[2] 副参谋长(der Generalquartiermeister),原意为军需官,最初负责协助主官安排部队食宿,设置参谋部后,其职权扩大,成为主官的主要助手之一。历史上大部分国家只是在战局期间设置此职务。——译者注
[3] 皮塞居尔(Jacques François de Chastenet de Puységur,1656—1743),侯爵,法国元帅,军事理论家。著有《军事艺术中的原则和规则》(*Art de La Guerre, Par principes et par Règles*)等。——译者注

某种特殊的思维活动和才能。我们不得不反复指出，有些人一旦到达其认知无法再适应的较高职位，他们就失去了这种特殊的思维活动能力，这样的事例是再常见不过了。我们还不得不经常提醒读者，我们所说的卓越的成就指的是那些能给人们在其从事的事务中带来声誉的成就。因此在战争中，每一级指挥官都应具备相应的思维能力、声望和荣誉。

统帅（居于整个战争或一个战区之首的将帅）与他下一个指挥层级之间的差别是很大的。理由很简单，因为后者要受到具体得多的领导和监督，因此他们的思维活动范围就要小得多。这就让人通常只看到在最高职位上的人有杰出的思维活动，而认为其下各级人员只要具备一般的思维能力就足够了。是的，人们的确看到，有些长期在军中服务而头发斑白了的、职位仅次于统帅的指挥官，由于多年只从事某一方面的活动而思想贫乏了，人们甚至认为他们已经有些愚钝了，因此在敬佩其勇气的同时又讥笑其头脑简单。我们并不打算为这些勇敢者争取更好的声誉，这样做不会提升其任何作用，也不会给他们带来多少快乐，我们只是想指明事实，提醒人们不要误以为一个有勇无谋之徒在战争中也能取得卓越的战果。

既然我们在最低的职位上就已经要求那些应成为优秀指挥官的人具有卓越的思维能力，而且要求这一能力随职位的提升而提高，那么自然就会从中得出结论：我们对那些在军队中享有声望的、处于二把手位置的指挥官，完全不应认为他们愚钝。与博学的学者、精明的商人、善辩的政客相比，他们看似头脑简单，但是这不应误导我们忽略其思维活动的优秀本性。的确不时会发生这样的情况：有的人随着职位的提升，把在职位较低时赢得的声望一并带到了较高职位上，但实际上，他们在这一较高职位上并不配享有这种声望。如果这些人在提升后很少被使用，他们就没有暴露其弱点的危险，那么我们就不能准确地判断他们应有何种声望。由于有这样的人存在，所以我们往往把在某些职位上本可大放光彩的人低估了。

因此，从下到上的指挥官，只有具备特殊的天赋，才能在战争中取得卓越的成就。但是历史上和后世的评论通常只把"真正的天赋"这一称谓加在那些曾在最高职位上，也就是在统帅职位上光芒四射的人物头上。原因是，这种职位对思维能力和精神力量的要求一下子高了很多。

要引导整个战争或者其最大的行动（我们称之为战局）走向灿烂的目标，就必须对较高层次的国内和国际关系有深刻的见解。在这里，作战指挥和政治就合二为一了,统帅也就同时成了政治家。

  人们之所以没有赋予卡尔十二世"伟大天才"的称谓,是因为他不懂得让武力的作用服从于更高的见解和智慧,不懂得以此达到灿烂的目标;人们之所以没有赋予亨利四世[1]"伟大天才"的称谓,是因为他没有来得及以他的军事效果影响多国之间关系就去世了,没有来得及在这个更高的领域里一试身手。在这个领域里,一个人的宝贵情感和骑士精神在针对对手时就不会像在平定内乱时那样起作用了。

  读者如想进一步了解统帅应迅速掌握和正确判断的内容,可参阅第一章。我们说,统帅要成为政治家,不能只满足于是一位统帅,他一方面要了解所有的国家关系,另一方面又要清楚地知道用自己手中的手段能做什么。

  由于这些关系是多种多样的,其界限是模糊不清的,使得要考虑的因素也是大量的,还由于这些因素大部分只能根据盖然性的法则来估计,因此假如一位统帅不能以到处都能感知真相的洞察力来准确地判断事物,那么他的思考和顾虑就会出现混乱,从中也就根本不可能再形成判断。从这个意义上说,拿破仑[2]说得完全正确,即很多摆在统帅面前需要做的决定都可以构成需要**牛顿**[3]和**欧拉**[4]计算的数学题了。

  这里对较强思维能力所要求的是综合能力和判断力,二者上升成为令人称奇的洞察力。具有这种能力的人能迅速触及和澄清千百个模糊的概念,而思维能力一般的人要费很大力气,甚至要耗尽心血才能弄清这些概念。但是假如具有这种较强思维能力的人(具有这种天才眼力的人)没有我们前面论述过的性情和性格特征的支持,还是不能载入史册的。

  纯粹追求真理的动力在人的内心只是极其微弱的,因此在"认识到"与"想

---

[1] 亨利四世(Heinrich Ⅳ., 1553—1610),法国国王(1589—1610)。——译者注
[2] 拿破仑(Napoleon Bonaparte, 1769—1821),法国著名军事家、政治家,法兰西第一共和国第一执政(1799—1804),法兰西第一帝国皇帝(1804—1814),百日王朝皇帝(1815),意大利国王(1805—1814),莱茵邦联保护人(1806—1813)。——译者注
[3] 牛顿(Isaac Newton, 1643—1727),英国物理学家、数学家、天文学家和自然哲学家。——译者注
[4] 欧拉(Leonhard Euler, 1707—1783),瑞士数学家和物理学家。自19岁起即发表论文,一生撰写书籍和论文800余部。曾任彼得堡大学物理和高数教授。晚年失明后,仍以惊人的毅力凭记忆和心算进行研究。——译者注

要做"之间，在掌握知识与形成能力之间总是有很大区别的。促使人们行动的最强的动力总是来自情感，而最有力的支持力量则来自性情和头脑的合金（如果可以这样说的话），这一合金就是我们前面讲过的果断、坚定、顽强和刚毅。

此外，假如一位统帅的这种高超的思维和性情活动没有在其活动的总成就中体现出来，而只是人们出于忠诚和信任假设他从事了这种活动，那么这种活动很少会载入史册。

人们所了解的战事的过程通常是很简单的，相互间是大同小异的。仅凭纯粹的记述，没人能了解在这些过程中所克服的困难。只是在一些统帅或其心腹的回忆录中，或在专注于某一事件的历史专门研究中才不时流露出构成整个事件的大量线索中的部分线索。在某一重大行动实施之前的大部分思考和内心斗争，因为涉及政治利益而被故意隐瞒了，或者因为仅被视为建筑物建好后就必须拆掉的脚手架而在无意中被遗忘了。

最后，在我们不是冒昧地对较强的思维能力做进一步规范的情况下，如果我们还是按照语言上固定下来的一般概念，承认思维能力本身是有差别的，然后自问哪种思维能力是一位军事天才最应具备的，那么对这一问题的论述和经验都会告诉我们，这种思维能力更多应是检验性的，而非新创立的；更多应是全面的，而非单方面的；更多应是冷静的，而非头脑发热的。在战争中，我们愿意把兄弟和孩子们的平安，以及我们祖国的荣誉和安全托付给具备这种思维能力的人。

★ 第四章 ★

战争中的危险

在人们未经历战争危险以前，通常把它想象得不怎么可怕，而是吸引人的。在热情的激励下，大步冲向敌人——谁还在那里去数子弹和阵亡者呢？眼睛闭上少许几个瞬间，扑向冰冷的死神，不知道我们还是别人能逃脱它，而这一切就发生在胜利桂冠近在眼前、荣誉渴望的美果唾手可得之时，这会是困难的吗？这应该不是什么难事，而且实际中出现的困难应该会更少。但是这些瞬间并不像人们想的那样是一阵心跳之后就结束了，而像是被时间冲淡了的和不得不享用的苦药水，我们说，这样只是一阵心跳之后就结束的瞬间很少。[1]

我们陪同新兵走上战场。当我们靠近战场时，隆隆的炮声越来越清晰，最终夹杂着的炮弹的呼啸声开始引起新手的注意。炮弹开始在我们前后不远处落下来。我们奔向战场主官及其众多随从所在的高地。在这里，附近落下的炮弹和不断爆炸的榴弹是如此密集，以至于严峻的现实打破了年轻人的幻想。忽然间，一位熟悉的人倒下了。一枚榴弹落入人群，引起一阵骚动，人们开始感到不再平静和专注了，就连最勇敢的人也至少变得有些分神了。现在我们进一步走入会战，走向距离我们最近的一位师长，会战几乎仍像一部戏剧展现在眼前。在这里，炮弹一枚接着一枚落下，我方火炮的轰鸣加大了人们的心神不定。我们再从师长走

---

[1] 指人们在战争中面临死亡威胁往往不只是几个瞬间，而是不得不长时间面对。——译者注

向旅长，这位大家公认的勇敢的人正小心翼翼地隐蔽在一座山丘、一幢房屋或一片林地的后面——这充分说明危险越来越大了。霰弹纷纷落在房顶和田野，炮弹到处呼啸着从我们头上和身边飞过，并且已经开始听到枪弹嗖嗖而过的声音。我们再走向部队，走向以无法形容的顽强精神在数小时的火力战中一直坚持的步兵部队。这里的空中到处是嗖嗖而过的子弹，它们以短促而尖厉的声音宣布自己近在咫尺，就在我们的耳边、头上以及心中掠过。此外，看到人们伤残和倒毙而产生的怜悯心，更使我们不安的内心感到悲痛。

如果一位新兵感受不到人的思绪之光在这里是受其他工具驱动的，折射出的光线与凭空臆想时是不同的，那么他就触及不到任何上述不同程度的危险。是的，假如一个人在接触到战争的这些给人最初的印象时，没有失去当机立断的能力，那么他想必是一个非凡的人。的确，习惯会很快冲淡这些印象。半个小时后，我们就开始变得对周围的一切比较无所谓了（有的人多些，有的人少些），但是一个普通人在这种情况下总还是不能做到完全泰然处之。由此可见，一个人只具有普通精神力量在这里是不够的，而且需要他担负的责任越大，情况就越是如此。在这种困难的环境中，即使要让部分活动取得在后方看来一般的效果，人们就已经必须具备很多巨大的、泰然处之的、天生的勇气，以及强烈的荣誉心或者久经危险的经历。

战争中的危险是战争中的一种阻力[1]，对它有一个正确的看法，对于认清真相是必要的，因此我们在这里提到这一问题。

---

[1]"阻力"（die Friktion），原意为"摩擦"。作者在书中以此比喻使战争进程困难的因素，例如危险、劳顿、偶然性、情况不明等。——译者注

★ 第五章 ★

战争中的劳顿

假如只能让一个人在冻得四肢麻木或酷热难当、饥渴难耐和疲劳不堪的时刻来判断战事，那么尽管我们得到的正确的客观判断会更少，但是这些判断至少在主观上是正确的，就是说这些判断会准确地包含着判断者与判断对象之间的关系。当我们看到，目睹糟糕情况结局的人，特别是当他还身处其中的时候，对这一结局所做的判断往往是悲观消极的，甚至是言过其实的，我们就已经能够看清这一点了。我们认为，从这里可以看出劳顿产生的影响，以及人们在判断情况时应考虑到劳顿的影响。

人们对在战争中的很多事物是无法规定出一个使用限度的，尤其是体力。在体力未被浪费的前提下，它是一切力量的系数。任何人都无法准确地指出体力能使用到多大程度。但是值得注意的是，正如只有弓箭手强有力的臂膀才能把弓弦拉得更紧一样，人们也只能期待一位意志坚强的人在战争中让军队发挥出更大的力量。一支军队在大败之后一般陷于危险之中，就如同一堵正在倒塌的墙土崩瓦解，只有付出体力上的最大的艰辛才有可能脱险，这是一回事；一支胜利的军队不顾劳顿，仅是在自豪感的鼓舞下就仍能接受统帅随心所欲的指挥，这又是一回事。同样是忍受劳顿，一支军队在前一种情况下顶多能引起同情，而在后一种情况下想必会让我们钦佩，因为在胜利之后做到这一点更为困难。

这样，一个有着清澈眼光的人可以看出，劳顿是黑暗之中束缚思维活动和悄悄吞噬内心力量的因素之一。

尽管我们在这里谈的本来只是统帅要求部队以及指挥官要求其部下吃苦耐劳的问题，也就是他们勇于和善于要求部队和部下吃苦耐劳的问题，但是对统帅和指挥官本人的劳顿问题也不能避而不谈。此前我们对战争认真地分析过这一点，现在对剩下的这一次要问题的重要性也必须加以注意。

我们在这里之所以特别谈到劳顿，是因为它和危险一样，是产生阻力的最重要的原因之一，还因为它没有一定的衡量标准，这使它具备类似弹性物体的本性。众所周知，弹性物体的阻力是难以计算的。

为避免滥用上述观点，避免过分强调战争中的各种困难条件，大自然给我们的判断力赋予了一位在感知方式上的引路人。正如一个人在受到谩骂和侮辱时，提到他本人的某个弱点并不会带来什么特别的效果，而当他成功地驳斥或出色地反击了谩骂后，提到他的某个弱点也许反倒有效一样，任何一位统帅和一支军队通过描述危险、困境和劳顿，并不能改善其可耻的失败给他人造成的印象，但当他们取得胜利时，这些危险、困境和劳顿却能无限地增加他们的光彩。就这样，**我们的感觉阻止了我们做出公正的判断**（我们的判断力本来是倾向于做出公正判断的），而我们的感觉只是一种较高级的判断力而已。

★ 第六章 ★
战争中的情报

　　我们用情报这个词表示人们掌握的有关敌人和敌国的全部情况，这是自己一切想法和行动的基础。只要人们考察一下这一基础的本性、不可靠性和可变性，很快就会感觉到战争这座建筑物是多么危险，是多么容易坍塌，从而把我们埋在它的瓦砾之中。大概所有的书中都写道，人们只应相信可靠的情报，对情报一定要持怀疑的态度，但是这只不过是著书立说的人想不出更好的说法时提出的一种聊以自慰的可怜遁词。

　　人们在战争中得到的情报很大一部分是自相矛盾的，更大一部分是假的，绝大部分是相当不可靠的。这里人们能要求军官做到的是具有一定的辨别能力，而这只有掌握有关事和人的情况，并进行判断才能做到。在这里，军官必须接受盖然性法则的引导。当我们还没有来到真正的战场，而是在室内拟订最初的计划时，这种辨别情报的困难就已经不小，而在纷乱的战争中，大量情报接踵而来，这种困难就更无限地加大了。如果这些情报互相矛盾，形成某种程度上的模棱两可，需要人们分析辨别，那还算是幸运的。对没有经过战争检验的指挥官来说，更糟糕的是，没有偶发的情况能印证他获得的情报，而是一个情报支持、印证和放大另一个情报，就如同人们不断用新的颜色涂到画板上，直到他不得不匆忙做出决定，但是不久却发现这个决定是愚蠢的，之前他所得到的情报就像以往所有那些情报一样，是谎言、夸大和疏忽等等。简而言之，大多数情报是假的，而且人的胆怯成为谎言和谬误的新的推手。人们通常更倾向于相信坏消息，而非好消息，并倾向于把坏消息做些夸大。以这种方式上报的危险消息尽管像海浪一样很快消失在自己的浪头中，却总是又像海浪一样在没有明显原因的情况下重新出现。指挥官必须坚信自己内心更胜一筹，像岩石一样屹立在那里，经得起海浪的冲击。扮演这样的角色并不容易。谁要是天生不乐观，或者没有经过战争历练，判断力没有得到加强，那么他最好遵循这样的规则：强迫自己（就是说违背自己内心的想法）摆脱恐惧，面向希望。只有这样，他才能得到真正的平衡。如果人们**正确看待**这个构成战争中最大阻力之一的困难[1]，那么事情就会与人们想象的完全不同。感官的感受比再三考虑后得出的观点更加强烈，程度大到指挥官几乎在进行每个比较重要的行动时，都不得不在实施的最初时刻战胜自己新产生的疑虑。追随外来灵感的普通人因此大多变得不能当机立断。他们认为遇到的实际情况并不像他们预计的那样乐观，而且由于他们此时仍在追随外来的灵感，就更认为是这样了。即便是草拟计划的人，当他亲眼看到实际情况的时候，也很容易怀疑自己原来的观点。这时只有坚定的自信心才能让他抵挡住假象的一时冲击。当他被命运推上战争舞台，绘有各种厚重危险形象的前台布景被拆除，眼前豁然开朗以后，其原来的信念才能在战事的发展中得到证实。这就是**制订计划**与**实施计划**之间的巨大区别之一。

---

[1] 指情报大多是不确定和不可靠的。——译者注

★ 第七章 ★
战争中的阻力

  只要人们自己没有亲历过战争，那么他们就不理解常说的战争中的各种困难在哪里，以及要求统帅具备的天赋和非凡的精神力量究竟能起到什么作用。在这些没有亲历过战争的人看来，战争中的一切看上去是那么简单，所有要求必备的各种知识看上去是那么浅显，所有行动看上去是那么平常，以至于让我们感觉，与其相比，即便是最简单的高等数学题也都有一定的科学地位。然而当人们经历过战争，就会理解战争中的一切了。不过，要我们说清引起人们这一变化的原因，指出这一无法看见却又到处在起作用的因素，毕竟是极为困难的。

  战争中的一切都很简单，但最简单的事情往往是难以做到的。这些困难积累起来，就形成一种阻力。没有经历过战争的人，对这种阻力是不会有正确的想象。我们想象有一位旅行者，他想在傍晚时走完当天旅程的最后两站路。假如他骑着驿马，走在公路上，那么他用四至五个小时就会走完这段路，这并不是什么难事；而假如他抵达第一站后，找不到马或者找不到好马，前面又是山地，路况不佳，天也逐渐黑下来了，那么当他付出很多辛苦，抵达下一站，并且找到了一个简陋的住处，他就已经感到很高兴了。同样，在战争中，受到预先在纸上根本无法考虑到的无数细小情况的影响，一切都变得令人沮丧，人们远远达不到目标。只有强有力的、钢铁般的意志才能克服这种阻力，粉碎各种障碍，当然机器[1]也会一同受到很大的损伤。我们以后还会经常谈到这一结论。一位令人骄傲的将帅的坚定意志在军事艺术的中心占有十分突出的地位，就像一座城市在其交通干道汇聚点上高耸的方尖碑。

阻力是相当全面地将实际的战争与纸上的战争区别开来的唯一的概念。军事机器（军队和属于军队的一切）其实是很简单的，因此看上去也是容易操作的。但是人们要考虑到，这部机器的任何部分都不是由一个整块组成的，而是由很多个体的人组成的，而每个人都在各个方向上产生自己的阻力。理论上听起来非常好：营长负责执行上级的命令，而由于营被纪律结成了一个整体，而且营长想必是公认的勤勉的人，那么全营行动起来就应该像木头围绕一个铁轴转动一样，只有很小的阻力，然而在现实中并非如此。人们能想到的一切夸大和不实，在战争中都会立刻显露出来。一个营毕竟是由一定数量的人组成的，如果凑巧的话，即便是他们中间最不起眼的人也能造成行动停顿或其他非常之事。战争本身带来的危险和它要求人们付出的劳顿会使阻力大为增加，导致人们必须把危险和劳顿视为产生阻力的最重要的原因。

因此，这种可怕的阻力不像在机械中仅集中在少数几个点上，而是处处与偶然性相接触，之后引起一些根本无法预测的现象。这些现象之所以难以预测，正是因为它们大部分属于偶发的事情。例如天气就有这样的偶然性。有时雾会妨碍我们及时发现敌人，妨碍火炮适时射击，以及妨碍我们向指挥官报告情况；有时雨会妨碍一个营抵达，妨碍另一个营按时抵达（因为它也许不得不行军八小时，而非三小时），妨碍骑兵有效出击（因马匹深陷泥淖），等等。

我们举出这几个细节的例子，只是为了说明问题，使读者理解作者的意思，否则这样的困难可以写好几本书。为了避免这样做，但又能使读者对战争中必须与之斗争的大量细小的困难有一个明确的概念，我们本想尽力给出一些生动的画面，但是担心这又会使大家厌倦。但是如果我们再举一两个例子，想必那些早已了解我们的读者还是会原谅我们的。

战争中的行动犹如人在阻力重重的介质中运动。人在水中甚至连行走这样最

---

[1] 指部队。——译者注

自然和最简单的动作也无法轻易而准确地做到。在战争中也是如此，人们用一般的力量只能勉强维持一般的水平。因此一位真正的理论家应该像一位游泳教练，教别人在陆地上练习水中所必需的动作，尽管这些动作在没有想到水的人看来是荒诞和夸张的。而那些自己从未下过水的教练，或者那些虽然下过水，但是不懂得从其经验中抽象出普遍真理的教练是不切实际的，甚至是愚蠢的，因为他们只教人人都会的动作——行走。

　　此外，每场战争都有大量的特殊现象，就好比一片未经航行的、布满暗礁的海面，统帅可以凭智慧感觉到这些暗礁，但是从未亲眼见过它们，而现在却要在漆黑的夜里驾船绕过它们。此时如果再突然刮起一阵逆风，就是说又有某个大的偶然事件向他袭来，那么这就要求他有最高超的技巧、应变能力并付出努力，而在远处的人看来，这一切都自行进展得很顺利。对这些阻力的认知是要求一位优秀的将军具备的、经常受到赞扬的作战经验的主要部分。当然对阻力有着最多想象和最强烈感受的将军不是最好的将军，他们反而是畏首畏尾的将军，在有作战经验的指挥官中常见这样的人。一位将军必须了解这种阻力，这是为了尽量去克服它，是为了不必期待在行动中出现某个精准的时机（恰恰是由于有这种阻力，所以不可能出现这种精准的时机）。此外，人们不可能在理论上完全了解这种阻力，而且即使人们做到了这一点，也还是缺乏那种人们称之为直觉[1]的判断力的运用。人们在充满多种多样细小问题的领域比在大的决定性的场合更需要这种直觉，因为在后一种场合，人们可以自己思考，也可以和他人商讨。善于交往的人之所以总是能够让自己的言谈举止得体，只是因为他拥有几乎已经成为习惯的判断的直觉。同样，只有作战经验丰富的军官才能在大大小小的战事中（可以说在战争的每一次脉动中），总是恰如其分地做出决策和决定。通过这种经验及其运用，他就可以不假思索地断定什么是可行的，什么是不可行的。于是他就不会轻易地面临暴露弱点的问题。如果军官在战争中经常暴露出弱点，就会动摇别人对他信赖的基础，而这是极其危险的。

　　因此，阻力（或者在这里被称为阻力的那些东西）就是使看上去容易的事变得困难的事物。以后我们还会常常提到这个问题，届时就会逐渐明白，要想成为一位优秀的统帅，除了经验和坚定的意志以外，还要具备其他一些罕见的精神特质。

---

[1]　"直觉"（die Takt），根据上下文也可译为"分寸感"。——译者注

★ 第八章 ★

第一篇的结束语[1]

我们所说的危险、劳顿、情报和阻力，是聚集在战争氛围中的因素，它们使这种战争氛围成为一种阻碍一切活动的介质。这些因素的阻碍作用又可以被概括在"普遍存在的阻力"这一总概念之下。那么有没有减轻这种阻力的润滑剂呢？只有一种，而且它不是统帅和军队随意就可以得到的，这就是军队的战斗经验[1]。

战斗经验使身体在面临大的劳顿时更加强壮，使内心在面临大的危险时更加坚定，使判断力更不受最初印象的影响。官兵们通过战斗经验获得宝贵的沉着特质，自轻骑兵和步兵向上直到师长，从而使统帅更便于采取行动。

在黑暗的房间里，人的瞳孔会张大，纳入微弱的光线，逐渐能勉强区分物体，最后才能看清楚物体。一位有经验的军人在战争中也是这样。而新兵踏上战场时，则只能犹如进到漆黑一团的黑夜。

没有统帅能将战斗经验给予其部队，而平时训练所能替代的战斗经验是很少的。说很少，是与实战经验相比，而不是与一支平时只注重机械式的技巧训练的军队相比。如果人们在设置平时训练时加入部分上述阻力，使每位指挥官的判断

---

[1]"战斗经验"（die Kriegsgewohnheit），如果直译的话，也可译为"战争习惯"或"习惯于战争"。——译者注

力、周密性甚至果断性能够得到训练，那么这种训练的价值比那些未在实战中了解过这些阻力的人所认为的要大得多。特别重要的是，它能使军人（无论其职位高低）不至于到了战场上才第一次看到那些初次看到会令其惊慌失措的现象。这些现象只要他们在战前见过一次，就已经熟悉一半了。日常训练甚至也涉及体力上的劳顿问题。在这方面必须进行训练，不仅是为了使肉体，更是为了使精神对劳顿习以为常。在战争中，新兵很容易认为超常的劳顿是整个部队指挥出现了严重错误、疏忽和束手无策的结果，从而倍加沮丧。而如果新兵在平时训练中做了这方面的准备，就不会出现这种情况。

在和平时期获得战斗经验的另一个办法是聘任其他军队有作战经验的军官。这个办法虽然不能普遍采用，却是极为重要的。欧洲到处都处于和平状态的时候是少有的，其他大洲的战争也从未停止过。因此一个长期处于和平时期的国家应该总是设法从这些战场聘任一些军官（当然只是那些表现优秀的军官），或者派自己的一些军官到这些战场，以便让他们了解战争。

无论这些军官的数量与一支军队的军官数量相比是多么少，他们的影响却能让他人明显地感觉到。他们的经验、思维取向和性格养成将对其部下和战友们产生影响。此外，即使无法让他们担任某一范围的最高首长，也仍然可以把他们视为熟悉某一地区情况的人，在面临很多具体情况时就可以征询他们的意见。

第二篇
关于战争理论

★ 第一章 ★
军事艺术的区分

  战争就其本义来说是斗争，因为在人们广义上称之为战争的多种多样的活动中，唯有斗争是产生效果的要素。斗争是双方的精神力量和物质力量借助于后者进行的一种较量。不言而喻，人们不能排除精神力量，因为正是心灵的状态对物质力量具有决定性的影响。

  斗争的需要促使人们很早就做了一些专门的发明，以便在斗争中使自己处于有利的地位，斗争由此发生了很大的变化。但是不管斗争怎样变化，其概念没有因此而改变，它就是构成战争的东西。

  这些发明首先是单个战斗人员的武器和装备。武器和装备必须在战斗开始以前就制造好，并为战斗人员所熟悉和掌握。武器和装备是根据斗争的本性准备的，因此是由斗争决定的。但是制造、熟悉和掌握武器装备的活动显然与斗争本身是两回事。前者只是斗争的准备，不是斗争的实施。配备武器和装备本质上不在斗争这个概念内，这是很清楚的，因为赤手空拳的搏斗同样是斗争。

  斗争决定需要什么样的武器和装备，武器和装备又会改变斗争的方式，因此两者之间是有相互作用的。

  但是斗争本身仍然是一种十分独特的活动，而且因为它是在十分独特的因素（危险）之中进行的，所以就更为独特。

因此，如果说哪里有必要区别不同的活动，那么就是这里了。为说明这种区别不同活动的实际重要性，我们只需轻声地提醒读者回忆一下，在某一领域极有才干的人在其他领域却往往是最没用的书呆子。

如果人们把武装起来的和装备好了的军队看作**既有**的手段，只需了解其最有可能造成的结果即可适当地使用它，那么人们在考察时把其中一种活动与另一种活动区分开也就不是什么难事了。

因此，狭义的军事艺术就是在斗争中运用既有手段的艺术，我们称之为**战法**[1]最为恰当；广义的军事艺术当然还包括一切为战争而存在的活动，包括军人的征召、武装、装备和训练。

对一种理论的现实意义来说，区分这两种活动[2]是极为重要的，因为不难看出，如果每个军事艺术都从建立军队开始，并要求这支军队采用它为之规定的战法，那么这种军事艺术就只能用于少数情况，因为现有军队的情况只有此时才恰好与这种军事艺术所规定的军队情况相符。如果我们要拥有一种在大多数情况下都适用、在任何情况下都不至于完全无用的理论，那么这种理论就必须建立在大多数一般的战斗手段以及它们最有可能造成的结果之上。

因此，战法此时就是斗争的部署和运用。假如这一斗争是一次单个的行动，那就没有理由对它做进一步的区分。不过，如同我们在第一篇第一章[3]里指出的那样，斗争或多或少是由多个**自成一体**的单个行动组成的。我们将这些自成一体的单个行动称为战斗，它们组成新的单元。现在从中就产生了完全不同的活动，一是对这些战斗**本身进行部署和运用**，二是出于战争的目的将这些战斗**联系起来**。前者被称为**战术**，后者被称为**战略**。

现在人们在实际运用中对战术和战略的划分很宽泛。人们即使不清楚这样划分的理由，也相当肯定地自认为知道应将某个具体现象划入战术还是战略范畴。但是**既然**人们在实际运用中不明就里地遵从这种划分，那么这就表明这种划分想必有其根深蒂固的原因。我们曾探寻这一原因，可以说，正是由于大多数人采用

---

[1]"战法"（die Kriegführung），原意为"die Art und Weise, wie man Krieg führt"，即"作战的方式和方法"，有时也根据上下文译为"战争指导"或"战争引导"。——译者注
[2]指狭义上的和广义上的军事艺术。——译者注
[3]原文如此，疑误。应为第一篇第二章。——译者注

这样的划分，使我们找到了这个原因。相反，也正是出于这个原因，对于个别著作家不是根据事物的本性而是试图随意确定的概念，我们没有必要写出来，并且认为它们在实际运用中是不存在的。

按照我们的划分，战术是**在战斗中使用军队的学问，战略是出于战争目的使用战斗的学问**。

至于如何进一步确定单个的或者独立的战斗的概念，以及这一单元与什么条件相关，我们只有在更详细地研究战斗时，才能完全说清楚。现在我们只能说明：就空间而言，也就是就同时进行的几场战斗而言，其中一场战斗的范围正是**个人命令所能及的范围**；就时间而言，也就是就相继进行的几次战斗而言，一次战斗持续的时间应以每次战斗都会出现的危机[1]完全消失为界限。

这里可能出现一些难以确定的情况，就是说，有时若干次战斗也可看成一次战斗，但决不能根据这一点就否定我们这样区分的理由，因为一切现实事物的不同总是通过逐渐的过渡才形成的[2]，我们的这种区分也不例外。因此，在不改变我们观点的情况下，一定会有个别活动既可列入战略范畴，又可列入战术范畴，例如展开非常大、变得类似于一条部署线的阵地，以及某些渡河点的部署，等等。

我们对战术和战略的区分，针对和阐述的**只是军队的使用**。但是在战争中有很多为军队服务而又不同于军队的活动，它们与战争的关系时近时远。所有这些活动都与**军队的维持**有关。如同建立和训练先于使用一样，维持军队是使用军队所离不开的，是后者的必要条件。如果我们仔细考察一下，那么所有这些与维持军队有关的活动总是能被视为斗争的准备，只是这些准备距离斗争非常近，以至让人觉得它们贯穿于整个军事行动，并和军队的**使用**交替出现。因此人们有理由把这些活动像其他准备活动一样排除在狭义的军事艺术（本来的战法）之外。任何理论的主要任务都是**区分不同种类的事物**。为完成这一任务，人们必须这样做。谁会把给养和管理的琐碎事务列入**本来的战法**呢？它们虽然与部队的使用处

---

[1]"危机"（die Krise），指军队在战斗中出现秩序混乱、队形松散、体力不支、精神涣散等情况。——译者注

[2]意思是说，对事物进行分类时，总有一些事物处于既可属于这一类又可属于那一类的中间状态。——译者注

于不断的相互作用之中，但在本质上与部队的使用是不同的。

我们在第一篇第二章里说过，由于斗争或者战斗被确定为唯一直接有效的活动，因此所有其他活动的线索就都一并包含在战斗中，因为这些线索最后都归结到战斗这里。我们想以此表明，所有其他活动有了战斗才有目的[1]，不过它们是按其特有的法则去试图达到目的的。在这里我们必须比较详细地谈谈这个问题。

尚存在于战斗之外的活动内容有着十分不同的本性。

其中一部分活动内容在某一方面属于斗争本身，与斗争是一致的，同时在另一方面又为军队的维持而服务；另一部分活动内容则仅仅属于军队的维持，只是由于其结果与斗争之间的相互作用，才对斗争有一定的影响。

那些在一个方面属于斗争本身的活动内容是**行军、野营**[2]**和舍营**[3]，因为这三种活动是部队所处的三种不同的状态，而哪里有部队，哪里就一定有战斗的想法存在。

其他仅属于维持军队的活动内容是**给养、病员的护理和武器装备的补充**。

行军与部队的使用是完全一致的。**战斗中的行军**通常被称为"**渐变**"[4]，虽然还不是真正的使用部队，但与真正使用部队有如此紧密和必然的联系，以至于它构成我们称之为战斗的那种活动的一个有机组成部分；战斗外的行军无非是实施**战略上的规定**。该规定指出应在**何时、何地、以哪支部队**发起战斗，而行军是使该规定得以实施的唯一手段。

因此，在战斗以外的行军是一种战略工具，但并不因此而仅是战略上的一个内容，因为实施行军的部队随时有可能进行战斗，所以行军的实施既要服从战术上的法则，也要服从战略上的法则。如果我们规定一路部队在河或山的这一面行军，那么这就是一个战略上的规定，因为这里面包含的意图是：如果部队在行军过程中有必要进行战斗，那么应尽量与对手在河或山的这一面，而不是在另一面作战。而如果我们规定一路部队不是沿着谷地中的大路，而是在与这条大路并行

---

[1]作者认为战斗是真正的军事活动，其余一切活动都是为战斗服务的，没有战斗，它们就失去意义，也就没有目的。——译者注

[2]"野营"（Lager），指部队在野外宿营，包括幕营（在帐篷内宿营）、露营（露天宿营）等。在拿破仑战争以前，欧洲各国军队大多在帐篷内宿营。——译者注

[3]"舍营"（Quartier），指部队在房舍内宿营。房舍多为临时征用的民宅。——译者注

[4]"渐变"（die Evolution），指部队在战斗中为转换阵形而做的行进动作。——译者注

的山梁上行进，或者为便于行动前集结而分成多路小部队行进，那么这些就是战术上的规定，因为这些规定关系到我们在即将发生的战斗中要如何使用我们的部队的方式。

行军的内在序列永远与战斗准备有关系，因此具有战术的本性，因为它无非是对可能发生的战斗的首个临时部署。

由于行军是战略用于部署其有效要素（战斗）的工具，而战斗往往仅以其结果而不是以其实际过程呈现，因此无法避免的是，人们在研究问题时经常用行军这个工具来取代战斗这个有效要素。于是人们常说决定性的行军、巧妙的行军，而实际上指的是行军导致的那些战斗组合。这种概念的替换是如此自然，这种表述的简化是如此符合人们的愿望，以至于我们无法排斥它们，但这终究只是概念的简化，人们务必记住其原来的意思，否则就会误入歧途。

认为战略上的组合行动拥有一种不依赖于战术结果的力量，就是这样一种歧途，有人结合着进行了行军和机动，并且未经战斗就达到了他的目的，于是就得出结论称，有不经战斗也能战胜敌人的手段。这种错误的全部严重后果，我们以后再指出。

尽管人们完全可以将行军视为斗争的一个有机组成部分，但是在行军中毕竟已经有一些活动不属于斗争，因此这些活动既不是战术的，也不是战略的活动。所有仅是为方便部队行动而采取的措施就属于此类活动，例如架桥、筑路等。它们只是一些条件，在某些情况下可能很接近于部队的使用，几乎与部队的使用是相同的（例如在敌人眼皮底下架桥），但是它们本身毕竟是与部队的使用所不同类型的活动，关于它们的理论不属于战法的理论。

以我们的理解，与舍营相反，野营是部队的一种集中起来的、做好了战斗准备的部署，是部队的一种静止状态，即休整状态，但它同时也表明，战略上已经确定要在该野营地进行战斗，而野营通过设营的方式已经包含了战斗的基本脉络[1]，是每场防御战斗的起始条件，因此野营是战略和战术的重要部分。

以舍营取代野营，是为了部队能更好地休息。因此它与野营一样，从营地的

---

[1]"基本脉络"（die Grundlinie），原意为"基本方针"，此处指军队野营时的部署应与一旦发生战斗时的部署相吻合。——译者注

位置和范围来看是战略问题，从为做好战斗准备而进行的内部部署来看则是战术问题。

除了休整以外，部队野营和舍营一般还有另外的目的，例如保护某一地区，扼守某一阵地，但也很可能仅以休整为目的。我们想起，战略追求的目的有可能是非常多种多样的，因为所有于己有利的都可能成为战斗的目的，而维持人们作战所用的工具[1]，想必经常会成为某些战略行动的目的。

如果说战略在这种情况下仅是服务于部队的维持，那么我们也并未因此而处于一个陌生的领域，我们面临的仍然是部队的使用问题，因为部队在战区任何地方的部署都是这一问题。但是在营垒[2]和舍营地内为了维持部队而引起的不属于使用部队的活动，例如修建茅舍、搭建帐篷以及野营地和舍营地内的给养和保洁勤务等，则既不属于战略，也不属于战术。

甚至是防御工事，虽然其位置的选定和工事的构筑显然是战斗部署的一部分（战术内容），但是就**工事的构筑**而言，它并不属于战法理论研究的范畴。一支训练有素的部队必须已经具备这方面的知识和技能；战斗学是以已经具备这些知识和技能为前提的。

在那些与战斗没有相同之处，仅属于维持军队的活动中，部队的给养与战斗的关系是最密切的，因为给养是每个人几乎每天都必需的，因此给养完全贯穿于军事行动的战略部分。我们之所以强调是贯穿于军事行动的战略部分，是因为在单个战斗中，给养的影响大到要改变计划的程度是极为少见的（尽管这种情况也是完全可以想象的）。因此，出现最多的是战略与对部队给养担忧之间的相互影响。对部队给养的考虑会与其他因素一并影响一次战局或战争的战略主线的确定，没有什么比这更平常的了。

无论这种对部队给养的考虑是多么经常和多么具有决定性，部队的给养工作毕竟还是一种在本质上与部队的使用不同的活动，它只是以其结果对部队的使用产生影响。

我们在前面提到过的其他管理方面的活动与使用部队的关系就更远了。病员

---

[1]指部队。——译者注
[2]指可供部队长期使用的固定宿营地，一般筑有防御工事（堑壕、胸墙等），需要时可在此进行防御。——译者注

的护理对一支部队的健康来说无论有多么重要,但是它涉及的毕竟只是这支部队的少部分人,而对其余人的使用只有很小的和间接的影响;武器装备的补充只要未成为部队本身持续进行的一个活动,就只需定期进行,在拟制战略计划时,也只是在很少情况下才会提到它。

但是我们在这里必须注意不能产生误解。在个别情况下,这些活动可能确实具有决定性的重要意义。战地医院和弹药库的远近,确实有可能是做出非常重要的战略决策的唯一理由。对于这一点,我们既不想否认,也不想忽视。但是我们在这里谈的不是具体情况的实际因素,而是抽象的理论。我们的论断是,上述那样的影响是罕见的,因此不能使病员护理和武器弹药补充的理论与作战理论具有同等的重要性,也就是说不值得把这些理论欲给出的不同的方式方法及其结果一并纳入作战理论,但是部队的给养问题是纳入作战理论的。

现在我们再来明确一下我们通过考察所得出的结论。属于战争的活动分为两大类:**仅为战争做准备的活动,以及战争本身**。理论也必须做这样的分类。

战争准备方面的知识和技能是为了建立、训练和维持军队。至于人们应该给这些知识和技能起个什么总的称呼,我们先放到一边。但是我们知道,炮兵、加固技术、所谓的基本战术、军队的整个组织和管理,以及所有类似的知识和技能都属于这个范畴。战争理论本身则研究如何使用这些成熟的手段来达到战争的目的。它只需要上述知识和技能的结论,就是说只需了解理论所运用手段的主要特点。

我们把这种理论称为狭义的军事艺术或作战理论,或者称为使用军队的理论。名称虽然不同,但是对我们来说指的都是同一件事。

因此,这种理论把战斗作为真正的斗争来研究,把行军、野营、舍营作为或多或少与斗争一致的状态来研究。但这一理论不把部队的给养作为属于它的活动来研究,而是像对待**其他既有条件**一样,只研究其结果。

这种狭义的军事艺术本身又分为战术和战略。前者研究单个战斗的形态,后者研究战斗的运用。两者只是通过战斗才与行军、野营和舍营这几个状态产生联系,因此,这些状态是成为战术问题还是成为战略问题,要看它们是与战斗的形态有关,还是与战斗的意义有关。

一定会有很多读者认为,把战术和战略这样十分接近的两个事物做如此细致的区分是很多余的，因为这种区分对作战本身并无直接的影响。当然如果一个人去寻找理论上的区分在战场上的直接影响，那他想必是个十足的书呆子。

对于任何一个理论，首先要做的就是澄清杂乱的，也许可以说是混淆不清的概念和观点。人们只有对名称和概念有了一致的理解，才有望清晰而顺利地考察问题，才有把握总是与读者站在同一个立场。战术和战略是在空间上和时间上相互交织，但在本质上又不相同的两种活动。如果不准确地确定其概念，就不可能清楚地理解它们的内在法则和相互关系。

如果有谁认为这一切都是毫无意义的，那么或者他根本不应进行理论研究，或者他一定还没有被那些混淆不清和令他人混淆、缺乏可靠根据、得不出任何扎实结论，时而平淡无味、时而荒诞无稽、时而空洞无物的观点弄得头昏脑涨。在有关本来的战法方面，我们之所以还常常听到和读到这样的观点，是因为有科学研究头脑的人还很少研究这一问题。

★ 第二章 ★

关于战争理论

人们最初认为军事艺术只是为军队做准备

人们以往对军事艺术或军事科学的理解只是那些与物质有关的知识和技能的总称。这些知识和技能包括武器的设计、制造和使用，要塞和工事的构筑，军队的组织及其行动的机制。所有这些都是为了准备一支可以在战争中使用的军队。在这里人们进行的是一种与物质材料有关的单方面的活动，其实无非是一种从手工业逐渐提高到更精巧的机械技术的活动。这一切与斗争本身并无关系，就如同铸剑匠人的技术与击剑术并无什么关系。至于军队在危险时刻和不断相互作用下的使用，以及精神和勇气在既定方向上的真正的活动等问题，都还未提到。

战争本身首先在攻城术[1]中出现

人们首先是在攻城术中看到一些斗争本身的实施，看到受命运用上述物质

---

[1] 攻城术又称围攻法，即围攻要塞和城堡的方法。在欧洲很早就出现了攻城术，到17世纪形成了一整套循规蹈矩的方法。攻城时先挖掘与要塞外廓相平行的壕沟（因此称平行壕），攻城炮兵在这里构筑炮台，以压制要塞的炮火。然后向要塞挖掘矩形的接近壕，并挖掘第二道和第三道平行壕，然后挖掘坑道，进行爆破，最后向要塞发起强攻。守备部队为阻止攻城部队向要塞接近，针对接近壕所挖的壕沟则称为反接近壕。——译者注

的人的活动，但大多只是当人的才智得以在新的物质对象（例如接近壕[1]、堑壕[2]、反接近壕、炮群阵地和掩体等）中迅速体现，并以出现这样的物质对象作为才智活动每一步发展的标志时才能看到。才智活动在这里只是人们串联起这些物质杰作时所必需的一条纽带。由于在这种形式的战争中，人的才智几乎只表现在这样一些事物中，因此我们对攻城术能谈到这些也就够了。

此后战术也涉及战争理论

此后，战术试图使自己的形成机制中含有总的、考虑到军队特性后所做部署的特征。这一部署特征自然已经能够引导人们走向战场，但此时人们的思维活动并不自由，而是率领着一支受制于队形和战斗序列的部队，如同一部自动机器，只是在口令的推动下像钟表一样行动[3]。

真正的战法只是偶尔匿名出现

人们曾经认为，真正的战法（自由的，就是说适应最个别情况需要的、对准备好了的手段的使用）不可能成为理论研究的对象，而只能把它交给天赋去处理。随着战争从中世纪的搏斗逐渐向更有规律和更复杂的形态过渡，人们虽然对这一问题有了个别思考，但这些思考大多只是在回忆录和讲述中顺带出现，而且在一定程度上是匿名的。

---

[1] "接近壕"一词，作者使用了法语"approche"。——译者注
[2] "堑壕"一词，作者使用了法语"tranchée"。——译者注
[3] 在18世纪的欧洲军队中盛行线式战术。部队的战斗队形主要是横队，作战时要求全队同时推进，动作整齐划一，不顾敌人的火力，像机械一样行动。因此战斗队形各部分的组成、行列和间隔距离，战斗中队形的变换、步法、步幅和步速，使用武器的动作，以及其他一切行动等都有严格的规定。普鲁士国王弗里德里希二世的军队即以严格的纪律和机械一样的行动而闻名于欧洲。甚至在百余年后，这种机械规定在军队的使用中仍有一定的影响。——译者注

对战争事务的思考引发了对一种理论的需求

当这些思考越来越多,以及对历史[1]的研究越来越具有评论特征时,人们就开始迫切需要有原则和规则作为依据,以便各种观点之争在对战史研究来说很自然的纷争中至少有个目标。这种不围绕任何固定点、不遵循任何明确法则的各种观点所形成的旋涡,想必是人们厌恶的一种现象。

努力提出一种实用的理论[2]

于是人们就开始努力为战法规定原则、规则甚至体系。这样人们在没有适当认识到战法在这方面会遇到无数困难的情况下,就提出了一个实用的目的。正如我们已经指出的那样,战法几乎在所有方向上毫无界限地发展,而任何一种体系、任何一座理论大厦在对一组相反概念进行综合时是具有局限本性的。于是在这样一种理论和实践之间就出现了一个永远无法解决的矛盾。

局限于物质对象

那些理论著作家早就感觉到这方面的困难,认为他们有权利将其制定的原则和体系重又只局限于物质对象和单方面的活动,以为这样就可以摆脱困难。他们要像在有关**战争准备**的科学中那样,只注重得出十分有把握的和实用的结论,于是就只是研究那些可以计算的东西。

---

[1] 此处指战史。——译者注
[2] "一种实用的理论",原文"eine positive Lehre"。——译者注

数量优势[1]

数量优势曾是一个物质方面的问题。人们从达成胜利的所有因素中将其挑选出来，是因为可以通过对时间和空间的综合考虑，把数量优势纳入一个数学法则上。至于其余因素，人们认为对双方来说都是相同的，因此已经相互抵消了，可以不用考虑了。如果人们一时这样做，是为了根据数量优势所处的地位而了解这个因素，那还算是正确的；但是如果人们总是这样做，认为数量优势是唯一的法则，认为**在一定的时间和一定的地点达成数量优势**这一公式是军事艺术的全部奥妙，那么这就是一种局限了，在面对现实生活考验时是完全站不住脚的。

部队的给养[2]

还有人试图在理论研究中把另一个物质因素，即部队的给养系统化。他们认为军队是以一定的组织为前提的，并据此把部队的给养当作宏大战法的主要规则制定者。当然人们以这种方式又会得出一些固定数值，但是这些数值是以大量完全随意的前提为基础的，因此在现实中是站不住脚的。

基地

有位才子[3]曾试图把大量的情况（他甚至认为它们之间有一些精神上的联系）都归纳于**基地**这个唯一的概念。这些情况包括军队的给养、军队人员和装备

---

[1] 即兵力优势。当时，普鲁士军事理论家亚当·冯·比洛、奥地利军事家卡尔大公，以及瑞士军事理论家若米尼等都强调数量上的优势。比洛认为，应该集中主力去对付主要的对象，并且形成对敌人的优势兵力；卡尔大公认为，军事艺术的目的就在于说明如何在决定性方向上巧妙地集中和运用优势兵力；若米尼认为，在决战方向上集中优势兵力，并将其投入会战是战争的基本原则。——译者注

[2] 亚当·冯·比洛和维利森（Karl Wilhelm von Willisen，1790—1879，普鲁士中将、军事著作家）等都很强调给养的作用。比洛认为，仓库是给养的来源，好比人的心脏，心脏一出问题，军队就完了；维利森认为，军队是由人和马匹组成的，粮秣和给养是军队作战的基础。——译者注

[3] 指普鲁士军事理论家亚当·冯·比洛。代表作《新军事体系的精神》《新军事原理》《新战术》，对19世纪普鲁士、奥地利两国军事思想有较大影响。——译者注

的补充、与本国通信联系的安全，以及必要时退却的安全。他先是用基地这一概念替代所有上述各方面的问题，然后用基地的大小（延展宽度）替代基地本身，最后又用军队和这一基地构成的角度替代基地的大小[1]，而所有这一切只是为了得出一个毫无价值的纯粹几何学的结果。如果人们考虑到，上述的每一次概念替代都会使真理受到损害，都会漏掉上一概念中尚包含的一部分内容，那么就不难看到这一点。基地这个概念确实是战略所需要的，提出这个概念是一个贡献。但是像我们刚描述的那样使用这一概念是完全不允许的，而且必然会导致一些十分片面的结论。这些片面的结论甚至会把这位理论家推向十分荒谬的方向，即过分强调包围形式的作用。

内线

后来，作为对上述错误方向的反应，另一种几何学原则，即所谓的内线原则登上了宝座[2]。虽然这个原则建立在良好的基础之上，即建立在战斗是战争中唯一有效手段这一真理上，但是由于它具有纯粹的几何学本性，因此仍只是另一种片面的理论而已，永远不可能指导现实。

所有上述理论探索都是应予以摒弃的

所有上述这些理论探索，只有其分析部分可以看作在探索真理方面的进步，而其综合部分，以及它们的规定和规则是完全无用的。

这些理论探索都追求确定的要素，而战争中的一切都是不确定的，不得不用

---

[1] 这里指亚当·冯·比洛的理论。比洛在其主要著作《新军事体系的精神》中指出，作战的目标不是敌人的军队，而是敌人的补给线或基地。所谓基地即拥有各种补给仓库的设防地区或要塞。比洛认为，从基地两端向进攻目标引两条直线即构成一个等腰三角形，基地底边所对的顶角称为作战角。一般来说，这个角不应小于60度，进攻部队前进的距离不应超过三日行程，只有在建立新的基地之后方可继续前进。克劳塞维茨早在1805年就曾匿名发表文章《评比洛先生的纯粹和应用战略——对其中所含观点的批评》（*Bemerkungen über die reine und angewandte Strategie des Herrn von Bülow,oder Kritik der darin enthaltenen Ansichten*），批评比洛的这种观点。——译者注
[2] 这里是指若米尼强调的内线作战的理论。若米尼认为内线作战总比外线作战优越，因为军队处于内线，既便于集中，又便于实施机动，容易各个击破敌人。——译者注

可变的要素进行计算。

这些理论探索只考察物质要素，而精神力量和作用是贯穿于整个战争行为的。

这些理论探索只考察单方面的活动，而战争是双方活动的不断的相互作用。

上述理论探索将天才排斥在规则之外

片面考察所形成的这种贫乏的理论是无法解决所有问题的。所有这些未解决的问题都曾位于科学的范围以外，这里曾是天才的活动领域，**是超越规则的**。

那些在贫乏的规则之间爬来爬去的军人是多么可怜啊！这些规则对天才来说是糟糕至极的，天才可以高傲地不去理睬它们，甚至可以嘲笑它们。天才所做的想必恰恰就是最好的规则，而理论所能做的最好的事无非是阐明天才是如何做的，以及为什么这样做。

那些与精神对立的理论是多么可怜啊！那些理论无法通过对天才的谦卑来消除这一矛盾，而且它们越是对天才谦卑，就越是被嘲笑、被鄙视和被排挤出现实生活。

只要研究精神要素，理论就会遇到困难

任何理论只要触及精神领域，就会变得非常困难。正如建筑艺术和绘画只要还是在与物质打交道，那么它们对自己就很清楚，对力学结构和光线构图就不会有什么分歧。但是一旦涉及其作品的精神作用，一旦要求其作品引发精神上的感受或者情感，整个法则就会变成含混不清的想法。

医学大多只研究身体的现象，是与动物的机体打交道。而动物的机体是不断变化着的，每时每刻都不完全一样，这给医学带来很大的困难，已经让医生的判断力比他的知识更为重要。如果再加上精神的活动，那么医学面临的困难又要多多少啊！人们又要多么更加看重为他人解除精神痛苦的医生啊！

在战争中不能排斥精神要素

军事活动从来就不是仅针对物质，而是永远同时针对使物质具有活力的精神力量。把两者分开是完全不可能的。

精神要素只有用引申意义上的眼力才能看到，而每个人的这种眼力是不同的，并且往往在不同的时刻也不同。由于危险是普遍存在的因素，战争中的一切都是在这一因素中进行的，因此影响判断的主要是勇气，即对自己力量的感知。它一定程度上好比人的眼睛，人们得到的概念先要通过它才抵达大脑。但是毫无疑问，这些概念想必仅通过经验就已经有了一定的客观价值——任何人都知道袭击、侧面和背后进攻对士气的影响；只要对手背过身开始退却，任何人都会判断出此时对手的勇气是比较少的；任何人在追击时都会表现出与被追击时完全不同的胆量；任何人都会根据对手的声望、年龄和经历对他进行判断，并据此来确定自己的行动；任何人都会以审视的目光来看敌我军队的精神状态和情绪氛围。精神领域中的所有这些以及类似的活动已经在经验中得到证实，而且总是反复出现，让我们有理由认为这类活动作为真正的要素是起作用的。如果人们要在一个理论中忽视这些要素，那么这个理论大概会成什么样子呢？

当然，经验是这些真理的一个必要的基本来源。任何理论和统帅都不应陷入心理学上的和哲学上的过细推敲之中。

战法理论的主要困难

为清楚地了解战法理论要完成的任务是多么困难，并从中引出这一战法理论所必须具有的特点，我们必须对构成军事活动本性的主要特点做进一步的考察。

第一个特点：精神力量和作用（敌对情感）

这些主要特点中的第一个是精神力量和作用。

斗争最初是**敌对情感**的表达，但是在我们称之为战争的大规模斗争中，敌对情感往往只是变为敌对**意图**，通常对个人来说至少没有任何针对个人的敌对情感。尽管如此，进行战争时从来就是有这种敌对的情感活动的。在我们的战争中很少是没有民族仇恨的，个人之间的民族仇恨或多或少地取代了个人之间的敌意。即使是在没有民族仇恨，而且最初没有激愤的地方，斗争本身也会燃起敌对情感。这是因为：某人根据上级的命令对我们使用了暴力，会使我们在针对允许他这样做的上级进行复仇以前，先对他本人进行复仇。说这是人性也好，兽性也好，事实就是如此。人们在理论上非常习惯于把斗争视为一种抽象的、没有任何情感成分参与的角力，这是理论完全故意犯下的千百个错误之一，因为它们没有看到由此而产生的后果。

除了斗争本性自身含有激发情感力量的因素外，还有其他激发因素，例如虚荣心、统治欲和各种狂热等，它们虽然本质上不属于斗争本性，但是由于与斗争类似，因此很容易和斗争联系在一起。

危险留下的印象（勇气）

斗争会产生危险这一因素。所有军事活动都不得不在这一因素中维持和进行，就如同鸟儿在空中飞翔，鱼儿在水中游动一样。危险对人的性情要么是直接（通过人的本能）产生作用，要么是通过理智产生作用。在前一种情况下，人们会力图躲避危险，如果无法躲避，就会产生畏惧和恐惧。如果没有出现这种作用，那就是**勇气**克服了这种本能的反应。然而勇气绝不是理智的一个活动，而是和恐惧一样，是一种情感；恐惧是为了维持有形的[1]存在，勇气是为了维持无形的[2]存在。勇气是一种更高尚的本能反应。而正因为是这样，所以人们不能将勇气当作一种无生命的工具来使用，不能按预先详细规定好的程度让它发挥作用。因此，勇气不是抵消危险作用的单纯的平衡物，而是一个特殊的要素。

危险的影响范围

为正确估计危险对战争中的指挥官的影响，人们就不能将危险的范围仅限于当时肉体面临的危险。危险不仅通过威胁指挥官本人，而且还通过威胁其所有的部下来对指挥官产生影响；危险不仅在它确实存在的那个时刻影响着指挥官，

---

[1] "有形的"（physisch），也可译为"物质的"或"肉体的"。——译者注
[2] "无形的"（moralisch），也可译为"精神的"或"道义的"。——译者注

而且在其他一切与这一危险时刻有联系的时刻,通过指挥官对它的想象影响着指挥官;最后,危险不仅直接通过自己影响指挥官,而且间接通过责任感影响指挥官,让他的精神压力增加十倍。在建议或决定进行一次大会战时,考虑到这样一个大的决定性行动本身所具有的危险和责任,谁不在精神上或多或少地感到紧张和不安呢?可以说,战争中的行动(只要它是真正的行动,而非简单的存在)永远不会完全离开危险的范畴。

其他情感力量

我们把这些由敌意和危险激起的情感力量看作战争所特有的,但我们并不因此就认为伴随人类一生的其他情感力量就与战争没有关系,而是认为它们在战争中往往也起着不小的作用。尽管我们可以说,某些狭隘的冲动在战争这一人类生活的严肃活动中被抑制住了,但这只是对职位较低的指挥官而言。他们不断受到危险和劳顿的折磨,无暇顾及生活中的其他事情,摒弃了虚伪(因为生死关头是容不得虚伪的),于是就这样养成那种最能体现军人水准的简单性格。而职位较高的人就不同了,因为一个人职位越高,考虑的问题也就不得不越多,于是他关心的范围就广,就会出现多种多样的冲动(包括好的和坏的)。宽厚与嫉妒,谦虚与傲慢,温和与暴躁,所有这些都有可能作为有效力量出现在战争这出大戏中。

特有的才智

除了特有的性情以外,指挥官特有的才智同样有很大的影响。人们对头脑冷静而有力的指挥官的期待,与对一位喜欢幻想、狂热、不成熟的指挥官的期待肯定是不一样的。

而由于每个人的才智水平多种多样,倒是可以因此而出现通往目标的多种多样的途径

通往目标的途径之所以多种多样(我们在第一篇中已经谈过),盖然性和幸运之所以对战事起如此大的作用,主要是由于每个人的才智水平非常多种多样。其影响主要来自职位较高的人,因为这种影响是随职位的提高而增加的。

第二个特点：生动的反应

军事活动的第二个特点是生动的反应，以及从中产生的相互作用。我们在这里不谈计算这种反应是如何的困难，因为前面已经谈过将精神力量作为要素来对待是很困难的，其中就已经包括这种计算上的困难了。我们在这里要谈的是，相互作用就其本性来说是与一切计划性相悖的。任何一个针对对手的举措所引起的对手的行动，都有可能是所有军事行动中最不相同的。然而任何理论都不得不以某类现象为依据，从来无法将原本就个别的情况包括在内，这种个别的情况只能处处交由判断力和才能去处理。在军事活动中，根据一般情况所制订的计划常常被意外的个别现象干扰，因此，与人类的其他活动一样，此时就要更多地依靠才能，而较少地运用某个理论上的**规定**。这是很自然的事情。

第三个特点：所有情况的不确定性

最后，战争中所有情况的极大的不确定性是一种特有的困难，因为所有活动在某种程度上都是在若明若暗的光线下进行的，而且往往还要加上雾和月光的影响，这让所有有关物体的轮廓变得夸张，样子变得稀奇古怪。由于光线微弱而不能完全看清的一切，要靠才能去推测，或者交由幸运去处理。因此，在缺乏客观智慧的情况下，就只好再依靠才能甚至是偶然性的眷顾了。

不可能有一种实用的理论

说到军事活动的这一本性[1]，我们必须指出：试图像围绕一个建筑物建起一套脚手架那样，围绕军事艺术建起一座实用的理论大厦，来保证指挥官到处都有外在的依据，是根本不可能的。假如是这样的话，那么指挥官就会在所有那些只能依靠其才能的场合位于这座理论大厦之外，并与之相矛盾，而且无论这座理论大厦的内容是多么丰富，总是会出现我们前面已经讲过的同样结果：**才能和天赋**

---

[1] 指作者上面刚说过的军事活动的第三个特点。——译者注

在法则以外活动，理论成为现实的对立面。

有可能建立一种理论的出路（困难不是到处都一样大）

对我们来说，摆脱上述这一困难，有两条出路。

首先，我们对军事活动的本性所做的探讨是一般性的，并不适合任何职位上的活动。一个人的职位越低，就越要求有自我牺牲的勇气，而对其才智和判断力的要求则要少很多，其接触的事物要封闭得多，追求的目的和拥有的手段在数量上有更多的限制，对相关情况的掌握更确切，甚至大部分情况都是他亲眼所见。但是一个人的职位越高，其面临的困难就越大，到了最高统帅的位置，困难达到最大程度，以至他几乎不得不把一切都交给天赋来处理。

即使我们对军事活动进行了上述**客观**的区分，人们在军事活动中面临的困难也不是到处都相同。军事活动的效果越是体现在物质世界，人们面临的困难就越少；军事活动的效果越是过渡到精神世界，成为决定意志的动机，人们面临的困难就越多。因此，通过理论上的法则规定一次战斗的内在部署、组织和实施，比规定如何运用这一战斗更容易。在战斗中，以物质形态出现的相互争夺，虽然精神因素在其中也不可或缺，但毕竟还是以物质为主，而在战斗的**效果**中，物质的结果成了动机，人们所要打交道的就只是精神本性了。一句话，**战术**在理论上遇到的困难比起**战略**遇到的要少得多。

理论应该是一种思考，而非信条

有可能建立一种理论的第二条出路是这样一个观点，即理论无须一定是实用的信条，也就是说无须一定是行动的**规定**。如果一个活动绝大部分一再涉及同样的事物，涉及同样的目的和手段，那么即使它们有些小的变化，即使它们的组合方式多种多样，仍然应该可以成为理智思考的对象。而这样的思考正是每个**理论**最重要的部分，而且只有这样的思考才配称为理论。这种思考是对事物进行分析探讨，使人们对事物有一个确切的**认识**。如果对经验（对我们来说就是对战史）

进行这样的思考，就能使人们熟知同一事物。思考越是达到使人们熟知事物的目的，就越是能更多地从一种客观的知识形态过渡到一种主观的能力形态，就越是能在只能依靠才能解决问题的场合也发挥作用，就是说，它将对才能本身产生作用。

如果理论能够研究构成战争的事物，能够将初看上去似乎混成一体的东西区分得更清楚，能够全面地说明手段的特性，能够指出手段很可能产生的作用，能够明确目的的本性，能够处处对战争进行评析式的考察，那么它就完成了其主要任务。这样对那些想从书本中了解战争的人来说，理论就成为他们的引路人，到处都能为他们照亮道路，方便他们前行，培养他们的判断力，防止他们误入歧途。

如果一位专家将其半生精力用于全面阐述一个晦暗不明的问题，那么他对这一问题的理解当然要比那些想在短时间内了解这一问题的人深刻得多。理论存在的目的是为了让别人不必从头整理材料和进行完整的研究，而是可以利用已经整理和研究好的成果。理论应该培养未来战争中指挥官的才智，或者更确切地说是应该引导他们自修，而不应该陪伴他们上战场。这正如一位高明的教育工作者会引导和采取措施来帮助一位少年发展才智，而不会一辈子用襻带牵着他走。

如果从理论所进行的思考中能自动形成原则和规则，如果真理能自动凝结成这些晶体[1]，那么理论就不会与这一才智的自然法则相抵触，反而会更加突出这些原则和规则，就像拱门最后汇聚到的那块拱顶石终将突出于拱门一样。但是理论这样做，只是为了符合思维的富于哲理性的法则，是为了明确所有线索的汇合点，而不是为了从中归纳出一个用于战场的代数公式，因为这些原则和规则也主要是为一位勤于思考者的习惯行动确定基本轮廓，而不是像路标那样立即为他指出具体道路。

---

[1] 指总结和归纳出的原则和规则。——译者注

有了上述这一观点就有可能建立理论,理论与实践的矛盾就消失了

有了上述这一观点,人们才有可能建立一种令人满意的,即有用的、从不与现实矛盾的战法理论。只要人们处理得当,就可以使理论与行动关系密切,以至完全消除理论与实践相互脱节的反常现象。这种脱节往往是不合理的理论引起的,它使理论和健全的理智相对立,但同样也常常被那些才智贫乏和愚昧无知的人用来当作他们天生笨拙的借口。

因此,理论必须考察手段和目的的本性(战术上的目的和手段)

因此,理论必须考察手段和目的的本性。

在战术中,手段是受命进行斗争的、训练有素的军队,目的是胜利。至于如何进一步确定胜利这一概念,我们以后在考察战斗时[1]将更详细地进行阐述。在这里,只要我们把对手退出战场视为胜利的标志就够了。借助于这一胜利,战略就达到了它为战斗规定的目的,这一目的构成了战斗的本来**意义**。这一意义对胜利的本性当然是有一些影响的。一个以削弱敌军为目的的胜利和一个仅以占领一处阵地为目的的胜利是有所不同的。由此可见,战斗的意义会对战斗的组织和实施有显著的影响,因此,战斗的这些意义也是战术考察的一个对象。

在战术上运用手段时离不开的各种情况

由于有些情况是战斗离不开的,并或多或少地影响到战斗,因此在使用军队时就必须一并考虑它们。

这些情况就是地形、白昼和天气。

---

[1]指本卷第四篇第四章。——译者注

地形

我们更愿意将地形分为地带和地貌两个概念。严格来讲，假如战斗是在完全平坦的荒原上进行的，那么地形对战斗就不会有什么影响。

这种情况在草原地带确实会出现，但在文明的欧洲地区就几乎只是臆想了。因此，文明民族间的战斗要不受地形的影响几乎是不可想象的。

白昼

白昼通过昼夜之别影响战斗，但这种影响的范围当然会超过昼夜的界限，因为每次战斗都持续一定的时间，大规模的战斗甚至持续很多小时。对组织一次大规模的会战来说，从早晨开始还是从下午开始是有重大区别的。当然也有很多战斗不受白昼的影响。总的来说，白昼的影响只是有限的。

天气

天气对战斗产生决定性影响的情况更为少见，大多只是通过雾有一定的影响。

战略上的目的和手段

战略最初只将胜利（战术成果）作为手段，最终将实现应直接导致媾和的事项作为目的。战略为达到这些目的而运用手段时，同样离不开或多或少对战略产生影响的情况。

在战略上运用手段时离不开的各种情况

这些情况是地带和地貌（前者同时也扩展至整个战区内的地表和民众）、白昼（同时也包括季节），以及天气（具体指严寒等特殊现象）。

这些情况构成新的手段

战略将上述情况与一次战斗的成果联系在一起，就使这一成果即战斗有了特殊的意义，**使战斗成果有了一个特殊的目的**[1]。但是只要这个目的不是可以直接导致媾和的目的，即只是一个从属的目的，那么人们也可以把它视为手段。因此，我们可以把具有各种不同意义的战斗成果或胜利看作战略上的手段。占领一处阵地就是这样一种作用于地形的战斗成果。然而人们不仅可以把具有特殊目的的单个战斗视为手段，也可以把任何一个更高的、由多个战斗组合而成、有共同目的的战斗单位视为**一个手段**。一次冬季战局就是这样一种作用于季节的战斗组合。

因此，只有那些可以看作**直接**导致媾和的事项才是目的。理论就是要研究所有这些目的和手段的作用及其相互关系的本性。

战略只从经验中提取要研究的手段和目的

第一个问题是，战略如何能全部列举出这些手段和目的。如果一项富于哲理性的研究一定要得出一个必然的结论，那么这一研究就会陷入种种困难，这些困难就会排斥战法及其理论在逻辑上的必然性。于是这一研究就转向经验，将其考察对准战史中已经出现过的那些战斗组合。当然，用这种方法得出的理论会带有一定的局限性，它只适合与战史提供的相同的情况。但是这种局限性也是不可避免的，因为在任何情况下，理论陈述的问题要么是从战史中抽象出来的，要么至少是与战史进行过比较的。而且无论如何，这种局限性更多是概念上的局限性，而不是事物本身的局限性。

这一途径的一个大的优点在于能使理论保持务实，而不是在苦思冥想、吹毛求疵和空泛幻想中迷失自己。

---

[1] 参阅本卷第四篇第三章。——译者注

对手段应分析到什么程度

另一个问题是，理论对手段应分析到什么程度。显然只需考察它们在使用时的特性就够了。各种火器的射程和效果对战术来说是极为重要的，至于其构造，尽管它决定效果，对战术来说却是无关紧要的，因为战法关心的不是用炭粉、硫黄和硝石制成火药，用铜和锡造出火炮，而是现成的武器及其效果。战略需要使用地图，但是对三角测量并不关心；为取得最好的战果，战略不必去研究应如何建设国家，怎样教育和统治民众，而是要接受欧洲各国社会在这些方面的现状，提请注意哪里有非常不同的状态会对战争产生显著的影响。

知识大为简化

这样一来，理论要研究的对象就大为减少了，战法要求具备的知识就很有限了，这是显而易见的。军事活动一般所需要的，以及一支只是有了装备的部队上战场前所必须要有的大量的知识和技能，在它们能在战争中达到其活动的最终目的以前，就被压缩成少数大的结论，就像陆地上的小河在流入大海以前先汇成大河一样。只有那些直接流入战争这个大海的活动，才是指挥这些活动的人所需要了解的。

这就解释了为什么杰出的统帅可以迅速成长以及为什么统帅不是学者

事实上，我们的考察只能得出这样的结论，如果得出其他的结论，就会让我们怀疑考察的正确性。只有这样才能解释，为什么往往有些以前从未接触过军事活动的人在战争中，而且是在较高的职位上，甚至作为统帅，能建立丰功伟业；为什么杰出的统帅从来都不是出自知识渊博的甚至学者型的军官阶层，而大多数是那些大环境不许可他们获得大量知识的人。因此那些认为培养未来的统帅必须从了解所有细节开始，或者认为这样做至少有益的人，总是不无道理地被讥讽为可笑的书呆子。不难证明，了解所有细节对统帅是有害的，因为人的才智是通过传授给他知识和思想**培养**起来的。只有大的知识和思想能使一位统帅成为杰出的统帅，而细枝末节的知识和思想，如果统帅没有把它们当作无关紧要的东西而加以拒绝，就只会使统帅成为狭隘的人。

以往的矛盾

由于人们没有注意到战争中所需的知识是简单的，而总是把这些知识与那些为军事活动服务的大量知识和技能混为一谈，因此，就会陷入与现实世界现象的明显矛盾中。为解决这一矛盾，就只有把一切都推给天才。天才是不需要理论的，而理论也不应是为天才而写的。

因此，人们就否认所有知识的用处，把一切都推给天赋

那些天生爱耍小聪明的人大概觉得，在非凡的天才与学究之间还是有很大距离的。他们根本不相信理论，认为作战是人天生的一种能力，作战天赋的多少决定作战水平的高低。这样他们就成了怀疑论者。不可否认，这种人比那些相信错误知识的人更接近真理，可是人们很快看出，这种人的观点只是一种夸大的说法。一个人没有一定数量的观点的积累，就不可能进行理智的活动，而这些观点至少大部分不是他先天就有的，而是后天获得的，并构成了他的知识。问题只在于，构成这一知识的应该是哪一类观点。我们认为，军人需要的观点应涉及他在战争中要直接打交道的那些事情。

不同的职位需要不同的知识

在军事活动本身这一领域内，根据指挥官的职位，需要不同的知识。如果指挥官职位较低，那么他需要涉及面较窄和比较具体的知识；如果指挥官职位较高，那么他需要涉及面较广和概括性更强的知识。假如有的统帅担任骑兵团长，并不一定出色，反之亦然。

战争中所需要的知识是很简单的，但拥有相应的能力却不是很容易

战争中所需要的知识**是**很简单的，它只涉及很少的问题，而且这些问题都已经概括为最后的结论，但拥有相应的能力却不是很容易。我们在第一篇中已经谈过在战争中会遇到什么困难。在这里，我们不谈那些只有通过勇气才能克服的困难。我们认为，即使是真正的理智的活动也只是在较低的职位上是简单和容易的，而随着职位的提高，它的困难就会增大，到了统帅这样的最高职位，理智活动就成为人类最困难的精神活动之一。

战争中所需要的知识应该有什么特性

统帅既无须是学识渊博的政治学家和历史学家，也无须是政论家，但是他必须熟悉国家大事，了解和正确认识传统的方针、已经激起的利益要求、存在的问题，以及当权者的性格；统帅无须是细致的人物观察家和敏锐的性格分析家，但是他必须了解部下的性格、思维方式、习惯和特有的优缺点；统帅无须了解如何整备一部马车和如何套紧一门火炮，但是他必须知道如何正确估计一路部队在不同情况下行军所需的时间。

所有这些知识都无法靠科学公式和机械的方法强行得到，只有在对事物进行思考时，在现实生活中运用了正确的判断力，并且有指向这一观点的天分起作用才能得到。

职位较高者在军事活动中所必需的知识之所以与众不同，一是因为人们在思考中（也就是在研究和深思中）只有通过一种特别的天分才能获得它，这种天分的特别之处在于作为一种精神上的本能，如同蜜蜂从花里采蜜一样，懂得从生活万象中只汲取精华；二是因为除了思考和研究以外，人们还可以通过生活实践来获得这种知识。具有丰富经验教训的生活实践虽然永远不会培养出**牛顿**或**欧拉**那样的人物，但也许能培养出**孔戴**[1]或**弗里德里希**那样的人物所具有的较强的计算

---

[1] 孔戴（Ludwig Ⅱ. von Bourbon, Prinz von Condé, 1621—1686），公爵，法国将军、政治家。——译者注

能力。

因此，人们没有必要为挽救军事活动的学术荣誉而陷入谬误和幼稚的学究气的泥淖。从来没有一位杰出的统帅是才智有限的人，但是常常有些人在较低职位上表现得很突出，而到了最高职位却由于才智不足而表现平庸。甚至同样处于统帅的位置，由于其职权范围不同，表现也是不同的，这一点是不言而喻的。

知识必须成为能力

现在我们还要考虑到一个要求，这个要求对战法知识来说比对其他任何知识都更为迫切，那就是战法知识必须完全融入精神领域，几乎完全不再是客观上的事物。在人类除军事活动以外的几乎其他所有活动中，行动者即使只接触过一次有关真理，而且已经遗忘了，可他还是能从满是灰尘的书本中重新找出和运用这一真理，甚至他每天在手头运用的真理，也可能完全是身外之物。当一位建筑师拿起笔，以便通过复杂的计算来确定一个桥台的负荷力时，他所得出的正确结果并不表明他自己的才智有多么高超。首先他必须费力地查找数据，然后对这些数据进行计算，计算时运用的定律并不是他发明的，在计算时他甚至往往没有意识到为什么要运用这些定律，多半只是机械地运用它们。而在战争中从来不是这样。在战争中，人们的头脑不断地做出反应，客观情况不断地发生变化，这就要求指挥官内心必须装着自己的全部知识，必须能随时随地自主做出必要的决定。因此他的知识必须与精神和实践完全融为一体，转化成为一种真正的能力。正是由于这个原因，在战争中表现杰出的指挥官们看上去都那么轻松，似乎一切都归功于他们的天赋才能。我们之所以说**天赋才能**，是为了把这种才能与通过思考和研究教育培养出来的才能区别开来。

我们认为，通过上面的考察，我们已经明确了战法理论的任务，并指出了完成这一任务的方法。

我们曾把战法分为战术和战略两个范畴，其中正如已经指出的那样，建立战略理论无疑有更多的困难，因为战术几乎仅涉及有限的问题，几乎是一个封闭的范畴；而战略涉及直接导致媾和的目的，面临的是不确定的多种可能性。由于要考虑这些目的的主要是**统帅**，因此，战略中与统帅有关的那一部分尤其要面临这一困难。因此，理论在战略中，尤其是在涉及最重大问题的那些地方，应比在战术中更多地对事物进行纯粹的思考和研究，并满足于协助统帅达成对有关事物的认知。这一认知融入他的整个思想，使他更轻松和更有把握地行动，从不强迫他为了听从一个客观结论的说教而脱离自己的主观思想。

★ 第三章 ★

军事艺术或军事科学

用词尚未统一（能力与知识。以探讨纯粹知识为目的的是科学，以培养能力为目的的是艺术）

人们似乎至今还没有决定，究竟采用军事艺术这个术语，还是采用军事科学这个术语，而且也不知道应该根据什么来解决这个问题，尽管问题是简单的。我们在另一处曾经说过，知识和能力是不同的。两者之间是如此不同，本来是不易混淆的。能力本来不能写在任何书本中，因此艺术也从来不应该是一部书的名字。但是由于人们已经习惯于把掌握某种艺术所需要的知识（这些知识有可能是独立的、完整的科学）归结在一起，称为艺术理论，或者直截了当地称为艺术，因此必然会采用这样的区分，把凡是以培养创造能力为目的的都叫作艺术，例如建筑艺术；把凡是以探讨纯粹知识为目的的都叫作科学，例如数学、天文学。在任何艺术理论中都可能包含某几门独立的科学，这是不言而喻和无可置疑的。然而还值得我们注意的是，任何科学也不可能完全不包含艺术，例如在数学中，算术和代数的应用就是一种艺术，不过这还远不是两者之间的界限。这是因为，虽然从人类知识的总和来看，知识和能力之间的差别极为明显，但具体到每个人身上，是很难把它们截然分开的。

将认识从判断中分开是困难的（军事艺术）

所有思维可以说都是艺术。当逻辑学者画出一条横线[1]时，当条件前置句[2]（认识的结果）结束时，当人们开始判断时，艺术便开始起作用。但这还不够：甚至通过才智去认识也是判断，因此也是艺术。最后，通过知觉去认识大概也是如此。总之，一个人只有认识能力而没有判断力，或者只有判断力而没有认识能力，都是不可想象的，因此艺术和知识从来就是不能截然分开的。艺术和知识这些精致的、可以照亮其他事物的因素越是体现在世界的**外部形态**上，它们之间的区别就越**大**。我们再说一遍，以产生和创造为目的的是艺术的领域，以研究和获得知识为目标的是科学的领域。由此可见，使用军事艺术这个术语比使用军事科学这个术语更恰当。

对这个问题之所以谈了这么多，是因为人们不能缺少这些概念。但是我们认为，战争就其本来的意义来说既不是艺术，也不是科学；人们正是由于没有看到这一点才走上错误的道路，无意中把战争与其他艺术或者科学等同起来，进行了很多错误的类比推定。

人们早已感觉到了这一点，于是宣称战争是一种手艺。但是这种做法是弊多利少的，因为手艺只是一种**比较初级**的艺术，而且作为这样的艺术还要服从更严格和更狭隘的法则。军事艺术确实有一段时间是带有手艺的精神实质的，那就是**佣兵队长**时期，但是军事艺术的这种倾向并不是由**内在**的原因，而是由**外在**的原因造成的[3]。战史表明，这种倾向在当时是不符合事物本性的，是不能令人满意的。

---

[1] 指在形式逻辑中使用三段论法时，写完大前提和小前提后画一条线，然后再写结论。——译者注

[2] 原文如此，疑误。从上下文看，似应为结果后置句。——译者注

[3] 中世纪晚期至16世纪中叶，意大利一些城市国家如威尼斯、佛罗伦萨、热那亚等虽然经济发达，但防御能力弱，于是为维护其利益而与佣兵签合同，由其提供保护。佣兵成为一种职业，佣兵的首领称为佣兵队长（Condittiere）。每个佣兵集团的武器装备为佣兵队长所有，给养和薪饷由佣兵队长负责。佣兵队长可以将自己的集团受雇于任何国家甚至个人，因此战争就成为佣兵队长的职业，军事艺术就好像是他的手艺。作者认为这种情况不是战争本身的原因决定的，而是社会状态等外在原因决定的。——译者注

战争是人类交往的一种行为

因此我们认为，战争不属于艺术和科学的领域，而是属于社会生活的领域。战争是一种以流血的方式解决的大的利益的冲突，它只是在这一点上与其他冲突不同。拿战争与某种艺术相比，不如拿它与贸易相比，贸易也是人类利益和活动的一种冲突。距战争近得多的是政治，人们也可将政治视为一种规模更大的贸易。此外，政治是战争在其中发育的母体；战争的轮廓在政治中已经隐约形成，就如同生物的特性在其胚胎中就已形成。

区别

根本的区别在于：战争既不是意志针对一个无生命对象（例如机械的艺术[1]）的活动，也不是意志针对一个有生命的、但毕竟是被动的、任人摆布的对象（例如人在理想的艺术[2]中的精神和情感）的活动，而是意志针对一个有生命的、**有反应的**对象的活动。人们很容易看到，艺术和科学的公式化的思维是很难适用于战争这种活动的，同样也可以理解，如果人们不断地寻找和致力于遵循那些类似于从无生命的物质世界中所能找出的法则去应用于战争，则必定会导致不断的失误。然而过去人们在确立军事艺术时，仿效的正是机械的艺术。仿效理想的艺术自然也行不通，因为这些理想的艺术本身还非常缺乏法则和规则。而迄今人们试着仿效过的其他艺术又往往是不完善和片面的，它们受到各种主张、感觉和习惯的巨流冲击而淹没。

至于这种在战争中形成和消失的有生命的对象之间的冲突是否始终服从于一般法则，以及这些法则能否成为行动的有用的准绳，我们将在本篇中[3]做一些探

---

[1] 康德（Immanuel Kant，1724—1804）在《对判断力的评析》中将艺术分为"机械的艺术"和"美学的艺术"，认为前者只是根据对可能存在的事物的认识而表现该事物，后者则是"令人愉快的、美好的艺术"。——译者注
[2] 黑格尔（Georg Wilhelm Friedrich Hegel，1770—1831）认为理想只存在于艺术之中，艺术的任务就是表现绝对的想法。——译者注
[3] 指本篇第四章。——译者注

讨。但有一点是清楚的，就像对任何没有超出我们认识能力的对象一样，对战争这个对象用探讨的精神是能够阐明的，对其内在联系或多或少是可以弄清楚的，而这就已经足以使理论成为名副其实的理论。

★ 第四章 ★

习惯做法[1]

为了说清楚在战争中起着很大作用的方法和习惯做法的概念，我们必须概略地看一下支配着所有行动的逻辑上的层次（就如同政府机构的层级）。

法则是对认识和行动同样适用的最普遍的概念，在其词义中显然有某些主观和专断的东西，但是它恰恰表达出我们和我们之外的事物所必须遵循的东西。作为认识的一个对象，法则是事物及其作用之间的关系；作为意志的一个对象，法则是对行动的一种规定，与**命令**和**禁令**具有同等的意义。

原则同样是对行动的一种法则，但是没有法则那样**正式的、明确的含义**，它只有法则的精神和意思。当现实世界中多种多样的**现象**无法纳入一项法则的明确形式时，就需要有原则，以便人们在运用判断力时有更多的自由。由于人们在无法运用原则的情况下，必须依靠判断来处理这些情况，因此原则实际上是行动者的**依据**或指南。

如果原则是客观真理的产物，从而适用于所有的人，那么它就是**客观的**；如果原则含有主观的因素，只对提出它的人有一定价值，那么它就是**主观的**，通常称为座右铭。

---

［1］"习惯做法"（Methodismus），作者自创的一个词，意为"Ritual"，即"严格的程序"或"习惯做法"。以往有的中译本将该词从字面译为"方法主义"或"认识论"，似不妥。——译者注

规则常常被用作法则的意思，但实际上与原则具有同等的意义，因为人们常说"没有无例外的规则"，却不说"没有无例外的法则"。这表明，人们在运用规则时可以有较多的自由。

在另一个意义上，规则被用作手段：从一个单独的、较浅显的特征认识到一个位于深处的真理，以便将符合全部真理的行动法则与这一单独的特征联系起来。所有游戏规则和数学中的简便运算方法就是这类规则。

规章和**指示**是对行动的规定，通过这一规定可以一并触及大量细小的、更详细指出了途径的情况。这些情况数量太大，而且意义一般，不值得为它们建立普遍的法则。

最后是**方法（行为方式）**，是从很多可能的行为方式中挑选出来的一个反复出现的行为；而当行动是根据方法，而非普遍原则或个别规章决定的，则称为**习惯做法**。这里必须有一个前提，那就是用这种方法去处理的情况基本上是相同的，但是由于情况不可能完全相同，因此关键在于相同的部分至少应**尽量多些**。换句话说，这种方法应该适用于最可能出现的情况。因此习惯做法不是建立在特定的个别前提之上，而是建立在彼此关联情况的**平均盖然性**之上，并超出这一平均盖然性，提出一个适用于一般情况的真理。如果人们以同样的形式不断运用这一真理，那么不久就可达到机械般的熟练程度，最后就可以几乎不假思索地做出正确的事情。

从法则的概念与识别现象的关系来看，法则对战法来说是可以或缺的，因为战争中的现象是复杂叠加的，不是很有规律，而有规律的现象又不是那么的复杂叠加，所以法则这个概念并不比简单的真理更有用。凡是用简单的概念和言辞就足以表达清楚的地方，如果用了**复杂的**、**夸张的**概念和言辞，那就成了矫揉造作和故弄玄虚。战法理论在涉及行动方面不能使用法则的概念，因为战争中各种现象变化多端，而且多种多样，因此战法理论中的规定没有足够的普遍性，不能称为法则。

但是如果想使战法理论成为实用的信条，那么原则、规则、规章和方法对于战法理论就是不可缺少的概念，因为真理在这些实用的信条中只能以这样的结晶形态出现。

由于战术是理论在战法中最可能成为实用信条的那个部分，因此上述概念[1]

---

[1] 指原则、规则、规章和方法。——译者注

在战术中也最常见。非迫不得已，不要以骑兵对尚有完整队形的步兵发起进攻；在敌人进入有效射程以前，不得使用轻武器；在战斗中要节制用兵，以便将尽可能多的力量留到最后使用——这些都是战术原则。所有这些规定都不是绝对可以用于任何场合的，但是指挥官必须把它们铭记在心，以便在适用于这些规定所含真理的场合，不至于没有运用它们。

如果人们发现一支敌军的野炊时间反常，从而推断出敌人准备出发，如果人们发现敌军在战斗中故意暴露部队，从而推断敌人可能要进行佯攻，那么这种认识真理的方式就是发现常规，因为人们从一个个别的、可视的情况推断出了这一情况所属的意图。

如果说"在战斗中一旦发现敌人开始撤走炮兵，就应该再次猛烈进攻敌人"是一个常规，那么这就表明，我们把敌人开始撤走炮兵这一个别现象与我方应采取的一个行动联系在了一起，这一行动针对的是我们根据这一个别现象所猜测出的对手的状态：对手要放弃战斗，已经开始退却，而在这一退却期间，他既不便进行充分的抵抗，又不便完全避开我方（在退却时就会出现这种情况）。

至于**规章和方法**，只要训练有素的军队能够把它们作为行动的原则，那么它们就能把为战争而做准备的理论一并带到战法中去。有关队形、训练，以及野战勤务的一切条例都是规章和方法。有关训练的条例以规章为主，有关野战勤务的条例以方法为主。原本的战法与这些规章和方法相联系，将其作为现成的行为方式来采纳，因此这些规章和方法必须作为现成的行为方式出现在战法理论中。

但是对于使用部队时可以自由选择的活动不能有规章（特定的指示）出现，因为规章恰恰排斥自由使用部队。相反，方法作为执行任务的一般办法（如前所述，这种办法是根据平均盖然性制定的），作为实际运用原则和规则的主导，只要它不失去本来面目，不是为绝对的和必要的行动结构（体系）制定的，而是为一般行动形式中最好的形式制定的（这些最好的形式可以取代个人决策，成为捷径和备选），那么这些方法当然就可以出现在战法理论中。

在作战中常常运用各种方法，看来这也是非常重要和不可避免的。如果我们考虑到在战争中有多少行动是根据纯粹的假设，或者是在完全没有把握的情况下进行的，我们就会认同这一点了。在战争中之所以有很多行动是根据纯粹的假设，或者是在完全没有把握的情况下进行的，是因为敌人阻止我们了解那些会影响我们部署的情况，或者我们没有相应的时间，以至即使我们确实了解了这些情况，也由于它们分布太广和组成过于繁杂而无法根据它们进行我们的所有部署，因此我们总是不得不根据某些可能出现的情况进行部署。我们还要考虑到，在每个具体情况中需要同时顾及的细小情况有无数个，因此除了进行举一反三式的思维，只根据一般和很可能出现的情况进行部署以外，我们没有其他办法。最后我们还要考虑到，越到较低的级别，指挥官的数量就越多，就越不能指望他们拥有真知灼见和具有训练有素的判断力；在无法要求下级指挥官具有除勤务条例和经验以外的见解的情况下，也就不得不迁就他们运用与这些条例和经验相近的习惯做法。这些习惯做法可以成为其判断的一个依据，同时防止他们出现超出常规的、完全错误的观点。在一个要为经验付出高昂代价的领域里[1]，人们尤其担心出现这些错误观点。

我们必须承认，习惯做法不仅是不可缺少的，而且还有一个优点，那就是通过反复运用同一个方法在部队指挥上可以达到**熟练**、**准确**和**可靠**，从而减少战争中自然会出现的阻力，使机器[2]更轻快地运转。

因此，军事活动的级别越低，方法就用得越多，就越是不可缺少；而级别越高，方法用得越少，到了最高职位，方法就完全用不上了。因此方法在战术中比在战略中有更大的作用。

从战争的最高任务来看，它不是由**无数细小事件**构成的（这些细小事件大同小异，对其处理得好坏取决于方法的好坏），而是由**各个需要分别处理的、决定性的大事件**构成的。战争不是长满禾秆的一片田地，收割时无须考虑每根禾秆的形状，割得好坏只取决于镰刀的好坏，而是一片大树，用斧头砍伐时，必须考虑每棵树的特性和方向。

军事活动中习惯做法的可靠性向上能达到什么程度，当然原本不取决于职位，而是取决于事情。只是因为统帅处理的是范围最广的事情，所以他较少使用习惯做法。统帅如果在战斗序列、前卫部队和前哨的部署上采取一成不变的方法，那么在某些情况下不仅会束缚其部下，而且也会束缚他自己。当然这些方法

---

[1] 指在战争中。——译者注
[2] 指部队。——译者注

可能是他自己的发明，由他根据具体情况采用，但是只要它们是以部队和武器的一般特性为根据的，它们就可以成为理论的一个研究对象。然而如果人们像用一台机器制造成品那样，总是按照同一个方法来确定战争计划和战局计划，却是我们应该坚决反对的。

只要还没有令人满意的理论，即只要对战法还没有理智的思考，那么职位较高的人也不得不经常运用习惯做法，因为部分职位较高的人没有能力通过研究和较高层次的阅历来提高自己。他们在那些不切实际和充满矛盾的理论推断与评论面前无所适从，他们健全的头脑对这些东西是抵触的，于是他们从这些东西中吸收的只是基于经验的一些见解，在那些要求和允许自由地处理问题的情况下，他们也喜欢运用基于经验的方法，也就是模仿最高统帅特有的行为方式，从而自然而然地产生了习惯做法。弗里德里希大帝的将军们总是喜欢采用所谓的斜向战斗序列[1]，法国革命[2]时期的将军们总是喜欢运用绵长战线的包围战法，而拿破仑手下的将领们则总是喜欢集中大量兵力浴血冲杀。从这些办法的反复运用中，我们可以明显地认识到这些是被接受了的方法。由此可见，习惯做法有可能在一直接近到最高统帅的广大范围内得到运用。如果有一个得到改善的理论有助于战法研究，以及培养那些力图走上更高职位者的才智和判断力，那么人们也就不会再在这么高的层级上运用习惯做法，而那些被视为不可缺少的习惯做法，则至少会产自理论本身，而不是产自纯粹的模仿。无论一位杰出的统帅做事多么高明，在他的做事方式中总会有一些主观的东西。如果他有一种特定的风格，那么其中必然含有其很大一部分个性，而这些个性与模仿其风格的将领们的个性并不总是相同的。

然而要在战法中完全摒弃主观的习惯做法或者风格，是既不可能也不正确

---

[1] 斜向战斗序列（Schiefe Schlachtordnung）是公元前4世纪出现的一种战术，由古希腊著名统帅艾帕米农达于公元前371年首次运用。该战术强调面对优势之敌时，应避免与之在宽大正面上全面接触，而应加强一翼兵力，形成局部兵力优势，并以这一翼发起进攻，其他兵力则负责牵制敌人，使其无法增援受到进攻的一翼。在以优势兵力击溃敌一翼后，随即从翼侧包围敌人，彻底击垮敌人。普鲁士国王弗里德里希二世将该战术与线式（横队）战术相结合，进一步发展了该战术。弗里德里希二世在其著作《战争的总原则》（*Generalprinzipien des Krieges*）中称，3万人能以此战法击败10万人。——译者注

[2] 指1789年开始的法国革命（对法国革命的结束时间有多种说法，一种观点认为是1794年7月雅各宾派统治的结束，另有观点认为是1799年雾月政变）。这次革命摧毁了法国封建专制制度，促进了法国资本主义的发展，也震撼了欧洲封建体系。——译者注

的。人们更应该把主观的习惯做法视为一场战争总的特性对其各个现象所起影响的一种表现。如果理论不能预见并考虑到这种影响，那就只能听任主观的习惯做法起作用。革命战争[1]有其特殊的做事方法，还有什么比这更自然的呢？有哪种理论能把它的特点包括进去？不好的是，这样一种从个别情况中形成的风格本身容易过时，因为各种情况在不知不觉中发生了变化，但风格却保留了下来。这正是理论应该通过明确和理智的评析而加以阻止的。1806年，普鲁士[2]的将军们与弗里德里希大帝的斜向战斗序列一道坠入深渊[3]（具体是路易亲王[4]在萨尔费尔德[5]附近，陶恩青[6]在耶拿[7]附近的多恩山[8]上，格拉韦特[9]在卡佩伦多夫[10]前面，布吕歇尔在卡佩伦多夫后面）。究其原因，不仅是因为一个陈旧的风格，还因为习惯做法导致当时的才智严重贫乏。这一才智贫乏导致霍恩洛厄[11]指挥的联军全军覆灭，而且是史无前例的、一支联军在战场本身（而非在被追击中）即遭受的全军覆灭。

---

[1] 革命战争（der Revolutionskrieg），也称法国革命战争，指第一次和第二次反法联盟与法国之间的战争（1792—1802）。——译者注

[2] 普鲁士（Preussen），指普鲁士王国（1701—1918）。——译者注

[3] 指第四次反法联盟战争中的耶拿和奥尔施泰特会战。1806年10月14日，拿破仑率法军主力约10万人在耶拿附近击败霍恩洛厄指挥的普鲁士和萨克森联军5.3万人。同日，双方在均不知晓当日耶拿会战的情况下，法军达武元帅率领约2.9万人在奥尔施泰特（Auerstedt，今德国图林根州一小镇，西南距耶拿约25公里）附近击败布伦瑞克公爵指挥的普军主力约5万人。在追击中，普军纷纷投降。在两场会战中，法军计伤亡约1.5万人，普军计伤亡和被俘3.3万人。普鲁士国王威廉三世携全家逃往东普鲁士。拿破仑于当月27日进入柏林。——译者注

[4] 路易·费迪南德（Louis Ferdinand von Preussen，1772—1806），普鲁士亲王、将军、作曲家。——译者注

[5] 萨尔费尔德（Saalfeld），今德国图林根州一城市，位于萨勒河河畔。——译者注

[6] 陶恩青（Bogislaw Friedrich Emanuel von Tauentzien，1760—1824），伯爵，普鲁士将军。1806年耶拿会战时任师长，曾指挥霍恩洛厄的前卫部队。——译者注

[7] 耶拿（Jena），今德国图林根州一城市，位于萨勒河河畔。——译者注

[8] 多恩山（der Dornberg），位于耶拿附近，海拔383米，为当地制高点。——译者注

[9] 格拉韦特（Julius August Reinhold von Grawert，1746—1821），普鲁士将军。1806年耶拿会战中在霍恩洛厄手下任师长，被法军击败。——译者注

[10] 卡佩伦多夫（Kapellendorf），今德国图林根州一小镇，东南距耶拿约15公里。——译者注

[11] 霍恩洛厄（Friedrich Ludwig zu Hohenlohe-Ingelfingen，1746—1818），侯爵，普鲁士将军。1806年耶拿会战时指挥普鲁士和萨克森联军，失败后向法军投降，1808年释放回国后被革职。——译者注

★ 第五章 ★

评论[1]

理论上的真理[2]总是更多地通过评论，而非通过信条对现实生活产生影响。由于评论是理论上的真理在真实事件上的应用，因此它不仅使理论上的真理接近于实际，而且通过其不断的反复应用，使人们的思维更加习惯于这些真理。因此，我们认为除了确定用什么观点建立理论以外，还有必要确定用什么观点进行评论。

我们把**评论式地**记述历史事件与简单地记述历史事件区别开来。后者仅仅是罗列事件，顶多是触及与这些事件最近的一些因果关系。

而评论式地记述历史事件，则会出现三种不同的思维活动。

第一种思维活动是对有疑问的事件进行历史考证和确定。这是真正的历史研究，与理论没有任何共同点。

第二种思维活动是从原因推断影响。这是**真正的评论式的研究**。这种研究对理论来说是不可或缺的，因为在理论中所有需要用经验来确定、支撑或者只是解释的，都只能通过这种途径解决。

第三种思维活动是对运用的手段进行检验。这是包含着赞扬和指责的真正的评论。在这里，理论服务于历史，或者更确切地说是服务于从历史中汲取的

---

［1］"评论"（die Kritik），根据不同场合，有"评论""批评""批判"等多种译法。由于作者在本文中明确讲到该表述"包含着赞扬和指责"，故译为"评论"更准确。——译者注

［2］指通过理论研究得出的正确结论。——译者注

教训。

在这后两个历史思考的真正的评论部分中，一切取决于探寻事物的最后因素，也就是要追寻到毫无疑问的真相为止，而不能像常见的那样半途而废，也就是不能止于随便某个任意的论断或前提。

至于从原因推断影响，它往往面临一个外在的、无法克服的困难，那就是人们根本不了解真正的原因。这一现象在战争中比在实际生活的任何其他活动中更为常见。战争中的事件很少能让人完全了解真相，而行动的动机就更难以让人了解到了，因为这些动机要么是被当事者故意隐瞒了，要么是由于它们是非常短暂和偶然的，因此有可能没有历史记载。为此，评论式的记述大多不得不与历史研究合作进行，但是即便如此，原因与影响往往还是非常不吻合的，以至于评论式的记述无法将一些影响视为已知原因的必然结果，因此这里就必然会出现空白。就是说，一些历史事件的结局无法用于教导他人。理论所能要求的只能是将研究一直进行到这种空白处，所有的推论要到此为止。如果人们以为已知的原因足以解释结果，因此对已知的原因错误地予以重视，那才是真正的比出现空白更糟糕的事。

评论式的研究除上述这一外在困难外，还面临一个很大的内在困难，那就是战争中的行动很少是出于单一的原因，而是出于多个共同的原因，而且只是公正和认真地追溯一系列事件的起始点还不够，更重要的是还要指出每个已知原因的作用。这就促使人们对原因的本性做进一步的研究，于是评论式的研究就有可能进入理论的真正领域。

人们进行评论式的**考察**，即检验手段时，必须弄清行动者所用手段的特有影响是什么，以及这些影响是否符合行动者的意图。

要了解手段的特有影响，就会促使人们研究这些影响的本性，即又进入理论的领域。

我们看到，在评论中一切都取决于要追寻到毫无疑问的真相，不能止于随意的论断，因为这些随意做出的论断对他人无效，他人也可以用或许同样随意提出的论断加以反对，以致出现无休止的争论，使整个研究得不出任何结论，也就达不到教导他人的目的。

我们看到，无论是对原因的探究，还是对手段的检验，都会进入到理论的领域,也就是说进入到普遍真理的领域,这种真理不是仅仅出自当前的个别情况。如果这时有一个可用的理论,那么考察时就可以把理论中已经确定的东西作为根据,不必再研究。但是在没有这种理论上的真理时,研究就不得不一直延续到最后的因素。如果经常有必要这样做,那么人们习惯上称其为著作家的那个人为研究第100个问题,就不得不追溯到第1000个问题,他就会有无数的事情要做,也就几乎不可能对每个问题都进行从容的研究。结果为了限定自己的考察范围,他就止于随意提出的论断,这些论断即使对他来说确实不是随意提出的,但对他人来说仍然是随意提出的,因为它们本身不会自动为他人所理解,而且是未经证实的。

因此,一个可用的理论是评论的一个重要基础。如果没有一个合理理论的支持,评论就不可能总体上达到答疑解惑的程度,也就是说,不可能是令人信服的明证和无可辩驳[1]的事实。

但是如果人们认为理论能够把每个抽象的真理都包括进去,留给评论的任务只是将具体情况放到合适的法则之下,那就是一种幻想;反之,假如人们规定评论绝不能触及神圣的理论,那也是可笑的书呆子的做法。建立理论时的分析研究精神也应该引领评论活动,而且这种精神可以并应该经常进入到理论领域,去进一步说明对它特别重要的那些问题。反之,如果评论成了机械的理论照搬,那就有可能完全达不到评论的目的。理论研究得出的所有积极的结果,所有原则、规则和方法越是成为实用的信条,就越缺乏普遍性和绝对的真理本性。这些东西是供人使用的,至于它们是否适用,永远应该留给后人评判。人们在评论时,绝不允许将这些理论上的结论当作衡量的法则和标准,而只能像当事者那样,把它们当作**判断的依据**。在一般战斗序列中,骑兵不与步兵并列部署,而是部署在步兵的后面,这是战术上已经明确了的,但是如果人们因此而对偏离这一规定的任何部署都加以指责,则是愚蠢的。人们在评论时应该探究偏离这一规定的理由,只有在理由不充分时,才有权引用理论上的定论。又如,理论上已经明确,多路进攻会减少胜算,但是如果不进一步了解实际情况,就认定所有采取多路进攻并且失利的战例都是多路进攻造成的,或者在多路进攻获胜的情况下,就反过来认为

---

[1]"无可辩驳"一词,作者使用了法语"sans réplique"。——译者注

"多路进攻会减少胜算"的理论断言是不正确的,那么这两种看法就都是不理智的。两者都是评论的分析精神所不允许的。总之,理论上经过分析研究而得出的结论是评论的主要依据;理论上已经明确了的,评论自身就不必再重新确定了。理论上之所以予以明确,就是为了评论有现成的东西可用。

评论的任务是研究从原因中产生了什么样的影响,以及研究所用的手段是否与目的相适应。当原因与影响、目的与手段彼此接近时,评论的这一任务就容易完成。

如果一个军团遇袭,并因此而无法有序和合理地运用其力量,那么袭击的效果就是确定无疑的。如果理论上已经明确在会战中进行围攻能获得较大的战果,但胜算较小,那么就要看运用围攻者是否主要是为了获得较大的战果。如果是,那么他选择这一手段就是正确的。如果他用这个手段是为了**更有把握地获得战果**,而这一战果不是以具体情况,而是以以往围攻出现过多次的、能带来较大战果的普遍本性为基础,那么他就是弄错了围攻这一手段的本性,从而犯了一个错误。

在这里,评论式的探究和检验并不困难。只要人们每次局限于最直接的影响和目的,就总是容易的。只要人们撇开与整体的联系,只从这个方面考察事物,那么人们完全可以随意这样做。

但是正如世界上的其他活动一样,在战争中属于整体的一切都是彼此联系的,因此每个原因(即使是很小的原因)的影响必然会一直延展至整个战争行为结束,并使最终结果有所改变(无论改变是多么小)。同样,每个手段必然也会一直影响到最终的目的。

因此,只要现象还有考察的价值,人们就可以跟踪研究一个原因导致的影响。同样,人们不仅可以为下一个目的去检验手段,而且也可以把这一目的本身当作达到更高目的的手段来加以检验。这样对一连串相互从属的目的进行检验,直至遇到一个无须检验的目的,因为其必要性是毫无疑问的。在很多情况下,特别是涉及大的决定性的举措时,必须一直向上考察到**最终的目的**,即那个应直接导致媾和的目的。

很清楚,在这样的向上考察的过程中,每到新的一站,人们在判断时就会有一个新的立场,以至于同一个手段,从距其最近的立场来看是有利的,但从更高的立场来看却是应该予以抛弃的。

在对一个军事行动做评论式考察时,探究产生现象的原因与根据目的检验手段总是合作进行的,因为只有探究原因才能找到值得检验的对象。

这样上下追溯会遇到很大的困难,因为人们探寻的原因距离一个事件越远,人们就越会同时看到更多其他的原因,而且还要补充或排除这些原因对事件可能产生的那部分影响,因为一个现象距离原因越远,支配它的各种力量和情况就越多。如果我们找到了一次会战失败的原因,那么当然也就找到了这次失败的会战影响整个战争结局的部分原因,但仅是部分原因,因为根据不同的情况,还会有其他原因或多或少地影响到战争的最终结局。

随着立场的升高,人们在检验手段时同样会出现这种多样性,因为目的越高,为达到这些目的而使用的手段的数量也就越大。战争的最终目的是所有军队都同时追求的,因此人们对围绕这个目的所发生的或者可能发生的一切就都有必要一并加以考察。

这样一来,人们有时就要扩大考察的范围。在这一大的考察范围内,人们就容易感到迷惑并遇到困难,因为对那些实际上没有发生、但很可能发生过,因此不能不加以考察的事情也要做出很多假设。

1797年3月,拿破仑率领意大利军团[1]向位于塔利亚门托河[2]畔的卡尔大公[3]推进,意图是迫使卡尔大公在其所期待的援军从莱茵河[4]河畔调到其身边

---

[1] 指法国驻意大利军团。——译者注

[2] 塔利亚门托河(der Tagliamento),意大利北部一条河流,流入亚得里亚海,长170公里。——译者注

[3] 卡尔大公(Erzherzog Karl,1771—1847),奥地利大公、元帅、军事理论家。作品有《由1796年德意志战局论战略原则》《1799年德意志和瑞士战局史》和军事条令等。参加过1796年、1797年、1805年和1809年对法战争。1805—1809年任陆军大臣,致力于奥军改革。——译者注

[4] 莱茵河(der Rhein),中欧的一条大河,发源于瑞士格劳宾登州境内阿尔卑斯山区,流入北海。长1238.8公里。——译者注

之前进行决战[1]。如果人们只从距此行动最近的决战来看，那么拿破仑的手段选得很好，结果也证明了这一点。卡尔大公当时的兵力还很少，以至他在塔利亚门托河河畔只做了一次抵抗的尝试。当卡尔大公看到对手过于强大和果断时，就把战场和进入诺里施阿尔卑斯山脉[2]的通道让给了对手。此时拿破仑利用这一**幸运的战果**能达到什么目的呢？他本人可以向奥地利君主国的心脏推进，还可以减轻莫罗[3]和奥什[4]两个莱茵军团推进的压力，并与他们建立密切的联系。拿破仑就是这样考虑问题的，从这个角度看，他是正确的。但是如果人们从更高的立场，即从法国督政府[5]的立场进行评论（督政府能够而且应该判断出，六周后才会开启莱茵战局），那么人们只能认为拿破仑翻越诺里施阿尔卑斯山脉是一次夸张的冒失行动，因为如果奥地利人从莱茵河河畔调来强大的预备队并部署在施泰尔马克[6]，卡尔大公就可以用它进攻拿破仑的意大利军团。这样拿破仑不仅会丢掉意大利军团，而且还会输掉整个战局。拿破仑到维拉赫[7]地区后认识到了这一

---

[1] 1797年2月，拿破仑在北意大利攻陷曼托瓦后，奥地利试图挽救北意大利，准备与拿破仑决战。3月，奥军卡尔大公命前卫部队在皮亚韦河地区警戒，主力在塔利亚门托河地区设防，计划自莱茵河河畔开来的援军到达后向法军发起进攻。3月16日，拿破仑击退奥军前卫部队后，向塔利亚门托河河畔的卡尔大公发起进攻。卡尔大公因兵力悬殊，略做抵抗后即退向萨瓦河和德拉瓦河。28日，法军进入奥地利境内，4月7日先头部队到达莱奥本（Leoben，今奥地利施泰尔马克州一城市），18日双方签订《莱奥本临时和约》（*Vorfrieden von Leoben*），同年10月17日签订《坎波福米奥和约》（*Frieden von Campoformio*）。——译者注

[2] 诺里施阿尔卑斯山脉（Norische Alpen），阿尔卑斯山脉中部东段的一部分，位于奥地利南部。——译者注

[3] 莫罗（Jean-Victor Moreau，1763—1813），法国革命时期最重要的将军之一。1796—1797年法奥战争期间在莱茵地区指挥法军。1804年因反对拿破仑，被开除军籍并被流放。1813年赴俄国任亚历山大一世的军事顾问。同年8月在德累斯顿会战中被炸断双腿，9月去世。——译者注

[4] 奥什（Louis-Lazare Hoche，1768—1797），法国革命时期少将。——译者注

[5] 1795年8月22日，法国国民会议（1792—1795）通过新宪法，规定最高立法机构为上下两院，上院称元老院（250名成员），下院称五百人院；规定最高行政机构为督政府，其五名成员由元老院自五百人院提交的名单中选出。10月12日进行首次选举；26日，国民会议举行最后一次会议；31日，首届督政府宣告成立。至1799年11月9日被拿破仑推翻，存在过七届督政府。——译者注

[6] 施泰尔马克（Steiermark），今奥地利的一个联邦州，历史上曾是边区和大公国。——译者注

[7] 维拉赫（Villach），今奥地利克恩滕州一城市，位于克拉根福特盆地西部。——译者注

点，因此他很乐意与奥地利人签订《莱奥本临时和约》[1]。

如果我们能从更高一层的立场评论，就会知道奥地利人在卡尔大公的军团与维也纳[2]之间是没有预备队的。当时，如果拿破仑的意大利军团继续推进，那么它是能够威胁维也纳的。

假设拿破仑知道奥地利首都面临这一空虚处境，并且知道他在施泰尔马克对卡尔大公占有明确的优势，那么他先期赶往奥地利的心脏就不再是无目的的了。至于他这一行动的价值，则仅取决于奥地利人对保住维也纳的重视程度，因为假如奥地利人很重视保住维也纳，宁愿接受拿破仑给他们提出的媾和条件，那么法军就可将威胁维也纳视为最终目标。假如拿破仑出于某种原因知道这一点，那么后人的评论也就可以到此为止了。如果这一点还不确切，那么人们就不得不从一个更高的立场来继续评论，并回答：假如奥地利人让出维也纳，继续向本国辽阔的腹地后退，那么又会出现什么情况呢？很明显，如果人们不分析双方的莱茵军团之间很可能发生什么事，就根本无法回答这个问题。在法国人占确切优势（13万人对8万人）的情况下，法国人获胜是没有多大问题的，但又会产生的问题是：法国督政府会利用这个胜利达到什么目的呢？是要追求其优势地位，一直推进至奥地利君主国另一端的国界，就是说要消灭或战胜这个强国呢，还是仅想占领一大片土地作为缔结和约的筹码呢？人们必须探究出这两种情况可能产生的结果，以便据此确定督政府会选择其中的哪一个。假设考察的结果是：法军的兵力对彻底战胜奥地利来说还是太少，以致这样的尝试会引起整个局势的根本变化，甚至仅占领奥地利的一大片土地也会导致法国人面临因兵力过少而很可能无法应对的战略局面，那么这一结果必然影响到人们对意大利军团所处局势的判断，从而对它寄予较小的希望。这无疑是拿破仑在完全能够判断出卡尔大公孤军无援的情况

---

[1]拿破仑在第一次反法联盟战争中，在北意大利接连对反法联盟取得胜利，于1797年2月2日占领奥地利的重要要塞曼托瓦。3月28日，法军进入奥地利境内。4月7日，马塞纳率领法军先头部队抵达莱奥本，距维也纳仅四日行程。当时奥地利还面临英国不再提供援助、俄国撤走援军的困难。法国方面也面临占领区民众起义（4月17日维罗纳起义）和后方（蒂罗尔）部分面临奥军威胁的问题。于是双方在莱奥本附近一处宫殿内开始谈判，于18日签订《莱奥本临时和约》。10月17日，双方最终签订《坎波福米奥和约》，第一次反法联盟战争就此结束。——译者注
[2]维也纳（Wien），今奥地利首都，同时也是一个联邦州，位于多瑙河河畔。历史上曾是神圣罗马帝国、奥地利帝国首都，也是奥匈帝国的两个首都之一。——译者注

下仍有条件签订《坎波福米奥和约》[1]的缘故。这些条件除了使奥地利人丧失了一些即使最成功的战局也难以收复的地区以外，没有让他们付出更大的代价。但是假如法国人没有思考过以下两个问题，那么他们甚至无法指望签订这个于其好处不大的《坎波福米奥和约》，因此也就无法把这个和约作为其大胆进军的目的：第一个要思考的问题是，奥地利人对上述两种结果[2]会做何评估？在这两种情况下，奥地利人最后的获胜可能性尽管都很大，但是两者均意味着要继续战争，奥地利人就会有牺牲，他们是否认为值得付出这些牺牲呢？因为签订一个条件不太苛刻的和约可以避免这些牺牲。第二个要思考的问题是，奥地利政府以其优势到底会不会达到最终获胜的程度，它是否会适度考虑其对手最后的获胜可能性，以及是否会因眼下的兵力失衡而丧失勇气？

对第一个问题的思考并不是无益的吹毛求疵，而是有切实的重要意义，以至每当人们面对一个需要竭尽全力实施的计划时都要做此思考，而且阻止人们实施此类计划最多的就是这一思考所得出的结论。

对第二个问题的思考也同样是必要的，因为人们不是与一个抽象的对手作战，而是与一个真实的、必须一直盯住的对手作战。大胆的拿破仑肯定懂得这一点，就是说他相信自己的威名能够先于自己的利剑使对手胆怯。这种自信促使他在1812年进军莫斯科[3]，可是那次他失算了。他的威名经过多次大的斗争已经有些损耗，而在1797年，他的威名形成不久，人们还未发现如何能抵抗他到极致的秘密。尽管如此，如前所述，假如拿破仑未预感到失败，从而未选择签订好处不大的《坎波福米奥和约》作为出路，那么他的冒险会让他在1797年就得到战败的结果。

到此我们必须结束这个考察了，因为这个考察作为实例已经足以说明，在做

---

[1] 1797年10月17日，法国和奥地利根据此前于4月18日签订的《莱奥本临时和约》，在意大利北部小城马宁镇（Villa Manin）签订《坎波福米奥和约》，标志着第一次反法同盟战争（1792—1797）结束。根据该和约，奥地利放弃比利时、卢森堡和伦巴第地区，承认阿尔卑斯山南共和国独立，并在秘密附加条款中承认自巴塞尔至安德纳赫的莱茵河段为法国东部边境，但得到了威尼斯共和国及其舰队，与本土连成一片，而且控制一部分亚得里亚海。因此克劳塞维茨认为这个和约并未让奥地利付出过大的代价。——译者注
[2] 指法国彻底战胜奥地利或仅占据奥地利的大片土地这两个可能出现的结果。——译者注
[3] 莫斯科（Moskau），今俄罗斯首都，历史上曾是莫斯科公国和俄国首都，位于俄罗斯平原中部。此处指1812年俄国战局。——译者注

评论式考察时，如果人们要追溯到最终目的，也就是人们谈及的是有必要上升到如此程度的大的决定性举措时，这一考察涉及的范围是广泛的，内容是多种多样的，并且会遇到很多困难。从中也可以看到，除了对事物的理论见解以外，天赋的才能对评论式考察的价值想必也有大的影响，因为要了解事物之间的联系，在事件的无数关联中辨别出重要的关联，主要依靠天赋的才能。

同时，评论式考察也要求天赋以另一种方式发挥作用。评论式考察不仅是对确已使用手段的检验，而且也是对**所有可能使用的手段**的检验。这些可能使用的手段是人们在考察时必须先提出的，即先要发现的。如果人们提不出一个更好的手段，就不能指责现有的手段。无论人们在大多数情况下提出这种可能使用的手段的数量是多么少，也不能否认，列出这些可能使用的手段并非对现有事物的单纯分析，而是一种独立的创造，这种创造是无法规定出来的，而是有赖于丰富的智慧发挥作用。

能够把战法归结为少数切实可行和非常简单的手段，这需要很大的天赋，我们距此还很遥远。有人常常将发明迂回一处阵地的战法视作伟大天才的一步棋，我们认为这是非常可笑的，但是尽管如此，这种富于创造性的主动行为是有必要存在的，而且是决定评论式考察价值的主要行为之一。1796年7月30日，拿破仑决心放弃对曼托瓦[1]的围攻，以便迎击前来解围的武姆泽[2]，并集中兵力各个击破武姆泽被加尔达湖[3]和明乔河[4]隔开的两路部队。这看上去是拿破仑取得辉煌胜利的最可靠的途径。他的确取得了这些胜利，而且当敌人此后几次前去解围

---

[1] 曼托瓦（Mantua），今意大利曼托瓦省省会，位于波河平原，明乔河河畔。——译者注

[2] 武姆泽（Dagobert Sigmund von Wurmser, 1724—1797），伯爵，奥地利元帅。——译者注

[3] 加尔达湖（der Gardasee），意大利最大的湖泊，位于该国北部阿尔卑斯山脉和波河平原之间，面积近370平方公里。——译者注

[4] 明乔河（der Mincio），意大利北部波河的一条支流，流经加尔达湖，长194公里。——译者注

时，他用同样的手段取得了更辉煌的胜利[1]。对此人们只听到了交口称赞之声。

如果拿破仑不完全放弃围攻曼托瓦的想法，是无法于7月30日采取上述行动的，而且，他无法保住攻城辎重，而在这一战局中他是无法再搞到第二套攻城辎重的。实际上，拿破仑把对该地的围攻转变成了纯粹的包围。如果拿破仑继续围攻的话，这个要塞很快就会被攻陷，而改为包围后这个要塞又抵抗了六个月，尽管拿破仑在城外开阔战场上取得了诸多胜利。

评论者由于提不出更好的抵御解围的方法，就认为拿破仑未攻下该城是完全无法避免的憾事。在一道围攻环线[2]内抗击前来增援的敌军，这一手段在很大程度上受到批评和轻视，以至它完全淡出了评论者的眼界。在路易十四世[3]年代常常奏效的这一手段，竟无人想到在百年以后**至少是可以一并加以考虑的**，这只能说是因为赶时髦的观点在作祟。假如人们将这一手段列为可能使用的手段，那么进一步研究当时的力量对比就可以得出结论，当时拿破仑可以部署在曼托瓦城前围攻环线内的是四万名世界上最精锐的步兵，在筑有坚固工事的条件下，是无须惧怕武姆泽率领的前来解围的五万奥军的，因为后者即使只是试着向围攻环线发起一次进攻也是十分困难的。我们在这里不打算进一步证明我们的这一论断，但是认为我们所说的已经足以让这一手段有权利和其他可能的手段一道争取被采用。至于拿破仑本人当时在行动中是否想到了这一手段，我们不想妄加推断，在其回忆录和其他出版的资料中找不到他当时想到这一手段的痕迹。后来的所有评

---

［1］1796年4月，法国督政府派拿破仑攻入北意大利，奥军节节败退。至6月，除曼托瓦要塞未被法军攻克外，奥军基本上撤至国境附近。7月5日，法军包围曼托瓦。此时，奥地利任命武姆泽将军接替伯奥流指挥，率5万人准备与曼托瓦守军呼应，夹击法军。武姆泽将部队分为两路，沿加尔达湖东西两岸南进。7月31日，拿破仑决定放弃对曼托瓦的围攻，集中兵力迎击奥军。8月3日，拿破仑在萨洛及其东南地区击退奥军西路部队，并于次日迎向奥军东路部队。当拿破仑北上时，武姆泽已进入曼托瓦，得悉西路军被法军击败后，便离开曼托瓦，渡过明乔河，准备与西路军会合。8月5日，奥军与法军相遇，被击败，向本国方向退却。法军重新围攻曼托瓦。同年9月，武姆泽又前往解围，未果，被围于曼托瓦。同年11月和次年1月，奥地利阿尔温齐将军又两次前往解围，均被拿破仑以同样方法击败。1797年2月2日，曼托瓦被法军攻陷。——译者注
［2］围攻环线（die Zirkumvallationslinie）是围攻部队围绕要围攻的城市或要塞构筑的工事，以防止受围者突围或对围攻者发起进攻。在没有另外设置保护围攻环线（die Kontravallationslinie）的情况下，也可用于抗击受围者的解围或增援部队。——译者注
［3］路易十四世（Ludwig ⅩⅣ., 1638—1715），法国国王（1643—1715）。在位期间先后进行过四次主要战争：尼德兰战争（1667—1668）、荷兰战争（1672—1678）、奥格斯堡联盟战争（1688—1697）、西班牙王位继承战争（1701—1714）。——译者注

论者都没有想到这一手段，因为它已经完全被遗忘了。重新想起这种手段的功劳并不大，因为人们只需摆脱时髦观点的影响就能做到。但是想到这一手段，以便对它加以考察，并且把它同拿破仑使用的手段进行比较却是十分必要的。无论这种比较的结果如何，评论者是不能错过这种比较的。

拿破仑在埃托日[1]、尚波贝尔[2]、蒙米赖[3]等地的战斗中击败布吕歇尔[4]军团后，于1814年2月抛开布吕歇尔，把矛头重又指向施瓦岑贝格[5]，并在蒙特罗[6]和莫尔芒[7]打败了他的部队[8]。对此人们十分钦佩，因为拿破仑正是通过这样来回调动其主力，巧妙地利用了联军分兵推进的错误。至于说拿破仑这一出色的四处出击最终未能挽救他，人们认为这至少不是他的过错。迄今还没有人提出问题：假如拿破仑不把矛头由布吕歇尔再次转向施瓦岑贝格，而是继续进攻布吕歇尔，并一直追击他到莱茵河河畔，会有什么结果呢？我们确信，在这种情况下，战局会出现根本的转折，联军就不会进军巴黎[9]，而是返回，退过莱茵河。我们不要求人们都同意这一见解，但是只要有人提出了这种选择的可能性，评论者就应一并加以探讨，这是任何专家都不会怀疑的。

在这里提出来的用于比较的手段，比在前一例中提出的手段本来是更容易让人想到的，但还是被错过了，这是因为人们盲目地追随某一片面的见解，缺乏公

---

[1] 埃托日（Etoges），今法国马恩省一小镇。——译者注
[2] 尚波贝尔（Champaubert），今法国马恩省一小镇，东距埃托日6公里。——译者注
[3] 蒙米赖（Montmirail），今法国马恩省一小城。——译者注
[4] 布吕歇尔（Gebhard Leberecht von Blücher，1742—1819），侯爵，普鲁士元帅。因其积极进攻的指挥风格而有"前进元帅"之称。——译者注
[5] 施瓦岑贝格（Karl Philipp Schwarzenberg，1771—1820），侯爵，奥地利元帅，曾任奥地利驻法国大使。在1812年俄法战争中率奥军随拿破仑进攻俄国。为俄法斡旋失败后，受奥地利首相梅特涅委托，在1813—1815年的对法战争中担任联军总司令，参加莱比锡大会战并进占巴黎。——译者注
[6] 蒙特罗（Montereau），即今法国塞纳-马恩省城市约讷河河畔蒙特罗（Monterau-Fault-Yonne）。——译者注
[7] 莫尔芒（Mormant），今法国塞纳-马恩省一小城。——译者注
[8] 1814年，第六次反法联盟的军队深入到法国境内。2月1日在拉罗提埃击败拿破仑后，施瓦岑贝格率联军主力沿塞纳河，布吕歇尔率领联军一部沿马恩河开赴巴黎。拿破仑得悉联军两路相隔，于是决定首先进攻布吕歇尔，2月10日在尚波贝尔击败其一部，11日在蒙米赖击败其另一部，14日在埃托日击败布吕歇尔亲率的一部，布吕歇尔退回沙隆。拿破仑未追击布吕歇尔，于15—16日连夜赶向塞纳河，进攻施瓦岑贝格，17日在莫尔芒击败维特根施坦（施瓦岑贝格的右翼），18日在蒙特罗击败符腾堡王太子（施瓦岑贝格的前卫部队）。施瓦岑贝格急忙向东退却。——译者注
[9] 巴黎（Paris），法国首都，位于巴黎盆地中部、塞纳河河畔。——译者注

正的态度。

由于有必要提出更好的手段来代替一个受到指责的手段，于是就出现了一种几乎只为评论而评论的形式，即满足于只是提出自认为更好的手段，却没有提出应有的论据，结果是提出来的手段不能令每个人信服，而其他人也这么做，于是就产生了毫无依据的争论。整个军事类著作中都充斥着这些东西。

只要人们建议使用的手段的优点还未明显到令人信服的程度，我们就有必要要求评论者提供**论据**。所谓论据，就是分别研究两个手段的特点，并与目的进行对比。如果人们能这样以简单的事实来说明事物的成因，那么争论想必就会结束，或者至少可以从中得出新的**结论**，否则争论就会永无休止。

例如在上例中如果我们不满足于仅提出一个更好的手段，而是想证明继续追击布吕歇尔要比转攻施瓦岑贝格更好，那么我们就可以提出以下简单的事实作为根据：

1. 通常沿一个方向继续进攻比来回调遣部队更有利，因为这种来回调遣部队会损失时间，而且在敌军由于损失惨重而士气已经受到削弱的情况下，继续进攻更容易取得新的战果，因此继续追击能够利用已经取得的优势。

2. 尽管布吕歇尔的兵力比施瓦岑贝格的少，但由于布吕歇尔具有进取精神，因此是更重要的敌人，是追击的重点。

3. 当时布吕歇尔受到的损失等同于一场大败，因此拿破仑对他有很大的优势。假如布吕歇尔受到追击的话，几乎无疑会一直退到莱茵河河畔，因为他在这一线没有任何值得一提的援军。

4. 没有其他可能的结果比布吕歇尔退到莱茵河河畔看上去更可怕，以及以如此巨大的阴影让人产生幻觉了。在施瓦岑贝格这样以优柔寡断和犹豫不决而闻名的将领看来，一旦布吕歇尔退至莱茵河河畔，想必就是一件大事。对于符腾堡王太子[1]在蒙特罗附近，以及维特根施坦[2]伯爵在莫尔芒附近受到的损失，施瓦岑贝格侯

---

［1］即符腾堡王国（1806—1918）第二任国王威廉一世（Wilhelm I.，1781—1864）。——译者注

［2］维特根施坦（Ludwig Adolf Peter zu Sayn-Wittgenstein，1768—1842），伯爵，俄国元帅。曾参加1793年俄波战争、1806年俄土战争、1812俄法战争等。1813年任俄普联军司令，后因大格尔申和包岑两次会战失利而辞职。1814年在对法战争中受施瓦岑贝格指挥。同年2月27日在奥布河河畔巴尔进攻法军时负重伤。——译者注

爵想必是相当清楚的。相反，一旦布吕歇尔在其自马恩河[1]直到莱茵河这条完全孤立和分开的战线上失败，施瓦岑贝格只能从雪崩般的种种传言中了解布吕歇尔的损失。三月底，拿破仑向维特里[2]方向进军，目的是想看一下一次威胁性的战略迂回会给联军带来什么影响。这一绝望的行动显然是以恐吓原则为基础的，但当时的情况已经完全不同了：拿破仑此前在拉昂[3]和阿尔西[4]战败，而布吕歇尔率领十万人已经与施瓦岑贝格会合了[5]。

当然会有人不信服上述理由，但是他们至少不能反驳我们说："如果拿破仑向莱茵河河畔追击，从而威胁施瓦岑贝格的基地，那么这就等同于施瓦岑贝格威胁巴黎，即拿破仑的基地。"因为我们通过上述理由就是想证明施瓦岑贝格不会想到向巴黎进军。

前面举过1796年战局中的例子，我们可能会说，拿破仑认为他所采取的方法是击败奥地利人最可靠的方法，但是即便他的这一方法确实是最可靠的，他由此所达到的目的也不过是一个空洞的荣誉而已，对曼托瓦的陷落几乎没有什么明显的影响。在我们眼中，我们提出的是用于阻止解围的可靠得多的方法。但是如果我们也像拿破仑那样，不认为这个方法更可靠，而是认为如果采用这个方法，获胜的可能性会更小，那么问题就会回到这一点：在一种情况下，获胜的可能性较大，但这样的胜利几乎无法利用，也就是说胜利很小；在另一种情况下，获胜的可能性不是很大，但一旦获胜，就会有大得多的战果，从而可以影响双方最终的胜负。如果人们以这种方式来权衡得失，那么有胆略的人想必会赞成第二种方法，但实际上从表面上看正好相反。拿破仑的意图肯定是大胆的，但是很明显，

---

[1] 马恩河（die Marne），法国塞纳河的一条支流，长514公里。——译者注
[2] 维特里（Vitry），即今法国瓦勒德马恩省城市塞纳河畔维特里（Vitry-sur-Seine），位于塞纳河西岸，西北距巴黎10公里。——译者注
[3] 拉昂（Laon），今法国埃纳省省会，西南距巴黎130公里。——译者注
[4] 阿尔西（Arcis），即今法国奥布省的城市奥布河河畔阿尔西（Arcis sur Aube）。——译者注
[5] 1814年3月初，布吕歇尔经休整后向拉费尔特推进，准备与弗里德里希·冯·比洛将军会合后进攻巴黎。拿破仑赶去想把布吕歇尔赶过安纳河，但在拉昂进攻布吕歇尔时受挫。11日，拿破仑留一部兵力监视布吕歇尔，自率主力东进，20日在阿尔西与施瓦岑贝格遭遇，因实力悬殊而战败。拿破仑于绝望中向维特里前进，试图威胁联军后方。此时布吕歇尔已经回到沙隆，向施瓦岑贝格靠拢。联军决定由施瓦岑贝格和布吕歇尔各率一路主力直取巴黎，由俄国沃东库尔将军率领1万骑兵在后保护。26日，拿破仑在圣迪济埃进攻联军，只见骑兵，不见主力，于是急忙赶往巴黎，但联军已经于31日进入巴黎。——译者注

他不可能像我们这样可以事后从经验中对当时情况的本性认识到如此的程度，并判断出结果。

评论者在考察手段时不得不经常引用战史，这是自然的，因为在军事艺术中，经验比所有富于哲理的真理都更有价值。但是这种历史的论据当然有其自己的条件，对这一点我们将用专门一章[1]加以论述。可惜人们很少满足这些条件，导致对历史的旁征博引大多只是让本已混乱的概念更加混乱。

现在我们还要考察一个重要问题，即评论者在评价某一具体事件时，人们应允许他在多大程度上利用事后对有关情况更多的了解，或者说他应这样自律到多大程度，也就是说在多大程度上可以利用为结果所证明了的东西，或者说评论者应在何时何地抛开这些事后了解到的东西，以便完全从当事者当时的处境考虑问题。

如果评论者要赞扬或指责当事者，那么他当然应该试着尽量站到当事者的立场上去，就是说，一方面应尽量搜集当事者所知道的所有情况及其行动动机；另一方面又要抛开当事者当时不可能知道或不知道的所有情况，首先要抛开后来的结果。不过这只是一个人们努力追求，但永远不可能完全达到的目标，因为某一事件开始时的具体情况，在评论者眼里和在当事者眼里绝不可能是完全相同的。一些可能当时影响到当事者决心的细小情况已经无从查考，一些主观的动机也从未见诸记载。对这些主观动机，人们只能从当事者或者其心腹的回忆录中了解，而在回忆录中对有关情况往往写得很宽泛，而且也许有意不写实情。因此当事者当时面临的很多情况肯定是评论者不可能知道的。

另外，要评论者抛开他比当事者多知道的情况更困难。如果要评论者抛开偶然发生的事情，即与事件本质没有联系的事情，还是容易的，但是要他抛开所有重要的事情就很困难了，而且是不可能完全做到的。

我们先谈谈结果。如果结果不是从偶然情况中产生的，而评论者对结果是了解的，那么他在评论产生结果的原因和过程时，就几乎不可能不受到已知结果的影响，因为评论者是在结果之光的照射下考察这些情况的，而且对其中部分情况只有参照结果才能完全了解并给予评价。战史中的所有现象对评论者本身来说都是**教诲的源泉**，因此评论者用其考察全部事件所得到的认识来考察有关情况是很

---

[1] 指本卷第二篇第六章。——译者注

自然的。虽然他在有些场合想要抛开结果，但毕竟还是不可能完全做得到。

不仅对结果（也就是对以后才出现的情况）要这样处理，而且对当时已经存在的情况（也就是对决定行动的情况）也应这样处理。在大多数情况下，评论者在这方面掌握的材料要比当事者多，只是如果有人认为评论者完全抛开这些多掌握的材料是容易的，那就错了。实际上并非如此。当事者要想了解行动前和行动时所发生的情况，不仅要依靠某些情报，还要依靠大量的推测或假设。而那些关于不完全是偶发情况的情报，几乎都是先有假设或推测的。这样一来，在没有确切情报时，就只有用这些来自推测或假设的情况代替。于是人们就不难理解，当后来的评论者（实际上他已经知道所有事前和当时的情况）从当事者的位置思考未明情况中哪些可能性更大时，他本不应受自己掌握的更多材料的影响。可是我们断言，要想完全抛开多掌握的材料和要想完全抛开结果一样，同样是不可能的，而且是出于同样的原因。

因此当评论者要赞扬或指责某一具体行动时，他只会在一定程度上做到设身处地考虑问题。在很多情况下，评论者在这方面能够达到满足实际要求的程度，但在有些情况下却完全做不到，这一点我们必须要注意。

然而我们既没必要也不期待评论者与当事者完全一致。像所有需要熟练技艺的活动一样，在战争中要求有训练有素的、自然的禀赋，人们称之为造诣。造诣有高有低。高超的造诣轻易就会超越评论者的造诣，哪位评论者敢说自己有弗里德里希或拿破仑这类人物的造诣呢？因此如果评论者要对一个有伟大才能的人进行评论，就应该允许评论者利用比当事者知道得更多的这一有利条件。因此评论者在对一位伟大统帅进行评论时，不能像验证算术例题那样，用统帅用过的材料对他完成任务的情况进行检验，而是首先应根据统帅所取得的结果及其对战事的准确估计，来鉴赏他卓越的天才活动，并实际了解统帅凭借其天才眼光就已经能够感觉到的事物之间的本质联系。

对不同造诣的人来说（也包括造诣最低的人），在进行评论时都应站在较高的立场上，以使评论具有丰富的客观的判断根据，应尽量减少主观，避免把自己有限的才智作为评判的尺度。

评论者站在较高的位置，并根据对问题的全面认识进行褒贬，这本身不会令人反感，但是如果评论者故意突出自己，以那么一种腔调讲话，好像他通过对事件的全面认识所了解到的所有明智做法都是他特有的才干创造出来的，那就会令人反感。尽管评论者的这种欺骗很拙劣，但是由于虚荣心作怪，很容易使他进行这样的欺骗，因此这一欺骗自然会引起别人的反感。而更常见的是，评论者并无意这样自吹自擂，而是如果他对此没有进行明确的防范，则性急的读者容易误认为他是这样，于是读者就立即抱怨评论者缺乏判断力。

因此，当评论者指出一个像弗里德里希或拿破仑这样的人物的错误时，并不是说评论者本人就不会犯这些错误（他甚至会承认，假如他处于这些统帅的位置，也许会犯比起他们大得多的错误），而是说他从事物的联系中认识到了这些错误，并认为当事者凭借其洞察力本应察觉到这些错误。

这就是通过事物的联系进行的评判，即也包括**通过结果**。但是如果评论者完全简单地将结果用于证明一个举措的正确与否，那么结果就对评判有另外一种完全不同的作用。对这种评判，我们可以称之为**根据结果**进行的评判。初看上去，人们应完全摒弃这种评判，但实际上并非如此。

像1807年拿破仑在弗里德兰会战[1]后迫使亚历山大[2]皇帝媾和，以及1805年拿破仑在奥斯特利茨会战[3]和1809年瓦格拉姆会战[4]后迫使弗朗茨皇帝媾和

---

[1] 第四次反法联盟战争（1806—1807）中的最后一次会战。1807年6月13日，俄普联军中的俄军退至弗里德兰（Friedland，即今俄罗斯加里宁格勒州普拉夫金斯克，位于加里宁格勒东南43公里）。次日，法军对正在渡河的俄军发起进攻。由于只有一个渡河点，俄军队伍大乱，损失2万人。此次会战后，俄、普两国分别于7月7日和9日与法国签订《蒂尔西特和约》（*Frieden von Tilsit*），俄国同意与法国结成同盟，承认法国成立的莱茵邦联和华沙公国，参加大陆封锁；普鲁士割让一半的领土和人口，赔款1.2亿法郎，常备军在10年内不得超过4.2万人。——译者注

[2] 即亚历山大一世（Alexander Ⅰ. Pawlowitsch，1777—1825），俄国皇帝（1801—1825），在位期间曾多次与普鲁士、奥地利结盟，参加对拿破仑的战争。——译者注

[3] 1805年法军从莱茵河、美因河沿岸以及意大利进攻奥地利。1805年10月，拿破仑在乌尔姆歼灭奥军一部，11月击退奥俄联军，当月13日进占奥首都维也纳，19日渡过多瑙河，12月2日在奥斯特利茨（Austerlitz，即今捷克南部摩拉维亚地区东部小城斯拉夫科夫）击败奥俄联军，迫使奥皇于12月26日签订《普雷斯堡和约》（*Frieden von Pressburg*），结束第三次反法联盟战争。据此，奥地利割让蒂罗尔、福拉尔贝格边区给巴伐利亚选帝侯国，割让布莱斯高地区给巴登等，承认拿破仑皇帝地位，巴伐利亚和巴登诸侯升格为国王，为一年后莱茵邦联成立和神圣罗马帝国解体埋下了伏笔。——译者注

[4] 1808年，法军进攻西班牙。1809年初，奥地利乘机向法国发起战争。4月22日双方在雷根斯堡进行会战，5月21—22日在阿斯旁进行会战。7月5—6日，奥军在瓦格拉姆（Wagram，即今奥地利下奥地利州小城德意志–瓦格拉姆）与法军展开会战，奥军大败。11日，奥皇求和。10月14日，奥法签订《美泉宫和约》（*Frieden von Schönbrunn*），结束第五次反法联盟战争。奥地利割让10万平方公里土地和350万人口，参加大陆封锁，常备军不得超过15万，赔款8500万法郎。——译者注

一样，当1812年拿破仑进军莫斯科时，一切问题都取决于能否通过占领这个首都和此前的胜利迫使亚历山大皇帝媾和，因为如果拿破仑在莫斯科未能得到和平，那么他除了转身撤军以外别无选择，也就是说他将遭到战略上的大败。我们不想谈拿破仑为抵达莫斯科曾经做了些什么，以及他当时是否已经错过很多可以促使亚历山大皇帝下媾和决心的机会，我们也不想谈拿破仑在整个退却过程中面临的毁灭性的要素（出现这些要素的原因也许还是在于整个战局的指挥），但是要取决的问题依然如故[1]，因为不管拿破仑在抵达莫斯科前的战局中获得多少更加辉煌的战果，他还是没有把握，不确定亚历山大皇帝是否会因此而感到恐惧进而媾和。即使拿破仑在退却过程中没有面临这些毁灭性的要素，这一退却也仍是战略上的一场大败。假如1812年亚历山大皇帝接受了于自己不利的和约，那么1812年战局对拿破仑来说就荣归奥斯特利茨、弗里德兰和瓦格拉姆战局之列了。然而，假如这几次战局没有签订和约的话，也很可能会使拿破仑遭到类似1812年战局的惨败。因此不管这位世界征服者有能力运用何种力量、技巧和智慧，这一最终决定命运的问题[2]依然如故。人们是否应该根据1812年战局的失败，就否定1805年、1807年和1809年战局，断言这几次战局都是不智之举，其与拿破仑媾和的结局是违背事物本性的？人们是否应该认为战略上的正义终于在1812年占了上风，击败了拿破仑的盲目幸运？这恐怕是一个非常勉强的观点，是一种武断的判断，想必一半是没有根据的，因为没有人能够顺着事物之间必然的联系一直看到战败的君主们的决心。

人们更不能说：拿破仑在1812年战局中本应取得与前几次战局相同的结果，之所以没有取得这一结果，是某些意外的因素造成的。之所以不能这样说，是因为人们不能把亚历山大的顽强视为意外的因素。

最恰当的说法莫过于：拿破仑在1805年、1807年和1809年对其对手的判断是正确的，而在1812年对对手的判断是错误的，他在前几次战局中做对了，而在1812年做错了。我们之所以这样说，是**因为结果就是这样告诉我们的。**

正如我们已经说过的那样，战争中一切行动所追求的只是有很大的可能得到

---

[1] 指作者前述"当1812年拿破仑进军莫斯科时，一切问题都取决于能否通过占领这个首都和此前的胜利迫使亚历山大皇帝媾和"。——译者注
[2] 指最终是否能迫使对手媾和。——译者注

的结果，而不是肯定能得到的结果。至于那些在确定性上欠缺的部分，人们就只能把它们交给命运或者幸运了（不管把它们叫作什么）。当然人们可以要求尽量少依靠命运或者幸运，可这只是对某一具体情况而言的，也就是说，**在这一具体情况下尽量少依靠命运或者幸运**，但不能要求人们总是优先在确定性最大的情况下行动。假如人们是这样认为的，那就是对我们所有理论观点的极大的违背。在有些情况下，最大的冒险就是最大的智慧。

指挥官有时不得不把一件事交给命运去处理，此时他个人的功劳（就是说也包括他的责任）似乎完全消失了。尽管如此，当我们看到他的期待得以实现时，还是会抑制不住内心的高兴，看到他的期待落空时，又会感到不快。**而我们对指挥官正确与否的判断，不外乎就是我们从纯粹的结果中得出的，或者更准确地说是在结果中找到的。**

但是不能否认，我们在指挥官的期待得以实现时所感到的兴奋，以及其期待落空时所感到的不快，毕竟是建立在一种模糊的情感之上的；在归功于运气的结果与指挥官的天赋之间有一种细微的、对内心来说看不见的联系，而且我们很乐意设想这种联系是存在的。这一观点证明，如果同一位指挥官经常重复胜利和失败，我们对他的感觉就会上升为一种更明确的情感。这就可以理解，为什么战争中幸运的本性要比赌博中幸运的本性高贵得多。只要一位幸运的统帅在其他方面没有伤害我们对他的好感，那么我们就乐意伴随和考察他的经历。

因此，评论者在对人们所有能估计和确信的做过斟酌以后，对于事物之间深层的、隐秘的、没有可见表象的那部分联系，就只能让结局来说明了。评论者一方面应该维护这种根据结局得出的弱势判断，使它不受粗暴意见的非难，同时另一方面也应该反对滥用这种判断。

因此，凡是人的智慧所不能探寻出来的东西，就不得不根据结果得出结论。人们不得不根据结果得出的结论主要涉及精神方面的力量和作用，这一方面是因为人们很难对它们做出可靠的判断，另一方面是因为它们与意志本身关系密切，以至它们很容易左右意志。凡是畏惧或者勇气左右了决心的地方，它们之间就不再能结合出任何客观的东西，因此也就一事无成；而假如是智慧和深思熟虑左右决心的话，则是有可能获得成功的。

现在我们还必须对评论的工具（评论时使用的语言）做些考察，因为评论用语与战争中的行动在某种程度上是一致的，审视的评论无非应是先于行动的思考。因此我们认为评论用语与战争中的思考必须具有相同的特点，这一点特别重要，否则它就失去了实际意义，就不能使评论走入现实。

我们在考察战法理论时说过，理论应该培养战争中指挥官的思维能力，或者更确切地说，在培养过程中起到引导作用，理论的任务不是给指挥官提供实用的信条和体系，仿佛他可以将理论用作思维的工具。如果说在战争中为判断面临的一个情况，从无必要（时间上也不允许）使用辅助线画几何图，如果说真理在此不是以体系的形式表现出来的，如果说真理不是**间接**，而是**直接**由洞察力发现的，那么在评论式的考察中也应该**如此**。

我们已经看到，凡是人们在确定事物本性过于烦琐时，评论就不得不依靠理论上已经确定了事物本性的真理。不过，如果指挥官更多的是将这些真理的精神纳入自己的精神世界，而不是把它们视为一部外在的、僵硬的法则，那么他们在战争中反而会更加遵循这些理论上的真理。同样，人们在评论中应用这些真理时，也不应该把它们当作一部外在的法则或者一个在运用时根本无须重新分解的代数公式，而总是应该自己审视这些真理，只把对这些真理更准确和更详细的证明留给理论去做。这样，人们在评论时就能避免使用一种高深莫测和晦暗不明的语言，就能够运用简洁的语言和**清晰明白**的概念。

当然这不是评论者总能完全做到的，但这应该是评论式表述的努力方向。评论者在表述时应该尽量避免使用复杂的词句和概念，不要把各种辅助线组成的结构图表当作自己的万能工具来使用，而是应通过自然和自由的洞察力来阐明一切。

然而遗憾的是，这种虔诚的努力（如果允许我们这样表达的话）迄今只是在极少量的评论式考察中出现过，在大多数的考察中，评论者更多的是受某种虚荣心的驱使，评论中充斥着华而不实和自我炫耀的想法。

在评论中常见的第一个弊病是把某个片面体系当作金科玉律，把它们滥用到令人难以容忍的地步。但是指出这类体系的片面性从来就是不难做到的，而且人们应该这样做，以便一劳永逸地摒弃它们那法官判词式的威严。好在人们在这里只涉及一定的对象，最终有可能成为片面体系的毕竟为数不多，因此它们本身也只是较小的弊病。

第二个大得多的弊病是滥用**术语、文言和比喻**，它们就像宫廷侍从一样被各种体系拖曳着，像一群松散的泼皮无赖和一支大部队的失去队长的辎重队四处游荡。在评论者中，一些人未能升格进入某个完整体系（要么是因为没有他们喜欢的体系，要么是因为他们没有达到完整了解某个体系的程度），但他们想至少不时地从这些体系中抽取一鳞半爪作为指出某位统帅做法有误的根据。大部分评论者如果不把军事理论中的这样一些片段在这里或那里用作根据，就根本无法进行评论。这些片段中最小的就是纯粹的术语和比喻，它们往往不过是评论式记述的点缀和美化。一切属于某个体系的术语和语言一旦脱离这一体系，用作普遍的公理或者比简洁语言更有说服力的真理的小结晶体，那么它们就会失去其正确性（如果它们确曾有过正确性的话），这是符合事物的本性的。

于是就出现了这样的情况：我们看到的理论书籍和评论书籍不是运用朴实和简单的思考方式（这样作者至少总是知道在说什么，读者至少总是知道在读什么），而是充斥着这些术语。它们构成含义不明的交点，读者和作者从此就相互渐行渐远。而且这些术语往往还是更糟糕的东西，它们常常是毫无实质内容的空话，连作者自己都不再清楚他用这些术语时在想什么，而是安于提出模糊的概念。他若是使用简单的语言，本是不会满足于仅提出这些模糊概念的。

在评论中常见的第三个弊病是滥用史例和炫耀自己的所谓博学。我们已经讲过什么是军事艺术史，而且我们还要在专门的章节中谈我们对史例和战史的看法。如果对一个史实未经深入研究便加以引用，那么也可能用于证明**相反的观点**。如果人们从距今非常遥远的时代或国家，从极为不同的情况中生拉硬拽三四个史实并堆砌在一起，则大多只会引起判断上的分散和混乱，丝毫不会有任何说服力，因为如果我们对它们认真考察一下，就可以看出它们大多只是些无用的东西，只是被作者用来显示其博学而已。

用这些晦暗不明、似是而非、杂乱无章、肆意武断的看法能给现实生活带来什么好处呢？它们几乎什么好处都带不来，以至于只要理论存在，一旦它用了这样的看法，只会更多地成为实践的对立面，并经常成为能征善战的将帅们的笑柄。

但是假如理论能够以简单的语言对构成战法的问题进行自然的考察，试着去确定能够确定的东西，假如理论能够不提错误的要求，不滥用科学形式和史料粉饰自己，而是紧贴实际，与战场上应通过其洞察力指挥作战的人携手前行，那么理论就不会成为实践的对立面和能征善战的将帅们的笑柄。

★ 第六章 ★

关于史例

史例使一切变得清晰，从而在经验科学中最有证明力，在军事艺术中更是这样。沙恩霍斯特将军在他的手册[1]中对真正的战争做了最好的阐述。他认为史例在军事艺术中是最为重要的，并且令人钦佩地运用了史例。假如他活过那场战争[2]，那么经他修改后的《炮兵手册》[3]第四卷就会让我们更好地领略他是以怎样的观察和研究精神钻研历史经验教训的。

但是一般的理论著作家很少能这样运用史例，他们运用史例的方式大多不仅未使读者满意，反而妨碍读者理解问题，因此我们认为尤其应注意正确地运用史例和防止滥用史例，这是非常重要的。

作为军事艺术基础的各种知识无疑都属于经验科学，因为尽管这些知识绝大部分是来自对事物本性的认识，但是人们大多毕竟要通过经验才了解这些事物的

---

[1] 指沙恩霍斯特所著《野战手册》（*Militärisches Taschenbuch zum Gebrauch im Felde*），是他任汉诺威军事学校上尉教官时的讲义。书中提出了很多野战行动的规则，并列举了很多史例。——译者注

[2] 指第七次反法联盟战争（1813—1815）。沙恩霍斯特于1813年5月2日在大格尔申会战（法国人称之为吕岑会战）中，左膝受枪伤。休战期间，他不顾伤痛，前往维也纳，欲说服奥地利参加反法联盟，结果中途于6月28日在布拉格去世。——译者注

[3] 指沙恩霍斯特所著《炮兵手册》（*Handbuch der Artillerie*），原计划出版四卷，第一卷和第二卷谈炮兵理论和组织架构，第三卷谈炮兵的野战及攻城应用，第四卷谈炮兵的战略作用。但作者生前只完成了前三卷，第四卷是后人对其遗稿进行整理后于1829年出版的。——译者注

本性，而且这些知识的运用在很多因素的影响下是有变化的，人们从来无法仅根据手段的本性就完全认识其作用。

　　火药为我们的军事活动提供了巨大能量，其效果就是人们通过纯粹的经验才认识到的，而且就在此时人们还在不断地通过试验对其效果做进一步的研究。一个铁制弹丸由于有了火药可以达到每秒1000普尺[1]的速度，可以在其弹道内杀伤它碰到的任何生物，这当然是不言而喻的，无须任何经验。但是还有数以百计的其他情况会更细微地决定这种效果，其中部分情况只有通过经验才能认识到，而且物理效果并不是我们唯一要注意的，精神效果才是我们要找寻的，而了解和估量精神效果，除了根据经验以外，没有其他方法。在中世纪，当火器刚发明时，由于构造不够完善，其物理效果自然比现在要小得多，但它的精神效果却比现在大得多。人们要想了解一支在危险中久经历练、通过多次胜利的积淀而适应最高要求的军队能够做些什么，就应该见识一下拿破仑在东征西讨的过程中培养和指挥的那些军队在最猛烈和最持久的炮火中所表现出来的顽强性。假如单凭想象，人们是从不会相信这些的。另外，一个众人皆知的经验是：今天在欧洲军队中还有一些部队，几发炮弹就能给打散，例如鞑靼人[2]、哥萨克人[3]和克罗地亚人[4]的部队。但是任何一门经验科学（包括军事艺术的理论）都没有能力让其提出的真理总是伴有史例为证。一方面是由于这样十分烦琐，不可能做到；另一方面是由于用单个现象的经验也难以论证真理。一旦人们在战争中发现某个手段表现得很有效，那么就会反复使用这个手段，之后由于此行彼效，这种手段就流行一时，于是这个手段就以经验为基础得到广泛的运用，并在理论中拥有一席之地，理论就停留在泛泛地引用经验，以点出这一手段的由来，而不是为了证明这一手段正确。但是如果人们需要引用经验来否定某个常用的手段，确认某个手段

---

[1] 1普尺＝0.31385米。——译者注
[2] 鞑靼人（Tataren），本来指讲突厥语的民族，13世纪后，欧洲人用它泛指蒙古帝国，以及金帐汗国所属的各个民族。——译者注
[3] 哥萨克人（Kosaken），"哥萨克"的突厥语意为"自由自在的人"，原是生活在乌克兰和俄罗斯南部草原的游牧部落，以骁勇善战和精湛骑术著称。历史上，俄国沙皇通过发给俸禄、分封土地等手段笼络其上层人物，使哥萨克骑兵成为俄国用于扩张的重要力量。现多分布在顿河、捷列克河和库班河流域等地。——译者注
[4] 克罗地亚人（Kroaten），属南斯拉夫民族。主要分布在克罗地亚，其次分布在波黑、塞尔维亚、斯洛文尼亚，另有部分散居在澳大利亚、奥地利、匈牙利、美国。——译者注

不可靠，或者介绍一个新的手段，那情况就完全不同了。这时人们就必须列举史例来加以证明。

如果人们现在进一步考察史例的运用，就会发现有四个容易区分的着眼点。

第一，用史例可以单纯**说明**某个观点。在做抽象的考察时，作者的观点很容易被人误解，或者根本不为人们理解。作者担心出现这种情况时，就可以引用史例来补充说明自己的观点，以保证读者正确理解作者的原意。

第二，用史例可以说明某个观点的**运用**。因为人们引用史例可以指出那些较小情况是如何处理的，而在泛泛记述当时的想法时不可能把这些较小情况都包括进去。这也正是理论与经验的区别。

上述两种情况是着眼于纯粹的举例，下面两种情况则是着眼于以史为证。

第三，可以用史实证明自己所说的论点。如果人们只是想揭示某种现象或行动的**可能性**，那么这样引用史实就足够了。

第四，可以从某一史实的详细记述中或若干史实中总结出某种教训。这时史实本身就为这一教训提供了真实的证明。

作为第一种用途时，大多只要简单地提一下事例就够了，因为人们只是使用事例的一个方面。在这里，甚至事例的历史真实性都是次要的事，举一个虚构的例子也未尝不可。不过人们还是应优先举出史实，它比虚构的事例更实际，能使它要说明的观点更接近实际生活本身。

作为第二种用途时，要求更详细地记述事例，不过其真实与否在这里也是次要的。对此的说明与前一种情形相同。

作为第三种用途时，往往仅指出确凿无疑的事实就够了。如果有人提出论断，称设防阵地在一定条件下能够达到其目的，那么只需提一下崩策尔维茨[1]阵地就可以证明这个论断了。

但是如果人们要通过描述某个历史事例来证明某个普遍真理成立，那就必须准确而详细地阐述该历史事例与该论断有关的一切，某种程度上必须小心翼翼地

---

[1]又称崩策尔维茨营垒。崩策尔维茨（Bunzelwitz）即今波兰下西里西亚省村庄博莱斯瓦维茨（Bolesławice）。普鲁士国王弗里德里希二世于1761年夏在该地附近构筑营垒，正面宽8公里，纵深4公里。同年8月20日—9月25日，普军约5万人（也有5.5万人和6万人的说法）进驻该营垒，与俄奥联军16万人（也有13.2万人和15万人的说法）对峙。后者慑于营垒的坚固未敢贸然发起进攻。——译者注

在读者眼前把这一史例再现出来。这一点做得越差，证明力就越弱，就越有必要通过列举大量事例来弥补个别事例所缺少的证明力，因为人们有理由认为，在人们无法就一个事例提供更详细的情况时，可以通过一定数量的事例来达到同样的效果。

如果人们想用经验证明骑兵部署在步兵后面比部署在步兵两侧好，那么仅列举几次骑兵部署在两翼遭到失败的会战和几次骑兵部署在步兵后面获胜的会战是不够的；如果想要用经验证明，在没有决定性优势兵力的情况下，无论在一次会战中还是在战区内（也就是说，无论是战术上还是战略上），兵分多路大范围地去包围对手都是极其危险的，那么只列举里沃利会战[1]或瓦格拉姆会战，或者只列举1796年奥地利人进攻意大利战区[2]或法国人在同一战局中进攻德意志战区[3]的例子是不够的，而是必须通过对当时所有情况和具体事件的详细记述，揭示上述部署形式和进攻形式是如何在很大程度上导致了糟糕的结局。这样人们也就可以看出，对这些部署和进攻形式应该否定**到什么程度**，这是必须一并加以明确的，如果一概地加以否定，终究是会损害真理的。

上面我们说过，如果人们无法详细地记述一个事实，可以通过列举若干事例来弥补证明力的不足，但是不可否认，这是一个经常被滥用的危险办法。有些人不是非常详细地记述一个事实，而是满足于仅简单地触及三四个事例，从而造成一个很有证明力的**假象**。但是要知道，对有些经常反复出现的事情，即使举出一打事例也证明不了任何东西，因为人们同样可以轻易地举出一打相反的事例来反驳。如果有人给我们举出一打多路进攻遭到失败的战例，那么我们也可以给他举出一打用同样战法获胜的战例。由此可见，以这种方式举例不会得出任何

---

[1] 1797年1月，奥地利阿尔温齐元帅分三路沿北意大利的加尔达湖东侧地区南下进攻法军，试图第四次救援1796年被拿破仑围困在曼托瓦的武姆泽部，并将法军赶出波河平原。14日晨，拿破仑在里沃利（Rivoli，即今意大利维罗纳省城市里沃利维罗内泽）附近进攻奥军中路部队。最初，奥军分成六路，试图迂回拿破仑的左翼，造成对拿破仑不利的态势。但奥军各路部队未能协调行动，被迫全线后撤。15日晨，法军转入追击。奥军的解围意图被打破，法军得以占领北意大利。——译者注

[2] 1796年，拿破仑占领北意大利，包围曼托瓦。奥地利几次派援军到北意大利，采用分进合击的办法，但均被拿破仑各个击破。——译者注

[3] 1796年，法国对奥地利作战时，除拿破仑攻入北意大利外，另由茹尔当和莫罗率两路部队攻入德意志地区。开始进展顺利，后因两路部队相隔过远（达140公里），被奥地利卡尔大公各个击破，被迫退回莱茵河左岸。——译者注

结论。

如果人们考虑到上述各种不同的情况，那么就可以知道滥用史例的现象是多么容易出现。

如果人们不是从各方面详细地再现一个事件，而只是快速地触及一下，那么这个事件就好像是一件从过远距离以外看到的物品，人们不再能分清其各部分的位置，从哪个方面看其形状都成了相同的。这样的事例想必对相互最对立的观点都能起到支撑作用。道恩[1]指挥的几次战局对有些人来说是明智谨慎的范例，对另一些人来说则是犹豫不决、踌躇不前的典型；拿破仑1797年翻越诺里施阿尔卑斯山脉的推进，可以看成最英勇果断的表现，但也可看作真正的鲁莽行为；对拿破仑1812年的战略大失败，可以说成过于勇猛的结果，但也可以说成勇猛不足的结果。所有这些观点都曾出现过，人们大概也清楚为什么会出现这些不同的观点：这是由于每个人对事物之间的联系有不同的看法。但是这些彼此对立的观点不可能都是正确的，就是说其中有一个观点肯定是错误的。

我们十分感谢杰出的弗基埃尔[2]在他的回忆录中留下了丰富的史例，因为我们由此可以接触到大量免于湮没的史料，还因为他首先通过此举使理论的（抽象的）概念与实际生活有了十分有益的接近，对他所举的史例可以视为对论点的说明和进一步的明确。尽管如此，在当代一位没有成见的读者面前，弗基埃尔还是很难达到他通常所预设的目的：用史例证明理论上的真理。因为尽管他对事件有时记述得比较详细，但还是缺少很多东西，从事件的内在联系中不是必然能得出他的结论。

如果作者只是简单地提及一下历史事件，还会有另一个不足，即部分读者对这些历史事件不够了解，或者不完全记得，从而根本无法从作者的角度去思考作者的想法，导致这些读者对作者要么随声附和，要么根本不信服。

当然，为了用史实证明自己的论点而把历史事件展现在读者眼前或者恰如其分地再现是很困难的，因为和读者一样，作者大多也非常缺少这样做所需要的手

---

[1] 道恩（Leopold Joseph Daun，1705—1766），伯爵，奥地利元帅。参加过三次西里西亚战争，以步步为营、谨慎用兵著称，被弗里德里希二世称为劲敌。——译者注

[2] 弗基埃尔（Antoine Manassès de Pas Feuquiè，1648—1711），法国将军。其四卷回忆录于1770年在巴黎出版，是研究当时战史的重要文献。——译者注

段、时间和空间。不过我们坚持认为，在涉及确立一个新的或者存疑的见解时，详尽地记述一个事件要比简单地提及十个事件更有教导意义。这种表面触及历史事件的主要弊病不在于著作家想用这种方法证明某些论点，而在于他从未真正了解这些历史事件，在于这样轻率和肤浅地对待历史会产生无数错误的见解和杜撰的理论。而假如一位著作家有担当，能让自己新提出来的和想用历史证明的一切观点都明白无误地来自事物的紧密联系，那么就不会出现这些错误的见解和杜撰的理论了。

如果人们认识到运用史例时的上述困难和提出上述要求的必要性，那么就也会和我们一样认为现代战史永远是选择史例的最自然的来源地（只要这段战史是大家足够熟悉的和经过研究的）。这不仅是由于较远的历史时期有其当时特有的情况，战法也不同，因此对我们的指导和实际意义都比较小，还由于战史像其他历史一样，很多最初还清楚的细小特征和情节会逐渐湮没在时间中。它也像一幅画作，随着时间的流逝会失去原来的色彩和生动的形象，会褪色或者变暗，以至最后只有碰巧留下的大块颜色和个别线条，可它们却因此而受到过分的重视。

如果我们要考察目前战法的状态，那么我们要说，可以从中汲取很多经验教训的战争主要是奥地利王位继承战争[1]以前的那些至少在武器方面与当今战争很近似的战争，以及那些尽管在各方面都发生了很多变化，但毕竟与当今战争还很近似的战争。而西班牙王位继承战争[2]就已经完全不同了，当时的火器还不是那

---

[1] 1740年10月20日，神圣罗马帝国皇帝卡尔六世逝世后，由女儿玛丽亚·特蕾西娅继承奥地利大公爵位和所属领地。法国、普鲁士、巴伐利亚、萨克森、西班牙、撒丁、瑞典等借口不承认特蕾西娅的继承权而结成同盟。英国、荷兰和俄国等则支持奥地利。战争长达八年，普鲁士国王弗里德里希二世在西里西亚的军事行动是这次战争的主要组成部分。1748年10月18日签订《亚琛和约》（Frieden von Aachen），奥地利将西里西亚割让给普鲁士，并放弃在意大利的一些领地。作为交换，特蕾西娅的继承权得到承认。——译者注

[2] 西班牙王位继承战争（1701—1714）是欧洲封建王朝争夺领地的战争。1700年西班牙哈布斯堡王朝国王卡尔二世死后绝嗣，按亲属关系哈布斯堡王朝和波旁王朝均可继承王位。法国立路易十四世的孙子菲利普为西班牙国王，遭到英国、奥地利和荷兰等国反对，引起战争。最后双方于1713年4月和1714年3月先后签订《乌得勒支和约》（Frieden von Utrecht）和《拉施塔特和约》（Frieden von Rastatt）。菲利普的西班牙王位继承权得到承认，英国从西班牙手中夺得了直布罗陀，从法国手中夺得了北美的很多属地，奥地利得到了西班牙在意大利和尼德兰的属地。——译者注

么完善,骑兵还是主要兵种[1]。年代越久远,战史的内容就越贫乏,记载得就越不详细,用处就越小。因此古老民族的历史(对战史研究来说)想必用处最小,史料也最少。

然而某些史实的这种不可使用性当然不是绝对的,而是只涉及那些必须了解更详细情况的史实,或者那些受制于战法有所改变的史实。不管我们从史料中对瑞士人针对奥地利人、勃艮第人[2]和法国人的会战过程了解得多么少,我们仍然能够从中看出,在这些会战中,良好的步兵首次明显表现出比最好的骑兵还要大的优越性[3]。只要泛泛地看一下佣兵队长的时代,我们就可以知道,其整个战法在很大程度上取决于当时人们所使用的工具,因为在其他任何时代,在战争中使用的军队都不像在这个时代那样带有专门的工具的特征,都不像在这个时代那样与政治和民众生活的其余领域相分离。在第二次布匿战争[4]中,当汉尼拔[5]在

---

[1] 在西班牙王位继承战争(1701—1714)初期,欧洲主要国家的步兵虽然已经装备燧发枪,但部分仍在使用火绳枪和长矛。当时的火绳枪2—3分钟才能装填一发子弹,而燧发枪每分钟能发射1—2发子弹。奥地利皇位继承战争(1740—1748)时,长矛已经完全废除,步兵武器完成了向火枪的过渡,以骑兵为主已经过渡到以步兵为主,纵深队形已经过渡到线式(横队)队形。——译者注

[2] 勃艮第人(Burgunder),勃艮第历史上是东日耳曼民族的一个部落,后成为独立的王国,大致包括今法国中部的勃艮第大区。——译者注

[3] 在中世纪,由骑士组成的骑兵在西欧一直是主要兵种。步兵由于没有甲胄和适当的战斗队形,而且只有剑、矛武器,抵挡不住骑兵的冲杀,故受到轻视而衰落。到14、15世纪,瑞士步兵使用便于白刃格斗的短戟,后来又使用弩、长矛和火器,并且善于利用地形巧妙地对敌人进行机动和包围,屡次击败奥地利和勃艮第的骑兵。衰落了数百年的步兵从此得到复兴。——译者注

[4] 布匿战争(公元前264—前146)是罗马帝国和迦太基(今突尼斯,罗马人称迦太基人为布匿人)连同各自盟友争夺地中海西部霸权、疆土和奴隶的战争,共进行了三次。第一次布匿战争(公元前264—前241)主要在海上和西西里岛进行。第二次布匿战争(公元前218—前201)以迦太基统帅汉尼拔远征意大利开始。他在特拉西米诺湖会战和坎尼会战中屡败罗马军队。公元前211年左右,罗马统帅西庇阿采取间接抵抗的方法,占据西班牙东南部(当时迦太基的领土),并于公元前204年攻入迦太基本土,汉尼拔被迫从意大利撤回本土救援。公元前202年,汉尼拔在撒马会战中战败,次年缔结和约,迦太基丧失全部海外领土,交出舰船。第三次布匿战争(公元前149—前146)后,迦太基沦为罗马一行省。——译者注

[5] 汉尼拔(Hannibal,公元前247—前183),北非古国迦太基(今突尼斯)著名统帅,在军事和外交活动上有卓越表现。在第二次布匿战争(公元前218—前201)中大败罗马军队。公元前203年回师救援迦太基本土。公元前202年在撒马会战中被罗马人击败后,逃往叙利亚,自杀身亡。——译者注

意大利还未被击败时，罗马通过在西班牙和非洲发起进攻来打击迦太基[1]，这种奇特的方式可以是一个能带来很多教诲的考察对象，因为对当时有关国家和军队的一般情况（它们是这种间接抵抗产生效果的依据），人们还是足够了解的。

但是事情越是涉及细节和远离最一般的情况，我们就越是不能从遥远的年代寻找范例和经验，因为我们既不能对有关事件做适当的评价，也不能用它们来说明现代已经完全改变了的手段。

可遗憾的是，各时代的著作家都很偏爱援引古代战事。我们不想分辨这里有多少虚荣心和欺骗成分，不过我们通常在这里看不到要指导和说服别人的诚恳愿望和热忱努力，因此我们只能把这样的援引视为用于遮掩漏洞和错误的装饰品。

如果谁能像弗基埃尔想做的那样，完全用史例教别人作战，那将是莫大的功绩。但是如果我们考虑到，谁要这样做，谁就必须自己先有长期的作战经验，那么就会明白，这是一项需要花费毕生精力的事业。

如果有谁受到内在力量的激发，甘愿从事这样的事业，那么他就应像去远方朝圣一样，为这一虔诚的行为备足力量。他应不惜时间，不怕困苦，不畏世俗权贵，并且克服自己的虚荣心和自卑心，像《法国民法典》[2]的表达方式那样**讲真话，只讲真话，讲全部真话**。

---

［1］迦太基（Karthago），历史上北非（今突尼斯）的一个奴隶制国家。公元前7世纪到公元前4世纪发展成为西地中海的强国。布匿战争（公元前264—前146）后，沦为罗马的一个行省。——译者注

［2］指法国于1804年3月21日颁布的《全体法国国民的民法典》，也称《拿破仑法典》。——译者注

第三篇
战略概论

第一章

战略

战略这个概念，在第二篇第二章[1]中已经确定了。战略就是为达到战争目的而对战斗的运用。战略本来只与战斗有关，但是战略理论必须同时考察战斗实施者本身即军队，以及与军队有关的主要问题，因为战斗是由军队进行的，而且又首先对军队产生影响。对战斗本身，战略理论必须了解其可能取得的结果，以及运用战斗时最为重要的精神和情感力量。

战略是为达到战争目的而对战斗的运用，因此战略必须为整个军事行动规定一个符合战争目的的目标，也就是拟制战争计划，并且要把应引向这一目标的一系列行动与这个目标联系起来，也就是拟制各战局的计划，并在这些计划中部署各战斗。由于所有这些大多只能根据那些与实际并不完全相符的预想来确定，而大量其他更多涉及细节的规定根本无法事先做好，因此战略自然也就必须一起到战场上去，以便现地部署具体问题，并在局势的不断要求下对总的计划做修改，因此战略任何时刻都不能停止工作。

以往的习惯做法证明，人们并不总是这样看的，至少在总的方面。以往在内阁中有战略，而在军队中没有战略，只有当内阁与军队的关系很密切，以至可以视为军队的大本营时，才允许军中有战略。

---

[1] 原文如此，疑误。应为第二篇第一章。——译者注

在拟制计划时，理论将为战略服务，或者更准确地说，理论将揭示事物本身以及事物之间的关系，并突出其中少数作为原则或规则的东西。

如果我们回忆一下第一章[1]，其中谈到战争涉及大量重大的问题，那么我们就会明白，只有具备非凡的洞察力，才能考虑到所有这一切。

如果一位君主或者统帅懂得完全根据自己的目的和手段组织其战争，做得恰如其分，那么这就是其天赋的最好证明。但是这一天赋的作用既不是体现在会立即引人注意的、新发明的行动形式上，也不是体现在整个行动的胜利结局中。我们应该赞赏的是他默默做出的假设是那么恰如其分，以及整个行动是那么默契协调，而这些是在总的结果中才显示出来的。

一位研究者如果根据总的结果看不到这种协调，就容易在没有和不可能有天才的地方去寻找天才。

战略所运用的手段和形式都极为简单，而且由于经常反复运用已为人们所熟知，因此对有正常思维能力的人来说，如果不时听到评论者装腔作势地强调和谈论战略，他就只会觉得可笑。例如出现过无数次的迂回行动，一会儿在这里被称赞为最具天赋的表现，一会儿在那里被称赞为最具洞察力的表现，甚至说迂回行动是最渊博知识的表现。难道还有比这更无聊的奇谈怪论吗？

更可笑的是，如果人们再想一想，正是这些评论者按照最庸俗的看法，把一切精神因素都排除在理论之外，只想与物质打交道，以至把一切都局限在均势和优势、时间和空间的几个数学关系，以及几个角和几条线上。如果只有这点可怜的东西，恐怕都不能用来给小学生出道数学题。

我们认为，这里要谈的与科学公式和作业题根本无关。物质事物的关系都是非常简单的，难的是把握住起作用的精神力量。不过，即使是精神力量，也只是在战略的最高范畴（战略接近于政治和政治艺术的地方，或者更确切地说，是在战略已经成为政治和政治艺术的地方）才是错综复杂的，精神力量的因素和关系才是多种多样的。在这里，正如我们说过的那样，精神力量对军事行动规模的影响大于对行动方式的影响。在行动方式占主要地位的地方，例如在战争的具体大小战事中，精神力量的数值就减少了。

---

[1] 指本卷第一篇第一章《战争是什么》。——译者注

由此可见，在战略上一切都非常简单，但是并不因此就容易做到。一旦根据国家的各种情况确定了战争应该和可以达到的目的，那么人们就不难找到通往此目的的道路。但是要坚定不移地沿着这条道路走下去，贯彻战争计划，不因一千个原因而动摇一千次，除了要有十分坚强的性格外，还要有非常清醒和坚定的头脑。在成百上千可能优秀的人中，有的以有头脑著称，有的以洞察力见长，有的以果敢或意志坚定而出众，但是也许没有一个能兼具这些素质而成为一位高于平均水平的统帅。

在战略上定下重要的决心，与战术上定下决心相比，要有坚强得多的意志力，这听上去有些奇怪，但是对了解战争在这方面情况的人来说，这肯定是确切的。在战术上，情况瞬息万变，指挥官感觉自己像是要被旋涡卷走一样，必须冒着生命的危险与它搏斗，要压住不断升起的种种疑虑，勇敢地冒险前进。而在战略上，一切进行得缓慢得多，对自己和他人的疑虑、异议和看法，乃至不合时宜的懊悔等都给予了大得多的空间。在战术上至少有一半事物是人们用肉眼能看到的，而在战略上一切都不得不依靠猜想和揣测，因此说服力也就较弱。这样的后果是，大多数将领在应该行动时却陷入错误的疑虑之中。

现在让我们来看一看历史，看一看弗里德里希大帝的1760年战局[1]。这次战局以漂亮的行军和机动闻名，被评论界称赞为战略大师的真正的艺术杰作。那么我们对国王反复对道恩的左翼侧和右翼侧进行迂回，是应该佩服得五体投地吗？我们是应该把这种做法看作深邃智慧的表现吗？不是的。如果自然地和不夸张地对此进行评价，那么我们就不能这样做。我们更应该首先赞赏弗里德里希大帝的智慧，在以有限的力量追求一个大目标时，他没有做任何力不从心的事，而是采取**刚好能够**达到目的的行动。我们不仅在这次战局中可以见识统帅的这一智慧，而且在这位杰出的国王所进行的全部三次战争[2]中均能见到。

---

[1] 1760年战局是七年战争中第五年的战局，主要包括利格尼茨会战和托尔高会战。在这一年里，弗里德里希二世以自己有限的兵力多次进行机动和行军，与优势之敌周旋，保持了势均力敌的状态，因此有人将1760年战局称为机动行军战局。——译者注

[2] 指第一次西里西亚战争（1740—1742）、第二次西里西亚战争（1744—1745）和七年战争（1756—1763）。——译者注

弗里德里希大帝当时的目的是将西里西亚[1]带入安全的港湾，即要签订一个得到很好担保的和约，以确保对西里西亚的占有。

作为一个小国的首脑（普鲁士的大部分情况与其他国家相似，只是由于一些行政部门先进而较其他国家更优秀），他不可能成为亚历山大[2]，而假如他像卡尔十二世那样行事，就也会像他那样被打碎脑袋[3]。因此我们在国王的全部战法中可以看到他那种总是保持平衡的、沉着的力量，这种力量从不缺乏坚定，在紧急时刻能发挥到令人惊讶的地步，而在接下来的时刻又能再度恢复平稳，服从于政治上最微小的事项。无论是虚荣心、荣誉心还是复仇心，都不能使他离开这条轨道，正是这条轨道把他引向斗争的胜利结局。

以上这几句话对这位伟大统帅在这方面的成就还远无法给予足够的评价，人们只有仔细审视这次斗争的不可思议的结局，并探寻带来这种结局的原因，才会深信，正是国王敏锐的洞察力引导他幸运地从所有暗礁旁通过。

这是这位杰出的统帅让我们钦佩的一个方面。这一点在1760年战局和所有其他战局中都有表现，但在1760年战局中更为突出，因为他在任何其他战局中都不像在这次战局中以如此少的损失与如此占优势的敌人保持了均势。

这位伟大统帅让我们钦佩的另一个方面涉及实施时面临的困难。制订向左和向右迂回行军的计划是容易的；总是集中自己有限的兵力，以便在任何地点都能与分散之敌抗衡，以快速的运动使自己的力量得以倍增，同样也是不难想到的。迂回这一发明并不能唤起我们的钦佩。对于这些简单的事情，除了承认它们简单以外，没有什么其他可说的。

但是如果有哪位统帅能尝试仿效弗里德里希大帝，把这些再做一次，就知道其面临的危险了！很多亲历过这一切的著作家在事后很久还说起当时国王设营时面临的危险，甚至说他轻率。我们不怀疑，他当时设营时面临的危险看上去比事

---

[1] 西里西亚（Schlesien），中欧奥得河中、上游流域的地区，面积40,319平方公里。今大部分属波兰，小部分属德国和捷克。——译者注

[2] 指亚历山大大帝（Alexander der Grosse，公元前356—前323），即马其顿国王亚历山大三世。公元前4世纪，他先后征服古波斯、腓尼基、埃及、印度等地，建立了亚历山大帝国。——译者注

[3] 1718年12月11日，瑞典国王卡尔十二世在围攻挪威城市弗雷特里克斯哈尔特（Fredrikshald）时，头部中弹身亡。——译者注

后看要大三倍。

同样，在敌人的眼皮底下（往往在敌军的火炮射程之内）行军也面临这样的危险。弗里德里希大帝敢于这样设营和行军，是因为他从道恩的行事方式、部署方式以及他的担当大小和性格中找到了根据，因此国王的设营和行军是大胆的，但并不轻率。为了这样看待问题，而不是被那种人们在30年后仍在描绘和谈论的危险所迷惑和吓到，需要有国王的大胆、果断和坚定意志。在他当时的处境下，恐怕没有几位统帅会认为这些简单的战略手段是可行的。

国王在实施机动时还面临另外一个困难：在这次战局中，国王的部队不停地在运动。它曾两次（7月初和8月初）在有拉齐[1]追击的情况下尾随着道恩，沿着难以行走的小路从易北河[2]向西里西亚行军[3]。部队必须时刻做好战斗准备，并巧妙地组织行军，从而不得不忍受极大的劳顿。尽管有数千辆辎重车随行，甚至妨碍了行军，但是部队的给养仍然极为匮乏。在西里西亚，部队在利格尼茨会战[4]前不得不连续行军八昼夜，而且总是在敌阵地前面。这要求付出极大的劳顿和困苦。

人们难道可以认为国王的这些机动是在部队这部机器中没有强烈阻力的情况下就得以实施的？难道统帅运用其智慧去调遣部队，就像战地测绘兵转动他手中的步天规[5]那样轻而易举？这些可怜的、又饥又渴的弟兄疲惫不堪的样子能不千百次地刺痛指挥官们和这位最高统帅的心吗？难道因此而产生的牢骚和怨言

---

[1] 拉齐（Franz Moritz Graf von Lacy，1725—1801），伯爵，爱尔兰裔奥地利元帅。曾参加七年战争和巴伐利亚王位继承战争，多次击败普鲁士军队。——译者注

[2] 易北河（die Elbe），中欧的一条河流，发源于捷克，大部分流经德国，流入北海，长1165公里。——译者注

[3] 指1760年战局中弗里德里希二世为驰援西里西亚而进行的两次行军。第一次在7月初，当时奥地利的道恩抢先进入西里西亚，准备阻击弗里德里希二世，于是弗里德里希二世突然回头袭击奥地利的拉齐，并围攻德累斯顿。第二次在8月初，道恩接受上次教训，在弗里德里希二世的右前方，几乎是平行行军，并派拉齐尾随普军。弗里德里希二世的这两次行军都是在随时可能与敌人遭遇的极为困难的情况下进行的。——译者注

[4] 1760年弗里德里希二世从萨克森率领约2.4万人第二次开赴西里西亚，被道恩、劳东、拉齐率奥军9万余人阻于利格尼茨（Liegnitz，即今波兰下西里西亚省莱格尼察市）。8月14日午夜，奥军分多路对普军进行包围，但由于彼此协调不佳，道恩所率主力出现行军路线交叉和迷路等问题，而且未及时发现普军已经离开营垒，最后未能成功救援孤军战斗的劳东，反被弗里德里希二世迂回。普军突围成功，得以与海因里希亲王会合，夺回西里西亚部分土地。——译者注

[5] 步天规（das Abstrolabium），一种根据时间、星位、方向、高度角等之间关系对其中要素进行测算的仪器。——译者注

不会传进统帅的耳朵吗？如果不是对统帅的伟大和正确有无比的信任，一个普通人能有勇气追求与统帅相同的目标吗？这样的劳顿难道不是不可避免地要引起士气低落和秩序涣散，简而言之，不是必然要葬送部队的尚武精神吗？这正是我们应该佩服的地方，我们不得不钦佩的正是机动成功的奇迹。但是只有那些有过亲身体验的人才能充分感受到这一切。对那些只从书本和训练场上认识战争的人来说，军事活动所面临的这些阻力是根本不存在的。因此但愿他们能满怀信任地从我们这里接受其自己的经验所无法提供的东西吧！

通过上述例子，我们是想进一步表明我们的观点。现在，在这一章结束时，我们简单说一下，在论述战略时，我们将以我们的方式阐述那些在我们看来最重要的战略因素的特点（不管是物质的，还是精神的）。我们的方法是先谈各个部分，然后再谈整体，最后以整个军事活动的联系（战争计划和战局计划）结束。

注[1]：在第二篇较早的一份修改稿中，作者对以下几段文字亲笔标明，"**用于第三篇第一章**"，但是作者未能实现修改这一章的计划，因此我们将这几段文字全部附录如下：

把部队部署在某一地点，只表明在那里有可能发生战斗，但并不总是真的发生战斗。那么人们现在应该把这种可能性视为现实，视为一个确实发生的事情吗？当然应该。有可能发生的战斗会由于其一旦发生而产生的后果而成为真正的战斗。**这种发生战斗的可能性所产生的影响无论是什么，总是有的。**

考虑到后果，必须将可能发生的战斗视为真正的战斗

如果派出一支小部队去封锁逃敌的退路，敌人随后没有继续战斗就投降了，那么正是由于派去的这支小部队准备对敌进行战斗，才使敌人做出了投降决定。

如果我军的一部占领了敌人的一个未设防地区，从而使敌人失去原本可用于补充兵力的大批力量，那么我军之所以能够占有这个地区，只是因为我们派去的部队让敌人看到：如果他要夺回这个地区，我军就要与他战斗。

在上述两种情况下，战斗只是有可能发生，就已经产生了后果，因此这种可

---

[1] 此注为编者所作。——译者注

能性就成为实际的东西。假设敌人在以上两种情况下以优势兵力与我军对峙,迫使我军未经战斗即放弃自己的目的,那么即使我们没有达到目的,但我们原准备在这一点上与敌人进行的战斗毕竟还是有效果的,因为它把敌人的兵力吸引过去了。即使整个行动给我们带来了损失,我们也不能说这些部署(这些**可能发生的战斗**)没有效果。其效果与一次失利战斗的效果相似。

由此可见,消灭敌军和战胜敌人只有通过战斗的效果才能实现,无论战斗是真的进行了,还是仅是挑战,敌人并未应战。

战斗的双重目的

然而战斗的这些效果也是双重的,即直接的和间接的。如果有其他对象出现并成为战斗的目的,而这些对象本身还不能被视为消灭敌军,而是要通过它们消灭敌军,也就是说要通过它们迂回地、但却以更大的力量去消灭敌军,那么这种战斗的效果就是间接的。占领某些地区、城市、要塞、道路、桥梁、物资库等,可能是一次战斗的直接目的,但绝不是最终目的。这些对象始终只能看作为取得更大优势而采取的手段,其目的是最后在敌人无力应战的情况下向其发起战斗。因此这些对象只能看作中间环节,看作通往有效要素[1]的阶梯,而决不能看作有效要素本身。

例子

当联军于1814年攻占拿破仑的首都时,联军的战争目的达到了。源于巴黎的政治上的分裂起了作用,一道巨大的裂痕使拿破仑这位皇帝的权势崩溃。尽管如此,对这一切,人们必须从以下观点来考察:由于权势的崩溃,拿破仑的战斗力和抵抗能力骤然大幅下降,而联军的优势以同等程度增加,因此拿破仑当时不可能进行任何抵抗。他的这一不可能性才使联军有可能与法国媾和。假设联军在这一时刻由于外在的情况受到了同样程度的削弱,失去了优势,那么联军占领巴

---

[1]指消灭敌人军队。——译者注

黎的全部效果和重要性也就消失了。

我们探讨上述一系列的概念，是想指出这些概念是重要的，因为这些概念是对事物自然的和唯一正确的认识。有了这种认识，人们就会不断地考虑：在战争和战局中的每一时刻，敌我双方要向对方发起的大小战斗会有怎样的后果？在制订战局计划或者战争计划时，只有这个问题决定那些一开始就必须采取的举措。

如果人们不这样看问题，就会对其他问题做出错误的评价

如果人们不习惯于把战争和战争中的各个战局看成一条由一个引起另一个的多个战斗组成的链条，如果人们认为占领某些地点或者未设防的地区**本身就有些许价值**，那么人们就容易把这样的占领看作可以顺带唾手可得的好处。如果人们是这样看问题，而不是把这样的占领看作一系列战事中的一个环节，那么人们就不会考虑这样的占领以后是否会带来较大的不利。这种错误在战史中真是屡见不鲜。我们可以说：如同商人不能把一次交易所得的利润安全地搁置在一旁，在战争中也不能把一次行动得到的好处与整个战争的结局分割开；如同商人应以其全部财富采取行动，在战争中也只有最终结局才能决定各次行动的得失。

如果统帅尽其眼力的预见能力所及，始终盯住一系列战斗，那么他就始终是沿着**径直**的道路前往目标，此时力量的运动就具有了一种恰如其分的、不受外界影响的速度，也就是说意愿和行动就具有了一种恰如其分的、不受外界影响的能量。

★ 第二章 ★

战略要素

人们可以将战略中引起战斗运用的原因适当地分为几类要素，即精神要素、物质要素、数学要素、地理学要素和统计学要素。

由精神特性和作用引起的一切可归为第一类；军队的规模、编成、兵种比例等可归为第二类；行动线[1]的角度、向心运动和离心运动（只要其几何特性有计算价值）可归为第三类；制高点、山脉、河流、林地、道路等地形的影响可归为第四类；最后，补给手段等可归为第五类。对这些要素分开考虑是有好处的，可以使概念明确，很快估计出这些不同类别要素的大小价值，因为人们分别考虑这些要素时，某些要素就会自行失去其虚假的重要性。例如，即使人们认为行动基地[2]的价值无非在于**行动线的位置**，但是人们还是很快就能感到，在行动线这一简单的形式中，行动基地的价值还是很少取决于行动线相互构成的角这一几何要素，而是更多地取决于行动线所通过的道路和地形情况。

然而如果人们想根据这些要素来研究战略，那么这将是人们所能拥有的最不

---

[1] 行动线（Operationslinie），英国军事理论家劳埃德于18世纪下半叶提出的概念，指部队的补给线、交通线，或泛指部队离开行动基地后的运动路线。如果部队的补给或运动依赖唯一一条道路，则沿这条道路形成一条行动线。在有多条道路可选择的情况下，行动线也可以是一条泛指的线。行动线有单双、内外、离心、向心之分。——译者注

[2] 行动基地（Operationsbasis），行动线的起点或受到保护的有补充兵员和给养的地域。——译者注

幸的想法，因为这些要素在每个军事活动中大多有多重和内在的联系。人们会在最脱离实际的分析中迷失自己，会像在梦魇中一直徒劳地试图自这些抽象的地基向对面现实世界的各种现象架设拱桥。愿上天保佑，不要有哪个理论家开始做这样的事。我们要遵循现实世界的完整性，不使我们的分析超过读者对我们的想法所能理解的程度。我们欲告知的想法并不是从抽象的研究中得来的，而是来自整个战争现象给我们的印象。

★ 第三章 ★
精神要素

我们必须再来谈谈在第二篇[1]第三章中触及过的精神要素，因为它们是战争中最重要的问题之一。精神要素贯穿于整个战争领域，它们与推动和支配整个力量的意志更早、更紧密地联系在一起，仿佛融合成一体，因为意志本身也是一种精神要素。遗憾的是，在一切书本知识中很难找到它们，因为它们既不能表达为数字，也不能被分为等级，而只愿被人们看到或者感受到。

军队、统帅和政府的智慧和其他精神特性，作战地区民众的情绪，一次胜利或大败的精神作用，这些本身都是极为不同的，对我们的目的和所处的情况又可能产生极为不同的影响。

尽管书本中对这些问题少有或者根本没有论述，但它们毕竟与构成战争的其他内容一样，属于军事艺术理论的范畴。我必须再说一遍：如果人们按旧的方式，不考虑所有精神要素而去制定规则和原则，一旦有精神要素出现，就把它们算作例外，并在一定程度上对这种例外做出"科学的"规定，即使之成为规则，或者如果人们呼吁超乎一切规则之上的天才这样做，实际上等于宣告说，规则不仅是为愚蠢之人写的，而且规则本身确实也是愚蠢的，那么这只能是一种可怜的哲学。

---

[1]原文如此，疑误。应为第一篇。——译者注

即使军事艺术的理论确实只能做到提醒人们注意这些精神要素，并指出有必要尊重和一并考虑精神要素的全部价值，那它就已经把自己的范围扩大到精神领域了，而且通过确立这些观点，预先对那些在它这位法官面前只想用力量的物质关系做辩护的人做出了判决。

而且出于为其余的所谓规则考虑，理论也不应该把精神要素排斥在它的范围之外，因为物质力量的作用与精神力量的作用是完全融合在一起的，不会像合金那样为化学反应所分解。理论在制定每一条涉及物质力量的规则时，都必须考虑精神要素可能占有的部分，否则理论就会被误导为绝对的条文，有时过于小心和局限，有时又过于狂妄和宽泛。甚至最不涉及精神内容的理论也必然会不知不觉地进入到这个精神帝国，如果不顾及精神的影响，任何问题（例如胜利的作用）都得不到说明。同样，我们在本篇论述的大部分问题也是既涉及物质的原因和作用，又涉及精神的原因和作用。可以说，物质的原因和作用几乎只是以武器木柄的形象出现，而精神的原因和作用才是贵金属，才是真正的锋利的武器。

历史最能证明精神要素的价值，最能展示其经常令人难以置信的影响，这是统帅的才智从历史中能够汲取的最宝贵和最纯正的养料。在这里必须指出，与理论阐述、评论式探讨和学术研究相比，各种感受、总体印象以及个别的思想火花更能播下丰富心灵的智慧种子。

我们可以从头至尾地考察战争中最主要的精神现象，并且以一位勤勉讲师那样的细致试着介绍每个精神现象的利弊，但是运用这一方法很容易陷入一般和平庸，在进行分析时很快会忽视实质，不知不觉地去讲述那些众人皆知的东西。因此我们在这里宁愿比在其他地方更多地采用不全面和不完整的讲述方法，泛泛地使大家注意到这一问题的重要性，并指出本篇所有论点的精神实质。

★ 第四章 ★
主要的精神力量

　　主要的精神力量是**统帅的才能**、**军队的尚武精神**以及**军队的民族精神**。没有人能笼统地确定这些主要精神力量中的哪一个价值更大，因为仅是说出一些它们的内容就已经很困难了，对它们进行比较就更困难了。最好的方法是对它们中的任何一个都重视。但是人们在进行判断时却总是有些古怪地来回摇摆，时而重视这一方面，时而又重视那一方面。比较妥当的办法是用充分的史实来说明这三个精神力量的显而易见的作用。

　　的确，近代欧洲各国的军队在技能和训练方面几乎达到了相同水平，作战方法也成为一套几乎是各国军队通用的方法，用哲学家的话来说，就是得到了顺乎自然的发展，以至不再可能期待统帅运用什么狭义上的特别的手段（例如像弗里德里希二世那样运用斜向战斗序列）。因此不容否认，就目前的情况来看，军队的民族精神和作战经验有着更大的作用，而长期的和平又可能会改变这种情况。

　　军队的民族精神（热情、狂热、信仰和见解）在山地战中的表现最为强烈。在这里，自上而下直至每个士兵都是自负其责作战的。仅出于这个原因，山地对于民众武装就是最好的战场。

　　军人经过训练得到的技能和经过锤炼形成的勇敢精神（它使军队紧密地团结在一起，就像一块铸铁锻造出来的一样），在开阔的平原上最能发挥其优势。

统帅的才能在一个沟壑纵横、丘陵众多的地形上最能得到发挥。在山地，统帅很难指挥各部队，而要指挥所有的部队又力所不及；在开阔的平原上，指挥过于简单，无法充分展现他的能力。

人们在制订作战草案时，应该考虑到上述这些显而易见的相近关系。

★ 第五章 ★
军队的尚武精神

　　军队的尚武精神不同于单纯的勇敢，更不同于对战争事业的热情。勇敢固然是尚武精神的必要组成部分，但是普通人的勇敢是一种天赋的品质，而军人作为军队的一部分，其勇敢是可以通过战斗经验和训练培养出来的，因此军人勇敢的取向与普通人勇敢的取向必然是不同的，它必须摆脱普通勇敢所固有的那种不受控制和随心所欲显示力量的本能，而去服从更高级形式的要求，服从命令、秩序、规则和方法。对事业的热情能给一支军队的尚武精神带来生命力，使尚武精神的火焰燃烧得更旺盛，但它并不是尚武精神的必然组成部分。

　　战争是一种特殊的活动（不管它的涉及面是多么广泛，即使一个民族所有能拿起武器的男子都参与其中，它仍然是一种特殊的活动），它与人一生中从事的其余活动是不同的和分开的。军队的尚武精神表现在个人身上就是：深刻了解战争这一活动的精神和实质；在内心训练、唤起和吸纳那些应在战争中起作用的力量[1]；对战争这一活动，时刻运用自己的智慧和头脑进行思考；通过训练使自己在战争中有把握和自如地行动；全力以赴，从一个普通人转变成一名称职的军人。

　　因此，不管人们是多么煞费苦心地想把公民在培养成军人的同时培养成一个

---
[1]指勇敢等各种情感力量。——译者注

有个性的人，不管人们是多么想把战争国家化，不管人们是多么想让战争向着与以前的佣兵队长时期相反的方向发展，人们还是永远无法去除战争这种活动的特殊性。既然人们无法做到这一点，那么从事战争的那些人只要还在从事战争，就总是会自视为一个类似手工业同业公会的团体，而从事战争的英才主要是通过这个团体的制度、规章和习惯而被固定住的。实际上也是如此。因此如果人们十分明确地倾向于从最高处考察战争，就会错误地轻视在一支军队中可能和必然或多或少存在的团队精神（esprit de corps）。在我们称之为军队的尚武精神中，这种团队精神在某种程度上是其中起作用的各种自然力量的黏合剂。组成尚武精神的各个晶体更容易与团队精神相结合。

一支军队如果在最猛烈的炮火下仍能保持正常的秩序，从不被想象中的危险吓倒，面对真正的危险能够寸土必争；如果它在胜利时感到自豪，而在失败的困境中也能服从命令，保持对其指挥官的尊重和信赖；如果它在训练中能像运动员锻炼肌肉一样，以困苦和劳顿强化自己的体力，把这些劳顿看作通往胜利的一个手段，而非落在其军旗上的倒霉晦气；如果它通过维护军人荣誉这样唯一的一个简短信条就能想起军人的所有上述责任和品行，那么它就是一支富有尚武精神的军队。

在没有推广这种尚武精神的情况下，人们同样可以像旺代人那样出色地作战[1]，像瑞士人[2]、美国人[3]和西班牙人[4]那样干成大事，甚至可以像欧

---

[1]指旺代战争（1793—1796）。法国革命后，旺代（Vendée，今法国西部的一个省，濒临大西洋）民众起初拥护革命的自由、平等、博爱原则，但对外战争的惨烈、对皇族的残杀以及宗教迫害令不少民众难以接受，尤其在旺代这样一个日常生活与宗教密不可分的地区。1793年3月，法国革命后的第四年，共和政府在旺代征召青年远赴边疆打仗，成了旺代战争的导火索。博卡什、莫日和布列塔尼沼泽地区的民众发起大规模暴动，一度蔓延到邻近的下卢瓦尔、曼恩–卢瓦尔等省，并与里昂、马赛等地的暴动相呼应，对中央政府构成严重威胁。中央政府派军队镇压。战争持续三年，直到1796年3月，天主教保王派军队的首领之一沙雷特被处决。此后小规模暴动仍持续多年，直至1800年才基本被镇压下去。——译者注
[2]指中世纪瑞士的农民和山区牧民组织起来的步兵，他们勇敢善战，多次战胜勃艮第和奥地利的贵族骑士。——译者注
[3]指美国独立战争时的美国士兵，虽未受过正规训练，但善于使用散兵队形作战，打败了英国殖民主义者。——译者注
[4]指拿破仑占领下的西班牙人民，曾展开大规模游击战，给法国军队以沉重的打击。——译者注

仁[1]和马尔伯勒[2]那样率领一支没有多少战斗力的常备军取得胜利。因此人们不能说，没有尚武精神就不可能取得胜利。我们之所以特别强调这一点，是为了让我们在这里提出的概念更为明确，不至于成为泛泛的概念，也不至于让人们认为最终尚武精神就是一切。尚武精神并不是一切。一支军队的尚武精神是一种人们可以设想得到的特定的精神潜力，其影响是可以估计出来的。也就是说，尚武精神如同一件工具，其力量是可以计算出来的。

在阐述了尚武精神的特点以后，我们还想谈一谈它有哪些影响，以及通过什么途径可以获得它。

尚武精神与军队各部分的关系就像统帅的天赋与整个军队的关系一样。统帅只能指挥军队整体，不能指挥军队的每个单独的部分。统帅指挥不到的部分，就必须依靠尚武精神。选择统帅应该以他在优秀品质方面的声誉为根据，选择大部队的较高级的指挥官应根据详细考察的结果。指挥官的职位越低，这种考察就可以越少，对个人才能的要求也可以相应降低，但缺少的个人才能必须由尚武精神来代替。一个武装起来准备作战的民族，其自然的品质同样可以起到尚武精神的作用。这些品质包括**勇敢**、**机智**、**吃苦耐劳**和**振奋**。它们可以代替尚武精神，反之亦然。我们从中可以得出以下结论：

1. 尚武精神是常备军所特有的，而且常备军也是最需要尚武精神的。在民众武装和人民战争中，其自然的品质可以代替尚武精神，而且这些品质在这种情况下发展较快。

2. 常备军针对民众武装作战，比起针对常备军作战更需要有尚武精神，因为针对民众武装作战，常备军的兵力更为分散，各部队需要更多地依靠自己。而当部队可以集中使用时，统帅天赋的作用就更大，可以弥补部队尚武精神的不足。一般来说，在战场和其他情况使战争变得复杂以及兵力分散时，部队就更有必要具备尚武精神。

---

[1] 欧仁（François-Eugène de Savoie-Corignan，1663—1736），萨伏依贵族，亲王，奥地利元帅，著名统帅、政治家、外交家。军事上行动果断，治军严明，重视给养装备等后勤保障。在奥土战争和西班牙王位继承战争中屡建战功。——译者注

[2] 马尔伯勒（John Churchill Marlborough，1650—1722），公爵，英军统帅，政治家。强调战前准备，积极进攻；用兵机动灵活，出敌不意；惯以步兵正面牵制敌主力，以骑兵突击敌翼侧。在西班牙王位继承战争中指挥英军多次击败法军。——译者注

我们从上述两点得到的唯一告诫是：如果军队缺乏尚武精神这一潜力，就应该尝试尽量简单地组织战争，或者加倍注意战争组织的其他方面，而不要指望徒有虚名的常备军去完成只有名副其实的常备军才能完成的事情。

　　因此，军队的尚武精神是战争中最重要的精神潜力之一。如果缺少这种力量，就应该有其他一种精神潜力（例如统帅的卓越才能、人民的热情等）来代替它，否则付出的努力就收不到效果。如果我们看一下亚历山大统率的马其顿人[1]，恺撒[2]统率的罗马军团[3]、亚历山大·法尔内塞[4]统率的西班牙步兵，古斯塔夫·阿道夫[5]和卡尔十二世统率的瑞典人[6]，弗里德里希大帝统率的普鲁士人[7]，以及拿破仑统率的法国人，我们就会知道，军队的这一尚武精神对军队纯粹可靠性的提升就好似将矿石提炼成闪闪发光的金属，已经完成了很多壮举。这些统帅的惊人成就及其在最困难处境中的卓越表现，只有依靠这样一支有如此精神潜力的军队才有可能实现。谁要是不愿承认这一点，那么他想必是故意无视一切史实。

　　这种精神只能从两个来源产生，而且这两个来源只有共同起作用才能产生这种精神。其中一个来源是部队经历的一系列战争和胜利，另一个来源是部队的活动经常达到一般乃至极限的劳顿和困苦程度。只有在这种活动中，军人才能认识到自己的力量。一位统帅越是习惯于向他的官兵提出要求，就越是有把握实现这

---

[1] 马其顿人（Mazedonier），欧洲巴尔干半岛民族之一，属欧罗巴人种巴尔干类型。使用马其顿语，属印欧语系斯拉夫语族。——译者注

[2] 恺撒（Gaius Julius Caesar，公元前100—前44），古罗马著名统帅、政治家。——译者注

[3] 罗马军团（Römische Legion），存在于公元前6世纪至公元7世纪。由于年代跨度大，其实力、编成、装备、使用等变化很大。一般来说，一个军团由3000—6000名重装步兵和少部分骑兵组成，一般与盟友或占领地提供的大致相同数量的辅助部队共同行动。——译者注

[4] 亚历山大·法尔内塞（Alessandro Farnese，1545—1592），公爵，意大利著名统帅、外交官，曾在西班牙军中服务，任西班牙驻尼德兰总督。——译者注

[5] 古斯塔夫·阿道夫（Gustav Ⅱ. Adolf，1594—1632），瑞典国王（1611—1632），著名统帅。为争夺波罗的海霸权，曾与丹麦、波兰和俄国作战，在三十年战争中屡败天主教联盟和神圣罗马帝国的军队。1632年11月6日，在吕岑会战中阵亡。——译者注

[6] 瑞典人（Schweden），北欧民族之一，属欧罗巴人种北欧类型，使用瑞典语，属印欧语系日耳曼语族。——译者注

[7] 普鲁士人（Preussen），原是居住在波罗的海东南沿岸的一个民族，属波罗的海种族。13世纪，普鲁士人被德意志人的条顿军团征服，之后与德意志移民相互融合。至16世纪，普鲁士人作为独立民族逐渐消失，但习惯上将历史上有关地区（普鲁士公国、王国等）的居民仍称为普鲁士人。——译者注

些要求。官兵同样对于克服了劳顿和困苦以及战胜了种种危险而感到骄傲。因此只有在不断行动和劳顿困苦的土壤中，尚武精神的幼芽才能成长，当然还要有胜利的阳光。一旦尚武精神的幼芽长成粗壮的大树，它就可以抵御不幸和大败所形成的最大风暴，甚至可以在一段时间内抵御和平带来的松懈。因此，只有在战争中和在杰出统帅们的指挥下才能产生这种精神。当然，一支军队即使是在水平一般的统帅的指挥下，并且较长时间地处于和平时期，这种精神至少也可以持续几代人。

一支满是疤痕、经过历练的军队所发扬光大和得到升华的团队精神，是那种单靠勤务条令和操典黏合在一起的常备军的自负和虚荣心所无法比拟的。在某种程度上相当严厉的要求和严格的勤务规定可以较长时间地维持一支部队的尚武精神，但它们不会产生尚武精神，因此尽管这些要求和规定总是有其价值，但是人们不应高估它们。秩序、技能、良好的意志，以及一定的自豪感和饱满的情绪是一支和平时期训练出来的军队的特点，是人们必须重视的，但是它们并不能独自发挥作用。整体只能依靠整体来维持。一块冷却得太快的玻璃，一道裂缝就可以使整体完全破裂。同样，这样的军队即使有世界上最饱满的情绪，一旦受到挫折，就很容易变得胆怯，甚至变得极度恐惧，出现法语所说的"sauve-qui-peut"[1]。这样的军队只有依靠统帅才会有些作为，单靠自己则一事无成。统率这样的军队，在它经过胜利和劳顿的历练，力量逐渐融入沉重的装备以前，一定要加倍谨慎。因此，我们要防止混淆军队的精神与军队的情绪。

---

[1]意为"溃败"。——译者注

★ 第六章 ★

勇敢

我们在《论胜利的把握》一章[1]中谈过，在各种力量的活跃体系中（在这里勇敢与小心谨慎是对立的），勇敢占据怎样的地位和起到怎样的作用，从而指出理论无权以制定法则为借口而限制勇敢发挥作用。

这一在人的内心用以战胜最大危险的可贵的活力，在战争中也应该被视为一个专门的起作用的要素。实际上，假如不是在战争中，那么勇敢还应在人类活动的哪个领域里行使其权利呢？

对军人来说，从辎重兵、鼓手直到统帅，勇敢都是最宝贵的品德，是使武器锋利和发光的真正的钢。

我们大可承认，勇敢在战争中甚至拥有其自己的**优先地位**。人们在战争中考虑获胜可能性的大小时，除了计算时间、空间和数量以外，还必须考虑到勇敢这一要素带来的一定的好处。这一定的好处指的是，一方的勇敢超过对方时从对方的胆怯中得到的好处，因此勇敢是一种真正的具有创造性的力量。这一点甚至在哲学上也是不难证明的。每当勇敢者遇到胆怯者，就必然有更大的获胜的可能性，因为胆怯者已经失去镇定了。勇敢者只有在遇到谨慎者时，才处于不利地位，因为谨慎者同样可以是**勇敢**的，至少与勇敢者同样坚强和有力。然而这种情

---

[1] 原文如此，疑误。本书并没有专门论述该问题的章节。——译者注

况是很少见的，因为在谨慎者中有很大一部分是胆怯者。

在一支大部队中大力培养勇敢这种力量，绝不会妨碍其他力量的发挥，因为一支大部队在战斗序列和勤务规章的约束和规定下要服从更高的意志，就是说，是受这支部队以外的人的认识支配的。勇敢在这里只是压缩待发的弹簧。

指挥官的职位越高，就越需要有深思熟虑的头脑来指导勇敢精神，使它不是毫无目的，不是盲目的激情冲撞，因为指挥官的职位越高，涉及自己牺牲的问题就越少，涉及他人生存和全局安危的问题就越多。如同一支大部队受到已经成为第二天性的勤务规则约束一样，指挥官必须受到深思熟虑的约束。这里一次行动表现出的勇敢，可能很容易造成错误，尽管如此，这种错误只是一种瑕疵，不一定非要把它与其他错误等同起来。让我们祝福那些常常不合时宜地表现出勇敢精神的部队，这样的部队好比一片茂盛的杂草，但也正是土壤肥沃的证明。人们甚至对于蛮勇（毫无目的的勇敢）也不能低估，因为它其实与勇敢是同一种情感力量，只是未经头脑，而是以一种冲动的方式表现出来了。只有当勇敢拒绝服从理智，藐视一个明显更高的意志时，我们才必须像对待一种危害那样对待它，但这并不是由于勇敢本身，而是由于它拒绝服从，因为在战争中没有什么比服从更重要。

在战争中，在指挥官认识水平相同的情况下，由于畏惧而坏事的情况比由于勇敢而坏事的情况要多千百次。这一点也许只要我们一说，就会得到读者认可。

按理说，部队有了明智的目的就更容易表现出勇敢，因此也就拉低了勇敢本身的价值，但其实情况正相反。

在明确的思想甚或自制力的干预下，一切情感力量就会失去其很大一部分威力。因此指挥官的军衔越高，**勇敢精神就越少**，因为即使见解和理解力不一定随指挥官的军衔一起提高，但客观存在的**各种因素、情况和顾及**仍然从外部对处于不同职位的指挥官们施加大量和强烈的压力，导致**他们越是缺乏自己的见解，就越是受到它们的压力**。法国有句谚语："在次要位置上大放光芒，到了主要位置却黯然失色。"[1] 其所揭示的生活经验之所以在战争中也适用，最主要的原因就

---

[1] 此处作者引用了法语"Tel brille au second qui s'éclipse au premier"，是法国启蒙思想家、文学家伏尔泰（1694—1778）所著史诗《亨利颂》中的一句名言。——译者注

在这里。历史上被认为平庸甚至优柔寡断的统帅,在军衔较低时几乎个个以大胆和果断著称。

对于那些有必要进行的大胆行动的动机,我们必须有所区分。这种必要性有不同的程度。如果必要性十分迫切,如果指挥官在追求其目标时,为避开危险而又陷入其他同样大的危险,从而不得不采取大胆的行动,那么我们只能称赞他果断,而且这一果断是有其价值的。如果一位年轻人为表现他作为骑手的灵活性而骑马跃过一道深沟,那么他这种行为是大胆的;而如果他是在一群土耳其近卫军[1]官兵的追杀下跃过深沟,那么这就是一个果断的行为。反之,行动的必要性越小,头脑要考虑的情况越多(以便意识到这些情况的存在),必要性对勇敢精神的影响就越小。1756年弗里德里希大帝认为战争不可避免,只有先发制人才能免于灭亡,因此他发动战争是必要的,但同时也肯定是很勇敢的,因为在他当时的处境下,恐怕只有少数人才会下这样的决心。[2]

虽然战略只是统帅们或最高指挥官们活动的领域,但对战略来说,部队其余各级人员的勇敢精神与部队其他的尚武精神一样,并非无关紧要。一支来自勇敢民族而又经常培养勇敢精神的军队,可以做出缺乏这一尚武精神的军队所做不出的事情,为此我们也谈到了军队的勇敢问题。我们本来要说的是统帅的勇敢精神,可是在我们尽我们所知泛泛地描述了勇敢这一尚武精神的特性以后,对统帅的勇敢精神也就没有什么更多要说的了。

指挥官的职位越高,思想、理智和认识在活动中就越起主要作用,勇敢这一情感力量就越受到排挤,因此在身居最高职位的人中,勇敢精神是很少见的,但正因为如此,一旦这些人表现出勇敢精神,就更值得称赞。由卓越头脑引导的勇敢是英雄的标志,这种勇敢不是违反事物本性的蛮干,也不是粗暴地破坏盖然性的法则,而是为天才和直觉在决策时迅速和几乎下意识地考虑问题提供有力的支持。勇敢赋予智慧和认知力的力量越大,它们就飞得越远,眼界也就越宽阔,结论也就越正确。当然,在这里人们永远不要忘记,较大的目的是和较大的危险联

---

[1] 土耳其近卫军(Janitschar),指奥斯曼帝国1329—1826年间的近卫军,属精锐部队,担负国王卫队等职责。——译者注

[2] 1756年,奥地利和俄国集结军队,建造仓库,征集马匹,准备于1757年春联合进攻普鲁士。弗里德里希二世估计战争不可避免,于是趁奥地利和俄国尚未准备就绪,于8月29日突然先向其盟国萨克森发起进攻。———译者注

系在一起的。姑且不谈懦弱的人和优柔寡断的人，一个普通人至多只能在远离危险和责任的情况下，在自己的房间里设想某种活动时，才可以得出那种不需要实际观察即能得出的正确结论。但是如果危险和责任从各方袭来，他就会失去总揽各种情况的能力，即使他由于别人的帮助，没有失去这种能力，也会失去**决断能力**，因为别人在这方面是无法帮助他的。

因此我们认为，没有勇敢精神就无法想象会有杰出的统帅，就是说生来没有这种情感力量的人从来不会成为杰出的统帅，因此我们认为这种情感力量是成为杰出统帅的首要条件。至于一个人到了较高的职位后，这种天赋的、经过教育和其余的现实生活继续得到培育和改变的情感力量还能剩下多少，是另外的问题。这种力量剩得越多，天赋的振翅就越有力，飞得就越高。冒险行动变得越来越大，但追求的目标也随之越来越高。不管一个行动是很早就预见到的，是按必要的意图和方向进行的，还是按照出自虚荣心的计划进行的，不管是弗里德里希的行动，还是亚历山大的行动，对评论式考察来说几乎都是一样的。如果说亚历山大的行动由于更大胆而更能激发人们的想象力，那么，弗里德里希的行动则由于具有更多的内在必要性而更能满足人们思考的需求。

现在我们还要考虑到一个重要的情况。

一支军队之所以能够具有勇敢精神，要么是因为这支军队所来自的民族有这种精神，要么是因为在勇敢的指挥官们的指挥下，在一场胜利的战争中培育出了这种精神。但是在后一种情况下，一支军队起初是不具备勇敢精神的。

在我们所处的时代，除了战争（具体是依靠勇敢精神进行的战争），几乎没有其他手段可以培养一个民族的勇敢精神。只有依靠勇敢精神进行的战争才能抵制懦弱和贪图安逸的倾向。贪图安逸会使一个生活水平日益提高和热衷于交际的民族堕落下去。

一个民族，只有其民族性格和战争历练在不断的相互作用下相互帮衬，才有望在政治世界中拥有牢固的一席之地。

★ 第七章 ★
坚定

　　读者期待听到有关角和线的问题，但在这里看到的却不是这些科学世界的公民，而只是每天走在大街上都能遇到的日常生活中的人。但是作者还是不打算在探讨的范围之外增加丝毫的数学成分，也不怕读者可能因此而感到诧异。

　　世界上没有任何场合像在战争中那样，事情与人们所想象的是如此大不相同，近看和远看有如此大的区别。建筑师可以平静地看着建筑物按照他的设计图建造起来，医生虽然要比建筑师面对更多的意外结果和偶然现象，但他对自己手段的作用和用法是很清楚的。然而在战争中，一支大部队的指挥官不断地受到各种冲击，诸如真假情报，由恐惧、疏忽和急躁而引起的错误，由正确或错误的见解、恶意、或真或假的责任感、怠惰或疲惫不堪而引起的抗命行为，以及一些谁也想不到的偶然事件，等等。总之，他处在成千上万感受的包围之中，这些感受绝大多数是令人担忧的，只有极少数是令人鼓舞的。长期的战争经历使他有一种直觉和分寸感，能迅速判断这些具体现象的价值，高涨的勇气和内心的坚强能使他像岩石抵御惊涛骇浪那样抵御住这些令人担忧的感受。谁要是对这些令人担忧的感受做出让步，谁就会一事无成，因此人们在实现自己的意图时，只要没有最确切的理由否定这一意图，就非常有必要以这种**坚定**来抵御这些感受。此外，在战争中几乎所有丰功伟绩都是在经历过无限的劳顿、艰辛和困苦之后才取得的。如果说在这里人类肉体上和精神上的弱点往往准备屈服的话，那么只有一种伟大的意志力才能引导他达到目标，这种意志力就是世代为人们所赞赏的**毅力**。

★ 第八章 ★

数量优势

数量优势在战术上和战略上都是最普遍的制胜要素，因此我们应首先对其普遍性进行考察，为此我们做以下的论述。

战略规定战斗的地点、时间和兵力。它通过确定这三个要素对战斗的结果产生非常重要的影响。只要战术进行了战斗，就会有个结果，可能是胜利或者失败，战略就可以根据战争的目的来运用这一结果。当然战争的目的往往是很遥远的，极少是很近的。一系列其他目的作为手段而从属于战争目的。这些目的（它们对较高的目的来说又是手段）实际上可能是多种多样的，甚至最终目的（整个战争的目标）也几乎在每次战争中都变成了另一个。关于这些问题，我们会随着对有关问题的研究而逐步了解，在这里我们不打算逐个讨论所有这些问题（即使这是可能的），因此我们暂且不谈战斗的运用问题。

由于是战略规定（一定程度上是决定）战斗，因此那些战略通过它们对战斗结局产生影响的因素也是不简单的，以至人们通过一次考察无法囊括它们。战略在规定时间、地点和兵力时，可以有各种各样的方法，而每种方法对战斗的结局和战果都会产生不同的影响，因此我们只能逐步地认识它们，即在进一步确定如何运用的因素那里认识它们。

战斗可能根据对它的规定和它从中产生的情况而做出改变，如果我们这样把战斗从所有的改变中剥离出来,如果我们最后不考虑部队的价值大小(因为这是既定的),那么就只剩下战斗的赤裸裸的概念,即一个失去形态的斗争。对这种失去形态的斗争,我们只能从双方的参战人数上加以区别。

就是这个兵力数量对胜利有决定性的影响。仅从那些我们为得出这一结论而不得不形成的大量抽象概念中就可以得出结论:一次战斗中的数量优势只是制胜因素之一;有了数量上的优势还远远说不上是赢得了一切,或者哪怕只是主要的东西;依其他同时起作用的条件的不同,靠数量优势获得的东西也许还是很少的。

但是数量优势有程度上的不同,它可以是一倍,也可以是两倍、三倍等等。每个人都懂得,如果照这样增加上去,数量上的优势必然会压倒其他一切。

在这种情况下,人们必须承认,数量上的优势是决定一次战斗结果的最重要的因素,只是它必须足以与其余同时起作用的因素保持平衡。我们从中得出的一个直接结论是:人们必须将尽量多的部队投到决定性地点的战斗。

不管这些投入战斗的部队是否够用,人们从这方面已经做了现有手段所允许做的一切。这是战略上的首个原则。如果这一原则像这里所说的那样具有普遍的意义,那么它就既适用于希腊人[1]和波斯人[2],英格兰人[3]和马拉提人[4],也适用于法兰西人和德意志人[5]。但是我们的目光要对准欧洲的战争环境,以便在考察时能更好地把握有关问题。

欧洲各国的军队在武器装备、组织编制以及技能方面彼此非常相似,只是偶尔在军队的尚武精神和统帅的才能方面还有些差别。如果我们看一下近代的欧洲

---

[1]希腊人(Griechen),今希腊、南塞浦路斯的主体民族,由古希腊人与其他民族混合而成,多属欧罗巴人种地中海类型,部分属阿尔卑斯类型。——译者注

[2]波斯人(Perser),今伊朗的主体民族,属欧罗巴人种南支。历史上曾与希腊发生战争。——译者注

[3]英格兰人(Engländer),今英国的主体民族,属欧罗巴人种,大多为大西洋-波罗的海类型。——译者注

[4]马拉提人(Marathen),居住在印度中部的一个民族,1763—1778年间曾屡次顽强反抗英国殖民者。——译者注

[5]德意志人(Deutsche),中欧民族之一,系古代日耳曼人的后裔,但在不同历史时期混入了不同的民族成分。多属欧罗巴人种北欧类型,部分属阿尔卑斯类型。——译者注

战史，就知道已经找不出像马拉松之战[1]那样的战例了。

　　弗里德里希大帝在洛伊滕[2]附近以大约3万人击败了8万奥地利人[3]，在罗斯巴赫[4]附近以2.5万人打败了联军5万多人[5]，但这些是战胜拥有一倍或一倍以上优势兵力之敌的绝无仅有的战例。我们不能引用卡尔十二世在纳尔瓦会战[6]的战例，因为当时俄国人[7]还几乎不能被视为欧洲人，而且后人对这次会战的主要情况知之甚少。拿破仑曾在德累斯顿[8]附近以12万人对抗22万人[9]，对方的兵力优势尚不到一倍。在科林[10]附近，弗里德里希大帝以3万人对抗5万奥地利人，

---

　　[1]马拉松之战是古希腊对波斯战争（公元前500—前449）中的一次会战。公元前490年，古希腊统帅米尔蒂亚季斯率领步兵1.1万人在雅典东北的马拉松平原，击败拥有10万步兵（也有资料称20万）和1万骑兵的波斯军队。——译者注
　　[2]洛伊滕（Leuthen），即今波兰下西里西亚省村庄卢蒂尼亚（Lutynia）。——译者注
　　[3]1757年12月，弗里德里希二世扩大罗斯巴赫会战胜利的战果，率领普军驰援西里西亚。5日，2.9万名普军在洛伊滕向6.6万名奥军发起进攻。弗里德里希二世佯攻奥军右翼，实际上利用地形将主力转至奥军左翼，将其击溃。最后，普军损失6400人，奥军损失2.2万人（其中1.2万人被俘）。这是弗里德里希二世用斜向战斗序列以少胜多的经典战例。——译者注
　　[4]罗斯巴赫（Rossbach），今德国萨克森-安哈尔特州城市布劳恩斯贝德拉（Braunsbedra）的一部分。——译者注
　　[5]1757年8月，弗里德里希二世率领普军向西迎击法国和神圣罗马帝国联军。10月，奥军进入柏林，弗里德里希二世回师救援。当奥军退出柏林后，弗里德里希二世又回到莱比锡迎击联军。11月5日在萨勒河畔的罗斯巴赫进行会战。会战中，联军企图迂回普军左翼，弗里德里希二世及时掉转了正面，并派骑兵袭击联军，结果联军大败。——译者注
　　[6]1700年2月，萨克森、波兰联军攻入利夫兰，北方战争（1700—1721）爆发。瑞典国王卡尔十二世很快转入反攻。10月，萨克森和波兰的盟友俄国军队开始围攻当时的瑞典要塞纳尔瓦（Narwa，今爱沙尼亚最东部的城市，位于纳尔瓦河河畔）。11月，卡尔十二世率1万余人前去解围，击败俄军3.5万人。——译者注
　　[7]俄国人（Russen），祖先为东斯拉夫人罗斯部族，属欧罗巴人种，白海-波罗的海类型。——译者注
　　[8]德累斯顿（Dresden），今德国萨克森州首府，位于易北河畔。——译者注
　　[9]1813年8月，施瓦岑贝格指挥联军主力，趁拿破仑东击布吕歇尔之际，进逼德累斯顿。拿破仑于8月26日赶回德累斯顿，反击联军。27日，法军用正面进攻结合两翼迂回的方法击败联军。——译者注
　　[10]科林（Kolin），今捷克中部一城市，位于易北河畔，西距布拉格约60公里。——译者注

但是没有成功[1]。拿破仑在绝望的莱比锡会战[2]中以16万人对抗28万人，同样也没有成功，对方的优势还远未到一倍。

由此可见，在目前的欧洲，即使最有才能的统帅也很难战胜拥有一倍优势兵力的敌军。如果我们看到，一倍优势的兵力与最杰出的统帅相比，在战争的天平上就已经有如此大的分量，那么我们就不应怀疑，在一般条件下进行的大小战斗中，无论其他方面的条件如何不利，只要有明显的兵力优势，而且无须超过一倍，就足以取得胜利了。当然人们会想到，有些山口即使以十倍的兵力也不足以攻克，但在这种情况下，就根本谈不上是战斗了。

因此我们认为，恰恰在我们欧洲的这种情况下，以及在一切类似的情况下，决定性地点上的兵力大小是十分重要的，即使在一般情况下，这也是所有条件中最重要的条件。在决定性地点上能够集中多大的兵力，这取决于部队绝对兵力的大小和兵力运用的技巧。

因此首要的规则应该是率领一支人数尽可能多的部队上战场。这听起来很像是老生常谈，其实并非如此。

很长时间人们没有把部队的兵力看作重要条件。为了证明这一点，只要指出下列事实就够了：在大多数战史中，甚至在记载比较详细的18世纪战史中，人们对部队的兵力要么完全不提，要么只是顺便谈到，从未重视过。滕佩尔霍夫[3]是最早谈到这个问题的著作家，他在《七年战争史》中一再谈到这个问题，但谈得还是十分肤浅。

---

[1] 1757年春，普鲁士军队突然攻入波希米亚。5月，弗里德里希二世率主力包围布拉格，但久攻未克。6月中，道恩率领奥军前来解围。18日，与弗里德里希二世在科林附近进行会战。弗里德里希二世战败，退守萨克森。——译者注

[2] 又称莱比锡大会战。1813年8月，奥地利、普鲁士、俄国、瑞典等国组成第六次反法联盟。在当月进行的德累斯顿会战后，法军处于被包围状态，虽然采用了旨在各个击破的战法，但没有达到效果。10月，法军16万人（一说19万人，可能是加上了华沙公国、意大利、那不勒斯和一些莱茵邦联的部队）被28万（一说20.5万）联军包围于莱比锡（Leipzig，今德国萨克森州最大城市）。10月16日，会战开始。最后拿破仑于19日晨开始退向莱茵河，联军取得了对拿破仑的决定性胜利，于次年初进入法国作战，3月底进入巴黎。4月11日，拿破仑退位，被流放到厄尔巴岛。——译者注

[3] 滕佩尔霍夫（Georg Friedrich von Tempelhoff，1737—1807），普鲁士中将，军事著作家，普鲁士炮兵学院的创办人和首任院长，普军军训总监，参加过七年战争。1783—1801年将英国军事理论家劳埃德著作《七年战争史》（Geschichte des Siebenjährigen Krieges）译成德语出版，并做了大量注释。在数学和音乐领域也有一定造诣，是普鲁士科学院和艺术院成员。——译者注

甚至马森巴赫[1]在他对普鲁士军队在孚日山脉[2]中的1793年和1794年战局所做的很多评论式考察[3]中，对群山、谷地、道路和仅容单人通过的小道谈了很多，但对双方的兵力却只字未提。

另外一个证明是某些评论家脑子中的一个奇异想法，他们认为一支部队应该有一个最理想的、固定的标准人数，超过这个数量的多余兵力不仅没有用处，反倒是累赘[4]。

最后，我们还有很多没有把全部可用兵力投入会战或战争的例子，因为人们不相信数量上的优势确实重要。

如果人们确信集中显著优势的兵力可以夺取一切可能夺取的东西，那么这条明确的信念就必然会反映在战争的准备上，会把尽量多的兵力投入战争，以便自己在兵力上占优势，或至少不让敌人在兵力上占优势。关于以绝对兵力进行战争的问题就谈这些。

绝对兵力的数量是由政府确定的。尽管这种确定已经是真正的军事活动的开始，而且在军事活动中是一个非常重要的战略问题，但在大多数情况下，将在战争中指挥这支军队的统帅却无权再干预此事，而是必须把绝对兵力的数量视为一个既定数，即使他没有参与确定这个数量，或者有情况妨碍兵力扩大到足够的程度。

因此在这种情况下，统帅唯一能做的是，即使无法取得绝对优势，也要通过巧妙地使用军队，在决定性地点上形成相对的优势。

这样，空间和时间的计算就似乎成为最重要的了，这就使人们认为战略上的这种计算包括使用军队的几乎全部问题。有些人甚至认为杰出的统帅天生长有一个器官，专门进行战略上和战术上的这种计算。

---

[1] 马森巴赫（Christian von Massenbach，1758—1827），男爵，普鲁士上校，军事著作家。参加过1792年普奥联军和1793年第一次反法联盟对法战争。——译者注

[2] 孚日山脉（die Vogesen），位于法国东北部、莱茵河左岸。南北长约125公里，宽40—70公里。——译者注

[3] 1793年第一次反法联盟对法作战时，普鲁士军队主要是在法国的孚日地区作战。普鲁士军官马森巴赫参加过这次战争，后来撰写了不少著作，例如《1793年战局概览》《对1792—1794年反法战局及1795年战局可能结果的考察》《莱茵河、纳瓦河、摩泽尔河之间战区描述及对1793—1794年该战区战事的考察》等。——译者注

[4] 我们在此首先想到滕佩尔霍夫和蒙塔朗贝尔。前者在其《七年战争史》第一卷第148页提到这种见解，后者在其关于1759年俄国行动计划的书信中提到这种见解。——作者注

空间和时间的计算在任何场合都是最基本的，某种程度上都是战略日常需要的，但并不是最困难的和决定性的。

如果我们不抱偏见地阅读战史，就会发现，由于这种计算错误而确实导致重大损失的情况至少在战略上是极为少见的。然而如果将一位果断且积极进取的统帅（例如弗里德里希大帝和拿破仑）通过快速行军以同一支军队击败多个对手的所有情况，都归因于"对空间和时间的巧妙结合"这一概念，那么我们就会徒劳无益地陷入用词上的纠缠。为了使概念明确和有用，人们必须总是正确地称呼事物。

对其对手的正确判断（例如在上述例子中，弗里德里希大帝和拿破仑分别对道恩和施瓦岑贝格的判断），敢于在一段时间内仅以少量兵力与对手对峙的冒险精神，进行强行军的毅力，迅速突击的胆识，以及杰出人物临危不惧、超出平时的作为，这些才是他们取得胜利的原因。而这些原因与正确比较两个如此简单的事物（例如空间和时间）的能力又有什么相干呢？

但是如果我们要较真的话，即使是跳飞式用兵[1]这一在防御战中经常为杰出统帅所信赖的方法（例如在罗斯巴赫和蒙米赖胜利后分别乘势取得洛伊滕和蒙特罗胜利），在历史上也只是罕见的现象。

能够取得相对优势（巧妙地将优势兵力集中到一个决定性地点）的原因，一是因为正确地评估和选定了决定性地点，并使自己的军队一开始就有正确的推进方向；二是因为有决心为了重要的东西而放弃次要的东西（集中兵力，取得局部优势）。在这方面，弗里德里希大帝和拿破仑做得尤为突出。

至此，我们认为已经把数量优势应有的重要性说清楚了。人们应将数量上的优势视为基本的想法，在任何地方都应首先和尽量争取。

但是如果因此就认为数量上的优势是胜利的一个必要条件，那就完全误解了我们的论述。我们只是想在结论中指出兵力在战斗中的重要性。如果人们尽可能多地集中兵力，那么对这个原则来说就已经足够了。至于人们是否应该由于兵力不足而避免战斗，那只有视总的情况才能决定。

---

[1]"跳飞"原指法国元帅沃邦于1697年发明的一种火炮射击方法，以少装药、大仰角方式发射炮弹，使之弹着至少两次。此处形容用兵的方法，指用同一支部队先打击一处敌人，再打击另一处敌人。——译者注

★ 第九章 ★

出敌不意

从上一章所谈的内容（一般应争取相对优势）就已经可以得出另一个人们同样一般应争取的，这就是**出敌不意**。出敌不意或多或少是所有行动的基础，因为没有它，要在决定性的地点取得优势简直是不可想象的。

因此出敌不意成为取得优势的手段，但除此以外，从其精神效果来看，还应将它视为一个独立的要素。但凡出敌不意在很大程度上取得成功的地方，对手就会因此而出现混乱和失去勇气，而这些会成倍地扩大我方的胜利，在这方面有很多大大小小的例子。我们这里所说的出敌不意并不是指进攻范畴内的狭义上的袭击，而是努力以各种举措（尤其是以兵力分配）使对手措手不及。这种出敌不意在防御中同样可以采用，而且在战术防御中是一个非常重要的手段。

我们说，出敌不意毫无例外是所有行动的基础，只是根据行动和其他条件的不同本性而在程度上很不相同。

这种程度上的区别由于军队、统帅乃至政府的不同特点就已经存在了。

保密和迅速是出敌不意的两个因素，两者以政府和统帅拥有大的魄力和军队能够严肃执行任务为前提，以软弱和松懈是无法达成出敌不意的。然而，尽管这种努力是普遍存在的（绝对必要的），尽管这种努力确实不会毫无效果，但是达到**非常成功**程度的出敌不意也的确不多，这是符合事物本性的。因此，如果有人认为主要通过这种手段就可以在战争中有很多收获，那么这是一种错误的想法。在想法上，出敌不意带给我们很多期许，但在实施中，出敌不意却多半卡在整个机器[1]遇到的阻力中。

出敌不意更多是在战术范围运用，原因自然是由于战术上涉及的时间较短，空间较小。因此在战略上，越是接近战术范围的举措，就越有可能实现出敌不意；越是向上接近政治范畴的举措，就越难以实现出敌不意。

准备战争通常需要数月，在大的部署地点集结部队，多半要求建立物资库和补给站以及大规模行军，而行军方向很快就会被人知道。

因此，一个国家能够出敌不意地向其他国家发起战争，或者能够出敌不意地将大量兵力指向另一个国家，是极少见的。在17、18世纪，战争多围绕着围攻进行，出敌不意地包围一处坚固的要塞是人们经过多种努力要做成的一件事，并且是军事艺术中完全特有的重要一章，而这也罕有成功的例子。

相反，一两天内就可以完成的行动更容易达成出敌不意。因此比敌人抢先一日行程，从而先敌占领某地区的一处阵地、一个地点或者一条道路等等，往往并不困难。不过很清楚，这样的出敌不意虽然较容易达到，但效果也较小。反之，如果出敌不意的难度较大，则其效果也较大。谁要是相信小举措达成的这种出敌不意往往能取得大的战果（例如赢得一次会战或夺占一个重要物资库），那他就是相信一些大可想象、却未经历史检验的东西，因为一般来说，这种小的出敌不意产生大战果的例子是很少的。由此可以得出结论：通过小规模的出敌不意收到大效果是很困难的。

当然，一个从历史上探寻这些问题的人不应拘泥于历史评论者的某些用于炫耀的观点、说教以及他们自鸣得意的术语，而应正视事实本身。例如在1761年的西里西亚战局中，就有某一天以出敌不意而闻名，这就是7月22日。当天，弗里德里希大帝在尼斯[2]附近抢到了正开赴诺森[3]的劳东[4]将军的前面。据说，这

---

[1]指部队。——译者
[2]尼斯（Neisse），今波兰奥波莱省城市尼斯（Nysa），位于格拉策尼斯河河畔。——译者注
[3]诺森（Nossen），今德国萨克森州一小城市，东距德累斯顿31公里。——译者注
[4]劳东（Gideon Ernst Freiherr von Laudon，1717—1790），男爵，奥地利元帅。——译者注

使奥军和俄军无法在上西里西亚[1]会合，从而为国王赢得了四周时间[2]。但是谁要是仔细阅读一下主要历史记述者们[3][4]对这一事件的记载，并且不抱偏见地做些思考，他就从不会在7月22日的行军中找到这样的意义，反而看到有关这次行军的流行的推论只是自相矛盾，看到劳东在这以机动著称的时间段里，其很多行动却没有什么动机。在渴望得到真相和确证的今天，人们怎么能让这样一个历史证明大行其道呢？

人们在战局过程中要想利用出敌不意的原则取得大的效果，一般会想到采取一次大的行动、迅速定下决心和强行军，这些应该为取得大效果提供手段。弗里德里希大帝和拿破仑是公认的在这方面造诣最深的统帅，但是从他们的战例中可以看到，即使他们在很大程度上做到了这些，也并非总能达到预期的效果。弗里德里希大帝在1760年7月非常突然地从包岑[5]袭击了拉齐，并转向德累斯顿，而他实际上从这整个插曲中一无所获，反而丢掉了格拉茨[6]，使自己的处境显著恶化了[7]。

拿破仑在1813年两次突然从德累斯顿转攻布吕歇尔，但两次都完全没有收到预期效果，都扑了空，只是浪费了他的时间和兵力，而且使德累斯顿陷入十

---

[1] 上西里西亚（Oberschlesien），指西里西亚地区的东南部，今大部分属波兰，小部分属捷克。——译者注
[2] 在七年战争中，1761年7月，奥地利的劳东将军和俄国的布图尔林元帅意图在上西里西亚会合，之后与弗里德里希二世决战。但弗里德里希二世于7月22日进至尼斯附近，插在俄奥两军之间，使联军不得不放弃在上西里西亚会合的计划，到8月19日才在下西里西亚会合。——译者注
[3] 指滕佩尔霍夫、"老兵"、弗里德里希大帝。——作者注
[4] 其中作者所说的"老兵"指的是《一位奥地利老兵的自白——对普鲁士国王弗里德里希二世执政时期奥地利与普鲁士之间微妙的政治–军事关系的考察》（1781—1791，在布雷斯劳出版）一书的匿名作者。——译者注
[5] 包岑（Bautzen），今德国萨克森州一城市，西距德累斯顿约60公里。——译者注
[6] 格拉茨（Glatz），即今波兰下西里西亚省南部城市克沃兹科（Ktodzko）。——译者注
[7] 1760年6月，奥地利军队击败在西里西亚的普鲁士军队，并包围格拉茨要塞。7月，弗里德里希二世为救援西里西亚，从萨克森开赴西里西亚，受到道恩所率奥军的阻截，于是在包岑突然回头袭击拉齐所率的奥军，拉齐退入德累斯顿，弗里德里希二世又袭击德累斯顿。两次袭击都没有得到好处。26日，格拉茨要塞被奥军攻陷，弗里德里希二世的处境反而更为恶化。——译者注

分危险的境地[1]。至于他从上劳西茨[2]突入波希米亚[3]的效果，就更不用说了[4]。

因此，人们在战争中要通过出敌不意取得大的战果，仅依靠指挥官的行动、魄力和果断同样是不够的，还必须具备其他有利条件。但是我们并非要完全否认出敌不意可能取得的战果，只是想指出战果与必要的有利条件是不可分的，而这些条件并不是常有的，指挥官很少能把它们创造出来。

在这方面，这两位统帅也各自提供了鲜活的例子。1814年，当布吕歇尔的部队与主力分开，沿马恩河向下游行进时，拿破仑对他采取了一次著名的行动。长达两天的旨在出敌不意的行军要想取得较大战果是不容易的。布吕歇尔部队的行军长度达到了三日行程，结果被各个击破，受到相当于一次主力会战失败的损失。这完全是出敌不意达成的效果，因为假如布吕歇尔料到拿破仑很快会进攻他，他就会完全以另一种方式组织行军了。拿破仑此次出敌不意所取得的战果与布吕歇尔在组织行军方面的错误是分不开的。当然拿破仑并不知道这些情况，因此对他来说，这次成功掺有幸运的偶然性。

1760年的利格尼茨会战也是如此。弗里德里希大帝赢得了这次漂亮的会战，因为他进入一处阵地后不久，当夜就又变换了阵地，这完全出乎劳东的意料，结果劳东损失了70门炮和1万人。尽管当时弗里德里希大帝遵循了来回机动的原则，以避免会战或者至少打乱敌人的计划，但是14日夜间变换阵地并不是出于这一意图，而是因为如国王自己所说，他不喜欢14日的阵地。因此偶然性在这里也起着很大的作用。如果劳东的进攻未碰到弗里德里希大帝夜间变换阵地，未碰到难以

---

［1］1813年8—9月，拿破仑两次从德累斯顿出发，向东进攻布吕歇尔：8月中旬，布吕歇尔率普军西进，在莱格尼察附近击败法国奈伊元帅，拿破仑于是20日从德累斯顿出发，进攻布吕歇尔，但施瓦岑贝格率联军主力北上，德累斯顿告急，拿破仑只好令麦克唐纳继续追击普军，自己连夜赶回德累斯顿；9月，布吕歇尔第二次进逼包岑，拿破仑再度向东出击。布吕歇尔主动后撤，拿破仑怕联军乘机再攻德累斯顿，只好退回德累斯顿。——译者注

［2］上劳西茨（die Oberlausitz），地区名，指劳西茨地区的中部地区，约67%属今德国萨克森州，3%属勃兰登堡州，30%属波兰。多丘陵。——译者注

［3］波希米亚（Böhmen），历史地域名，包括今捷克中西部地区，面积5.2万余平方公里。——译者注

［4］1813年8月，拿破仑从德累斯顿向东攻击布吕歇尔时，为牵制在波希米亚的施瓦岑贝格指挥的联军，曾派波尼亚托夫斯基将军从上劳西茨地区的齐陶对波希米亚进行佯攻。但是施瓦岑贝格此时已越过埃尔茨山脉，进军德累斯顿，法军的佯攻并未起到作用。——译者注

通过的地形，那么结果就不是这样了。

在较高和最高的战略范围内也有一些出敌不意获得丰硕战果的例子。对此，我们只要指出以下三个例子就够了：一是大选帝侯[1]与瑞典人作战时，从弗兰肯[2]到波莫瑞[3]，以及从边区[4]到普雷戈尔河[5]的两次辉煌的进军[6]；二是1757年战局；三是1800年拿破仑翻越阿尔卑斯山脉的著名行动[7]。在1800年这个战例中，一支部队投降后交出了整个战区；在1757年战局中，另一支部队几乎要交出其战区并投降[8]。最后，作为一场完全出敌不意的战争的例子，人们还可以举出弗里德里希大帝攻入西里西亚。上述各例中的战果都是非常大的，但是这种情况在历史上很少见，前提是人们不把这种情况与一个国家由于缺乏行动和毅力而没有做好战争准备的情况混为一谈（如1756年的萨克森[9]和1812年的俄国）。

现在还要谈谈涉及出敌不意的一个核心问题，这就是：谁能左右对方，谁才

---

[1] 指勃兰登堡选帝侯弗里德里希·威廉（Friedrich Wilhelm von Brandenburg，1620—1688）。——译者注
[2] 弗兰肯（Franken），历史地域名，曾是公国，包括阿尔萨斯以北和科布伦茨以南的莱茵河和美因河流域广大地区。——译者注
[3] 波莫瑞（Pommern），历史地域名，包括波罗的海南部沿海广大地区。以奥得河口为界，以西今属德国，称西波莫瑞或前波莫瑞；以东今属波兰，称东波莫瑞或后波莫瑞。——译者注
[4] 指勃兰登堡边区（Mark Brandenburg），存在于1157—1815年，包括"老边区"（易北河以西地区，今德国萨克森-安哈尔特州一部分）、核心区"中边区"（易北河与奥得河之间地区，今德国勃兰登堡州的一部分和柏林州的一部分）、"新边区"（奥得河以东地区），以及下劳西茨的部分地区。——译者注
[5] 普雷戈尔河（der Pregel），即普列戈利亚河，流经今俄罗斯加里宁格勒州，流入波罗的海，长292公里。——译者注
[6] 1674年，勃兰登堡大选帝侯参加神圣罗马帝国对法国的进攻，次年退回弗兰肯，获悉瑞典军队攻入勃兰登堡边区，便迅速赶回，袭击瑞典军队，占领了哈弗尔河上的重要渡河点，将瑞典军队击败。瑞典人于1678年攻入东普鲁士，大选帝侯到达维斯瓦河，追击瑞典军队一直到里加附近。——译者注
[7] 1800年5月中旬，拿破仑率领一支新组成的军队越过阿尔卑斯山脉，进军北意大利，突然出现在梅拉斯指挥的奥军背后。6月14日，双方进行马伦戈会战，奥军失败。梅拉斯与拿破仑达成协议，奥军退至明乔河东岸，交出北意大利战区。——译者注
[8] 1757年战局是七年战争（1756—1763）的第二个战局。在该战局中，普鲁士国王弗里德里希二世利用法奥俄联军步调不一致（法国于春天开始战斗行动，而俄国于夏天才开始行动），以及联军30余万人展开缓慢等弱点，采取迂回、机动、围攻等多种战法，最终在1757年战局中获胜。作者在本书第十卷第三篇第二部分第二章对该战局有详细的记述和评论。——译者注
[9] 萨克森（Sachsen），易北河中游的一个地区，今德国东部萨克森自由州（Freistaat Sachsen），首府为德累斯顿。历史上曾是公国、选帝侯国、王国、大公国。1356—1806年期间是神圣罗马帝国的一个选帝侯国。——译者注

能做到出敌不意，而只有行动正确的一方才能左右对方。如果我们采取出敌不意行动时采用了错误的举措，那么我们不仅不会取得好的结果，反而也许会受到对手的有力回击，无论如何对手无须对我们的举措特别担心，会从我们的错误中找到趋利避害的手段。进攻比防御包含更多的积极行动，因此出敌不意自然也就更多地为进攻者所采用，但是正如我们在后面要谈到的那样，这也不是绝对的。进攻者和防御者也可能同时采取出敌不意的行动，此时谁的举措最恰当，谁想必就会占上风。

理论上讲应该是这样的，但现实生活也并非如此严格地遵守这一准则，而且是出自一个简单的原因。出敌不意带来的精神作用，对那些乐于运用它的人来说，往往能使最坏的事情变成好事，并使另一方不能正常地定下决心。特别是在这里，我们所指的不仅是对方的高级指挥官，而且还指每一位指挥官，因为出敌不意的效果的特点就是使部队的一致性大幅下降，让每个人的个性在这时都很容易表现出来。

在这里，很多都取决于对立双方所处的总的情况。如果其中一方由于在总的精神方面占有优势，已经使对方失去勇气和惊慌失措，那么这一方利用出敌不意就能取得更多的战果，甚至在本该被消灭时也会取得好的结果。

★ 第十章 ★
诡诈

　　诡诈是以隐藏意图为前提的，因此与直率的、无所隐讳的，即直接的行动方式是相对立的，就如同双关语与直接的表白相对立一样。因此它与说服、收买、压服等手段没有任何共同之处，而是与欺骗有很多共同之处，因为欺骗同样是隐藏自己的意图。如果诡诈完全得逞，它本身甚至就是一种欺骗，但是由于它并不是直接的言而无信，因此和一般的所谓欺骗还是有所区别的。使用诡诈的人让他要欺骗的人自己在理解上犯错误，最后这些错误形成一个效果，使被欺骗者突然间看不到事物的本质。因此可以说：如果双关语是在想法和概念上变戏法，那么诡诈就是在行动上变戏法。

　　初看上去，战略这个名称来源于诡诈这个词不无道理，而且尽管自希腊时代以来，战争的大的内在联系发生了很多真正的和表面的变化，但战略这个名称还是依然能显示出其原本的诡诈的本质。

　　如果人们认为把暴力行为（战斗本身）的实施交给战术，而把战略看作巧妙运用战斗的一种艺术，那么除了各种情感力量（总是像压缩待发的弹簧一样的炽热的荣誉心和不易屈服的坚强意志等）以外，其他禀赋似乎都不能像诡诈那样适于指导和鼓舞战略活动。在上一章，我们谈到要尽量争取出敌不意，其中就已经含有这个意思，因为任何一次出敌不意都是以诡诈（即使程度很小）为基础的。

尽管人们感到非常需要了解战争中双方指挥官在狡猾、机智和计谋方面的较量情况，但是人们不得不承认，在史料中很少记载这方面的情况，而且很少能从大量的关系和情况中把它们整理出来。

出现上述情况的原因是显而易见的，它们与上一章所谈的大致相同。

战略的活动无非是以关系到战斗的举措部署战斗。战略不像生活的其余领域那样关心单纯存在于言辞上的活动，例如谈话、声明等，但使用诡诈的人进行欺骗时，利用的主要就是这些廉价的东西。

在战争中与此类似的活动包括：发布只是用于欺骗的计划和命令，故意向敌人传递假消息，等等。这些活动对战略领域来说，作用通常很小，只有在出现个别的、送上门的机会时才会运用，因此不能视其为指挥官自主进行的活动。

但是要把这样的活动（例如部署战斗）进行到让敌人受骗的程度，就要求花费较多的时间和兵力，而且敌人的数量越多，另一方花费的时间和兵力就越多。而由于人们通常不愿为此付出这些代价，因此所谓的佯动在战略上极少能收到预期的效果。实际上，将大量兵力较长时间纯粹地用于欺骗是危险的，因为人们这样总是面临枉费心机的危险，而同时在决定性的地点又缺少这些兵力。

指挥官在战争中应该总是觉察到这一平凡的真理，从而失去玩狡猾运动把戏的兴趣。严酷的采取行动的必要性大多迫使他直接行动，以至他根本没有玩弄这种把戏的余地。一句话，战略棋盘上的棋子是缺少敏捷性的，而敏捷性是诡诈和狡猾必需的因素。

我们得出的结论是：尽管诡诈在不必付出情感力量代价的情况下（然而往往要付出这些代价）没有什么害处，但是对统帅来说，正确和准确的眼力是比诡诈更为必要和更为有用的特性。

但是战略领导层可支配的力量越少，这些力量就越容易运用诡诈，以至于对兵力很少的小部队来说（统帅的谨慎和智慧已经不能惠及他们），当一切办法看来都已经无能为力时，诡诈就会成为他们最后的手段。其处境越是无助，越是不得不孤注一掷，诡诈就越能助长他们的胆量。丢掉一切其他打算，不再考虑一切后果，勇敢和诡诈有可能相互促进，使希望的微光集中于一点，成为唯一的一束也许还能引燃火焰的光芒。

★ 第十一章 ★
空间上的兵力集中

最好的战略是：始终**数量很多**，先是在总的方面，然后是在决定性的地点上。因此除了努力扩充兵员（这往往不是统帅所能决定的）以外，战略上最高和最简单的法则就是**集中兵力**。除了为完成一项**紧迫**的任务而把兵力调离以外，任何部队都不应脱离主力。我们应严格遵守这一法则，并把它看作一位可靠的向导。至于哪些有可能是分兵的理智的原因，我们以后会逐步了解。同时我们也会看到，上述原则并非在每场战争中都产生同样的普遍结果。由于目的和手段不同，这些结果是有变化的。

有些人只是按照习惯做法的模糊感觉就把部队分开和隔开了，但并不清楚为什么要这样做。这听上去令人难以置信，却出现过无数次。

如果人们认识到集中全部兵力是一个准则，任何分开和隔开兵力的做法都是必须有原因的，是对这一准则的偏离，那么就不仅可以完全避免这种愚蠢的做法，而且还可以杜绝某些错误的分兵理由。

★ 第十二章 ★
时间上的兵力集中

我们在这里要谈的概念在实际运用时很容易引起一些错觉，因此有必要把某些概念阐述和明确一下。为此，我们希望读者允许我们再做一简短的分析。

战争是互相对抗的力量的一种碰撞，从中自然得出结论：较多的力量不但可以抵消对方的力量，而且还会拖曳着它继续运动。因此从根本上说，这不允许力量持续（逐步）发挥作用，而是必须同时使用所有力量用于一次碰撞，这应视为战争的一项基本法则。

战争也确实是这样要求的，但也只是当斗争确实与机械碰撞一样时才这样要求。然而如果斗争是双方毁灭性力量持续的相互产生影响的过程，那么力量当然就有可能持续发挥作用。在战术上，这种情况主要因为火器是一切战术的主要基础，但也还有其他原因。如果在火力战中以1000人对500人，那么双方损失的大小与双方参战人数的多少有关系。1000人射出的子弹比500人射出的多一倍，但1000人中被击中的也会比500人中被击中的多（因为毕竟要假设1000人在一起的密度大于500人）。如果允许我们假设1000人中被击中的人数是500人中被击中人数的一倍，那么双方的损失就会相同。例如，假如500人中有200人退出战斗，那么1000人中同样有200人退出战斗。假如500人的一方在后面还有500人迄今保留在火力打击范围之外，那么双方此时虽均有800名参战人员，但是其中一方有500人是弹药充足、体力充沛的新锐力量，而另一方的800人却处于相同程度的松散状态，没有足够的弹药，体力也受到削弱。不过仅仅由于1000人比500人多一倍，就假设其损失比500人的一方大一倍，这样的假设当然是不对的。将半数兵力留作预备队的那一方在战斗一开始投入500人，损失200人，相对于1000人损失200人，前者损失更大，这必须被视为前者的一个不利和后者的一个有利之处。同样，在一般情况下必须承认，最初以1000人投入战斗、此时尚余800人的一方接下来很有可能将最初投入500人、此时在一线尚余300人的对手逐出其所在地，并迫使其退却，因此第一眼看上去，这对1000人一方来说可能是有利的。但是接下来他要以由于已经经历过战斗而队形散乱的800人的部队与敌人作战，而对方至少没有受到显著的削弱，而且有500名新锐力量，这对1000人一方是不利的。至于对1000人一方来说，上述两个对他有利的方面能否抵消另一个对他不利的方面，不再是我们通过进一步分析所能明确的，而是要根据经验来判断。在这里，凡是有一些战争经验的军官大概都会认为，在一般情况下，优势在拥有新锐力量的一方。

由此可见，在战斗中使用过大的兵力有可能变得不利，因为无论优势兵力在最初时刻可能带给我们多少好处，但也许在下一个时刻我们就不得不为此付出代价。

但是这一危险的程度与部队**序列混乱、受到瓦解和削弱**的程度是一样的，换句话说，与每次战斗都会带来的、**胜利的一方也会有的**危机程度是一样的。因此当双方均处于受到削弱的状态时，一支一定数量的相对新锐的力量的出现是决定性的。

当胜利者也面临的这种瓦解作用消失，只保留了每个胜利均能带来的士气方面的优势时，对方的新锐力量就无法再挽回败局了，而且也会被卷入失败的旋涡。一支被击败的部队不可能依靠一支大的预备队就在次日转败为胜。**我们在这里看到的是战术与战略之间一个极为重要区别的根源。**

战术上的成果，即在战斗**中**和在战斗结束前取得的成果，**绝大部分还是在那种受到瓦解和削弱的状态下取得的**；而战略上的成果，即整体战斗的成果或最终的胜利（无论大小），则已经**不是在**这种状态下取得的了。只有各部分战斗的成果汇聚成一个独立的整体时，战略上的成果才会出现，而此时危机状态已经不存在，部队重又恢复到原来的状态，损失的只是确实被消灭了的那部分部队。

这种区别带来的结果是：在战术上可以持续使用兵力，而在战略上只能同时使用兵力。

如果我方在战术上无法以最初的战果决定一切，如果我方不得不担心下一个时刻会发生什么，那么自然会得出以下结论：为最初的战果，我方只应使用看上去有必要使用的兵力，而把其余兵力保留在火力和白刃战的杀伤范围之外，以便能够以新锐力量对付敌方的新锐力量，或者以这些新锐力量战胜已经受到削弱的敌人。但在战略上就不是这样。一方面，如同我们上面指出过的那样，一旦在战略上取得了成果，就无须过于担心敌人反击，因为随着这一战略成果的出现，危机已经消失；另一方面，并不是所有的战略力量都一定**受到**削弱。只有那些在**战术上**与敌人有过冲突，即参加过部分战斗的力量才会受到敌方削弱，就是说，如果在战术上没有无谓地浪费兵力，那么受到削弱的就只是不可避免被削弱的那部分兵力，而绝不是在战略上与敌有冲突的全部兵力。在整体兵力占优势的情况下，那些很少或者根本没有参战的部队，仅仅由于其存在就可以与参战的部队一道起到决定性作用。决战结束后，这些部队还保持着原来的状态，就像没有参战的部队一样，可以用于新的目的。这种用于达成优势的部队对全面胜利做出的贡献有多么大，是十分清楚的。而且人们不难看出，这样的部队甚至能大幅减少我方与敌人有战术冲突的那部分兵力的损失。

因此，如果在战略上，损失没有随着使用兵力的增加而增加，甚至往往因此而减少，如果决战从中自然而然地对我们来说更有把握，那么自然可以得出结论：人们使用的兵力从来都不会过多，因此应同时使用现有的可以使用的兵力。

但是我们还要在另一方面彻底论证这句话。到目前为止，我们谈的只是斗争本身。斗争固然是真正的军事活动，但是对于作为这一活动载体而出现的人、时间、空间，也应予以考虑，对其作用所产生的结果也应一并加以考察。

战争中的疲惫、劳顿和物资匮乏是一种特殊的起到损害作用的因素。这一因素本质上并不属于斗争，但或多或少与斗争有密切的关系，而且尤其是与战略有密切的关系。在战术中尽管也有这一因素，也许还非常严重，但由于战术行动持续时间短，因此人们对劳顿和物资匮乏在战术行动中的影响可以不做太多考虑。但是在战略上，时间和空间的范围都比较大，这种影响往往不仅十分明显，而且往往是决定性的。一支胜利的部队因疾病而比因战斗减员多得多的现象是常见的。

如果我们像考察战术上的火力战和白刃战的损害范围那样来考察战略上的损害范围，那么我们当然就可以设想：受到这种损害的所有部队在战局或其他某个战略阶段结束时都会陷入受到削弱的状态，这使得一支新出现的新锐力量成为**决定性**的力量。因此人们在战略上也可能像在战术上一样，有意用尽量少的兵力来争取开始阶段的成果，以便把新锐力量留在最后使用。

为了对这种在很多实际运用的场合好像很有道理的想法做出准确的评价，我们必须探讨这一想法的各个具体概念。首先，人们不能把纯粹的援兵与一支新锐的、未经消耗的力量混淆起来。在大多数情况下，当战局临近结束时，无论是胜利者还是被战胜者，都迫切希望力量有新的增加，在他们看来这应该是决定性的。但我们在这里要谈的不是这个问题，因为假如一开始就多出这些兵力，也就没必要再增加兵力了。但是假如人们认为一支新开上战场的部队就其士气价值来说比已经在战场上的部队更值得重视，就像一个战术预备队比一支已经在战斗中受到很大损失的部队更值得重视一样，那么这种看法是与所有经验相矛盾的。一个失败的战局会使部队的勇气和精神力量减少，同样，一个胜利的战局会提高部队在这方面的价值，这些影响总的来看是相互抵消的，之后还有战争历练作为纯粹的利润留了下来。此外，人们在这里应该更多地关注胜利的战局，而非失利的战局，因为失利的战局更有可能让人预料到，而且在这种战局中，兵力已然不足，不可能设想把一部分兵力留待以后使用。

解决这个问题以后，还有一个问题：部队由于劳顿和物资匮乏而受到的损失是否像在战斗中一样，会随着部队规模的加大而增加呢？人们对此的回答必须是否定的。

劳顿绝大部分产生于危险，而军事行动的每个瞬间都或多或少地贯穿着危险。处处应对这些危险，在行动中安全地前行，这是部队大量战术和战略勤务活动的内容。部队人数越少，执行这种勤务的难度就越大；对敌优势越大，执行这种勤务就越容易。对此谁会怀疑呢？因此在一个战局中，如果敌人比我们少得多，那么比起兵力相等甚或敌人比我们多的情况，我们付出的劳顿也较少。

上面所说的是关于劳顿的问题，而物资匮乏的问题有些不同。物资匮乏主要存在于两个方面：给养品的匮乏和部队住处的匮乏（无论是在舍营地，还是在舒适的营垒中）。在同一地点的部队越多，这两方面的匮乏当然也就越严重。不过这些优势兵力不也正是提供了一个最好的手段，去扩展和取得更大的空间，从而取得更多的给养和住宿条件吗？

1812年拿破仑在俄国推进时，史无前例地把他的部队大量集中在一条大路上，从而造成了同样史无前例的物资匮乏。人们不得不把这归咎于他的那条原则：在决定性的点上应尽量集中最多的兵力。他在这里是否过分强调了这条原则，不是我们这里要讨论的问题，但有一点是可以肯定的：假如他要避免因此而产生的物资匮乏，他只需以更大的宽度推进。他在俄国不缺少空间，只在极少的情况下会缺少。因此我们从这方面找不出任何根据可以证明同时使用优势很大的兵力一定就会导致部队受到更大的削弱。如果有人认为，风雨等恶劣天气和战争中不可避免的劳顿也会使人们可以留待以后使用的那部分兵力受到削弱（尽管这部分兵力减轻了整个行动的压力），那么人们首先还是应把一切联系起来做全面的考察，并试问：这支部队受到的削弱和我们通过优势兵力以多种方式能够赢得的力量会一样多吗？

现在还有十分重要的一点需要加以论述。在部分战斗中，人们可以比较容易地大致确定为取得预设的某个较大战果需要多少兵力，从而也就能确定会富余多少兵力。但在战略上是不可能做到这一点的，因为战略上要取得的战果没有如此明确的内容，也没有如此近的界限。因此在战术上可以看作富余的那部分兵力，在战略上必须看作伺机扩大战果的一个手段。利润的百分比是随战果的扩大而增加的，因此以这种方式使用优势兵力很快就可以取得最谨慎的节制用兵所永远得不到的东西。

1812年，拿破仑凭借其巨大的优势得以推进到莫斯科，并占领了这个首都。假如他还能凭借这一优势完全粉碎俄国的军队，那么他就很有可能在莫斯科缔结一个通过任何其他途径都难以达成的和约。这个例子只是用来说明上述观点，不是用来证明它。如果要证明它，就需要详尽的阐述，而这里不是这样做的地方。

以上全部考察针对的只是逐步用兵的观点，不是针对预备队这个概念本身。这些考察固然已经不断地涉及预备队这个概念，但是正如我们在下一章将要谈到的那样，这一概念还与其他概念有联系。

我们在这里要明确的是：在战术范围，单是实际使用部队的**持续时间**，就能使部队受到削弱，因此时间是削弱部队的一个因素，但在战略范围基本上不是这样的。在战略范围，虽然时间对军队也起损害的作用，但是这种损害作用部分由于兵力众多而减弱了，部分则通过其他方式得到了补偿，因此在战略上不能有通过逐步用兵而**为了时间本身的缘故**利用时间的意图。

我们之所以说"为了时间本身的缘故"，是因为时间由于它导致的、而又与它本身不同的其他情况而对交战双方中的一方可能（或者更确切地说是必然）有的价值是完全不同的，不是无所谓或无足轻重的，对这个问题我们将另做研究。

因此我们试图要阐明的法则是：所有确定用于某一战略目的的现有兵力应该**同时**用于这一目的，越是把所有兵力集中用于一个行动和一个时刻，这一运用就越完美。

但是在战略范围也因此会有再次发力和持续产生作用的问题，由于持续产生作用（持续展开新的力量）是争取最后胜利的一个主要手段，我们就更不能忽视这一作用。这也是另一章要讨论的问题，我们在这里提到它，只是为防止读者由于我们根本没有谈到，就不考虑有关问题。

现在我们转而考察一个与迄今论述有密切关系的内容，只有明确了这一内容，整个问题才能得到充分的说明。我们指的是**战略预备队**。

★ 第十三章 ★
战略预备队

  一支预备队有两个容易区分的任务：一是延长和恢复战斗，二是应对意外情况。第一个任务以逐步使用兵力可带来好处为前提，因此不会在战略范围内出现；而把一支部队派往正在被敌人控制的地点，显然应归入第二个任务的范畴，因为人们没有充分预见到要在这里进行抵抗。一支仅是为延长战斗而被留下来的部队，一般只会部署在火力范围以外，受这次战斗的指挥官指挥，那么它当然就是一支战术预备队，而非战略预备队。

  但是针对意外情况预留一支力量的需求也可能在战略范围出现，因此也可能会有战略预备队，不过只在有可能出现意外情况的地方。在战术范围，人们大多只是通过肉眼才观察了解到敌人的举措，而任何一处小林地和起伏地形的褶皱处都有可能遮挡住敌人的举措，因此人们自然总是要或多或少地立足于会发生意外情况而部署预备队，以便在发现敌人的举措后加强整个部署中显得薄弱的环节，并且尽量根据敌人的举措来部署我方的力量。

  在战略范围想必也会出现这样的情况，因为战略行动是直接与战术行动相关联的。在战略上，同样有些部署也只是根据肉眼观察和每日每时获得的不牢靠的情报，以及最后根据战斗的实际结果才能确定。因此根据情况不确定的程度留有一定兵力备用，是战略指挥的一个重要条件。

众所周知，在防御中，特别是在江河、山地这些特定地形的防御中会不断出现这种情况。

但是战略活动距战术活动越远，这种不确定性就越小；当战略活动接近政治领域时，这种不确定性就几乎完全不存在了。

敌人把他的几路部队带向什么地方去进行会战，只能通过肉眼观察去了解；敌人将在什么地方渡过一条河，可以从他渡河前不久暴露出的少量准备举措中了解；至于敌人将从哪个方向入侵我国，通常还在一枪未发以前，就由所有的报纸预告出来了。人们所采取举措的规模越大，就越难做到出敌不意。时间是如此之长，空间是如此之大，产生行动的因素又是如此众所周知和难以改变，以至人们要么可以有足够的时间得知它，要么可以有把握地推断出来。

而另一方面，举措越向上涉及全局，战略预备队（假如有的话）的作用也就越小。

我们看到，一次部分战斗的胜负本身没什么意义，所有部分战斗在整体战斗的胜负中才能找到其结局。

但是即使是整体战斗的这一胜负也只具有不同程度的相对的意义，其大小取决于被击败的敌军在其全部兵力中所占比例和重要性的大小。一支部队在一场小规模会战中的失利可以用大部队最终的胜利来弥补，甚至一支大部队在会战中的失利不仅可以由一支更大部队赢得的会战来抵消，而且还可以转败为胜（例如1813年在库尔姆的两天会战[1]）。没有人能怀疑这一点。但是同样清楚的是：被击败的那部分敌军越重要，胜利（每个整体战斗的幸运结局）的重要性也就越有独立的意义，敌人通过以后的行动来挽回失败的可能性也就越小。至于如何进一步明确这一点，我们将在其他地方进行考察。对我们来说，在这里提醒读者注意这种对应关系是明确存在的就足够了。

现在我们在上述两点以外再加上第三点：如果说在战术上持续使用兵力总是把主力决战推到整个行动的最后进行，而在战略上同时使用兵力的法则又几乎总

---

[1] 1813年8月德累斯顿会战后，法国旺达姆将军率3万人欲从萨克森突入波希米亚。8月29日和30日，被俄、普、奥联军包围于波希米亚的库尔姆村（Kulm，即今捷克小城克鲁梅克）附近，旺达姆本人被俘，部队损失1万余人。此次库尔姆会战基本上抵消了拿破仑在德累斯顿会战中的胜利。——译者注

是让主力决战（它不必是最后决战）在大规模行动刚开始时就进行，那么我们根据以上这三点结论就有充分的理由认为：战略预备队的任务越广泛，其必要性就越小，带来的好处就越少，带来的危险就越大。

要指出保留战略预备队的想法从哪里开始变得自相矛盾并不困难，这就是**主力决战**。人们应将全部兵力投入到主力决战中去，而计划把现有部队的任何预备队留在这一决战以后使用的想法是荒谬的。

因此，如果说预备队在战术上不仅是应付敌人在我预料之外部署的手段，而且还是战斗失利时挽回从来不可预见的后果的手段，那么人们在战略上（至少在涉及大的决战时）就必须弃用这一手段。对于某处的失利，在战略上通常只能通过在其他地点得到的好处来挽回，在少数情况下可以通过把兵力从一处调到另一处来挽回，但是在战略上决不应该或允许有预留兵力应对这种失利的想法。

我们已经宣布，保留一支战略预备队，不让它参加主力决战的想法是荒谬的。其荒谬是如此毫无疑问，以至假如这种想法不是在其他概念的伪装下显得稍好些，从而经常出现的话，我们根本不会尝试在这两章对它进行如此详细的分析。有人认为这一想法是战略智慧和谨慎小心所收获的果实，有人则否定这一想法，并连带着一概否定任何保留预备队的想法（包括保留战术预备队的想法）。这种想法混乱的情况也转而进入到现实生活中。如果人们想看一下这方面突出的例子，那么可以回忆一下1806年，普鲁士让符腾堡[1]的欧根[2]亲王指挥一支2万人的预备队驻扎在边区，结果这支预备队无法再及时抵达萨勒河[3]，普军的另外2.5万人留在东普鲁士[4]和南普鲁士[5]，人们想把他们作为预备队，以后再投入

---

[1] 指符腾堡公国（Herzogtum Württemberg），存在于1482—1806年，是神圣罗马帝国的一部分。——译者注

[2] 欧根（Eugen Friedrich Heinrich von Württemberg，1758—1822），符腾堡公爵。在1806年10月18日的耶拿会战中，其指挥的普鲁士预备队被贝纳多特率领的法军击败。——译者注

[3] 萨勒河（die Saale），易北河的一条支流，流经耶拿、哈雷、马格德堡等地，长413公里。——译者注

[4] 东普鲁士（Ostpreussen），历史上是普鲁士王国及后来德意志帝国的一个省（1773—1829），位于波罗的海的东南海岸。——译者注

[5] 南普鲁士（Südpreussen），历史上是普鲁士的一个省（1793—1807）。——译者注

战场[1]。

看到这些例子,人们也许就不会责备我们是像大战风车那样捕风捉影了[2]。

---

[1] 1806年普法战争中,普鲁士国王将符腾堡的欧根亲王指挥的萨克森部队(约2万人)作为预备队留在勃兰登堡边区,并在东普鲁士、南普鲁士和西里西亚等地保留30多个步兵营和50多个骑兵连。这些兵力在耶拿和奥尔施泰特会战中要么由于投入过晚而失利,要么根本没有派上用场。——译者注

[2] 作者在此引用西班牙作家塞万提斯小说《堂吉诃德》(*Don Quixote*)中的故事。故事主角堂吉诃德幻想自己是个骑士,做出诸如大战风车等种种荒唐行径。后人常以堂吉诃德这个人物比喻捕风捉影和脱离现实的人。——译者注

★ 第十四章 ★
兵力的合理使用

如同我们说过的那样，思索的小路极少能被众多的原则和观点挤压为纯粹的一条线，而总是有一定的余地。在实际生活的一切艺术中也是如此。用横坐标和纵坐标是描不出美丽线条的，用代数公式是做不出圆和椭圆的。因此指挥官在判断时有时要依靠更敏感的直觉，这种直觉源自天赋的敏锐，并经过深入思考的训练，几乎下意识地就可以察明真相；有时则要把法则简化为突出的要点，形成行动的规则；有时还要把惯用的方法作为行动的依据。

因此指挥官应始终注意让所有兵力发挥作用，或者换句话说，应随时注意不要让任何一部分兵力无事可做。我们认为这一观点就是这样一个简化得来的要点，是有助于思维的一个抓手。谁在没必要部署兵力的地方部署了兵力，谁在受到敌人进攻时还让一部分部队在行军（也就是说，这部分部队没有发挥作用），谁就是不善于合理用兵。从这个意义上说，有而不用比用而不当更糟糕。一旦要行动，首先就要让所有的部队都行动起来，因为即使是最不恰当的活动毕竟也能牵制和击败一部分敌人，而完全搁置不用的部队在这一时刻是起不到任何作用的。显而易见，这个观点与前三章阐述的原则是联系在一起的，是同一个真理。我们只不过是从更广泛的角度进行考察，把它归纳成一个单独的概念。

★ 第十五章 ★

几何要素

　　几何要素或部队部署的形状在多大程度上会成为战争中的一个主要因素，我们在筑城术上就可以看到。在筑城术中，几何学几乎支配着从小到大的一切问题。在战术上，几何学也扮演着一个重要的角色。在狭义的战术上，即关于部队运动的理论中，几何学是基础，而在野战筑城术以及在关于阵地和对阵地进攻的理论中，几何学的角和线则像裁决争端的立法者一样居于统治地位。在这里，有些几何要素被用错了，另外一些则只是毫无意义的游戏。尽管如此，恰恰是在每战必求包围对手的现代战术中，几何要素又重新有了大的影响，得到很简单但却反复的运用。现代战术比起要塞战来，一切都更为机动，精神力量、个人特点和偶然性都起着更大的作用，因此几何要素不可能像在要塞战中那样居于统治地位。在战略范围，几何要素的影响就更小了。在这里，兵力部署和国土的形状固然也有很大的影响，但几何要素不像在筑城术中那样是**决定性**的，而且很长时间以来都不像在战术中那样重要了。至于这种影响是以什么方式表现出来的，只有当以后几何要素出现并值得注意时，我们才能逐步予以阐明[1]。在这里我们只想提请读者注意几何要素在战术与战略之间的差别。

　　在战术范围，时间和空间很快会向其绝对最小值的方向退缩。一支部队如

---

[1] 参阅本书第二卷第五篇第十五章和第十六章。——译者注

果在侧面和背后受到敌人一支部队的进攻，很快就会陷入根本没有退路的境地。这种处境接近于绝对无法继续战斗，因此这支部队必须摆脱或者防止陷入这种境地。这种在侧面和后面的兵力部署一开始就使得所有致力于让对手陷入这种境地的战斗行动具有大的效果，这一效果主要体现在让对手对后果产生担忧。因此兵力部署的几何形状是产生上述效果的一个很重要的因素。

但在战略范围，由于地域广、时间长，因此这一切只产生微弱的影响。人们不可能从一个战区射击到另一个战区，实现一个预定的战略迂回往往需要数周或数月时间，而且地域是如此之广，即使采取了最好的举措，要想准确达到目的也只有很小的可能性。

因此在战略范围，这些行动组合（其形成的几何形状）的效果要小得多，而人们暂且在一个地点上实际取得的效果要大得多。这一长处在受到可能失败的担忧干扰甚或抵消之前，有时间充分发挥其作用。因此我们敢于将以下这一点视为一个已经确定了的真理：在战略上更重要的是胜利战斗的次数和规模，而非这些战斗地点相连形成的大的线条形状。

但恰恰是相反的观点成为较新理论偏爱的题目，因为人们认为，这样可以使战略具有更大的重要性，而由于他们又把战略看作思维的更高功能，故以为这样就可以使战争变得更加高贵，用一个新的时髦词来说，就是可使战争**更科学**。我们认为，一个完整理论的主要用处就在于揭穿这些奇谈怪论。而由于几何要素是这些怪论惯于开始论述的主要概念，因此我们要特别强调这一点。

★ 第十六章 ★

军事行动中的停顿

如果人们把战争看作一个相互消灭的行为，那么人们想必要把交战双方想象成总的来说都是在前进的，但是就某一时刻而言，人们想必几乎同样要想象其中一方是在等待，只有另一方是在前进，因为双方的情况永远不可能完全相同或者永远保持相同。随着时间的推移将会出现交替，从而导致当前这个时刻对其中一方比对另一方更有利。假设双方统帅都完全了解这些情况，那么从中就会出现一个其中一方应采取行动的理由，而这个理由对另一方而言同时就成为一个等待的理由。据此，双方不会同时对前进感兴趣，也不会同时对等待感兴趣。我们在此排除双方同时追求同一个目的，不是出于普遍存在的两极性的理由（因此与第二篇第五章[1]的断言并不矛盾），而是由于对双方统帅而言，在这里确实是同一件事情成了他们下定决心的依据，这就是今后其各自处境改善或恶化的盖然性。

即使人们允许双方在这方面的情况有可能完全相同，或者人们考虑到，由于各自对对方情况了解不够，双方统帅有可能误认为情况是完全相同的，但是由于双方的政治目的不同，还是不可能出现双方都在等待（停顿）的情况。从政治上看，双方中的一方必然是进攻者，如果双方都持防御的意图，那就不会发生战争

---

[1] 原文如此，疑误。应为第一篇第一章。——译者注

了。进攻者抱有积极的目的，防御者抱有纯粹消极的目的；进攻者必须采取积极的行动，因为只有这样他才能达到积极的目的。因此在双方所处状况完全相同的情况下，积极的目的会要求进攻者采取行动。

根据这种想法，军事行动中的停顿严格说来是与事物的本性相矛盾的，因为两支军队就像两个敌对的因素，必然会不停地消灭对方，就像水火永远不会相容，而是相互作用，直到一方完全消失。但是人们对两个长时间僵持在一起、一动不动的摔跤手又如何解释呢？军事行动本应像一座上了发条的钟表不停地运动，但是不管战争的本性是多么野蛮，它毕竟受到人类弱点所组成的链条的束缚。在战争中，人们一方面在寻求和制造危险，但同时又害怕危险。对这一矛盾，没有人会感到奇怪。

如果我们笼统地看一下战史，看到的往往是与不停地奔向目标相反的现象。在战争中，**止步不前和按兵不动**非常明显是军队的**基本状态**，而**行动却是例外**。这几乎让我们怀疑前面所提观点的正确性。但是如果说战史是通过大量战事说明这一现象的，那么战史中距离我们最近的一系列战事又自动说明了我们的观点。革命战争已经充分表明这个观点的现实性，也充分证明了其必然性。在革命战争中，特别是在拿破仑的几次战局中，作战达到了最大限度发挥力量的程度。我们认为这是暴力的自然规律。因此战争达到这种程度是有可能的，而如果说达到这一程度是可能的，那么也就是说达到这一程度是必然的。

实际上，假如人们在战争中的目的不是行动，那么人们在理智面前又如何解释在战争中消耗的力量呢？面包师只在要烤面包时才烧热他的炉子；人们只在要乘车时才把马套在车上。如果人们做出战争这样巨大的努力，只是为了让敌人做出类似的努力，而不想从中得到其他其他东西，那么人们为什么要做出如此巨大的努力呢？

关于这个原则的总的方面，我们就解释这么多，现在来谈谈它在事物本性范围内的、不受具体情况影响的变化情况。

在这里要指出引起变化的三个原因，它们是内在的牵制力量，可以阻止战争这个钟表走得太快或者不停地走下去。

第一个原因是人类本性中的怯懦和犹豫不决。它使行动经常具有停顿的倾向，从而成为一种抑制因素，是精神世界中的一种重力，但不是由引力而是由斥力引起的，即是由害怕危险和担责而引起的。

在战争的烈火中，一般人想必会显得更沉重，因此要想让他们持续地运动，就必须更强烈和更经常地推动他们。仅是想到战争的目的，极少足以克服这种重力。如果没有一个尚武和富于进取的人统率（他在战争中如鱼得水一样适得其所），或者如果没有来自上级的巨大的责任压力，那么停止不前就会成为常事，前进就会成为例外。

第二个原因是人的认识和判断不完善。这一不完善在战争中比在任何其他地方都更突出，因为人们对自己的实时情况几乎无法了解，而对于对手的情况，由于其受到了遮掩，只能根据少量的情报加以猜测。因此这就常常引起这样一种情况：实际上同一种情况只对一方更为有利，但双方却都认为对自己有利。于是就像我们在第二篇第五章中讲过的那样，每一方都有可能认为等待另一个时刻是明智的做法。

第三个原因是防御更为有力。这一原因就像钟表里的一个掣子轮，不时会使行动完全停下来。甲可能觉得力量太弱而不能进攻乙，但不能因此就得出结论说，乙有足够的力量进攻甲。防御所拥有的附加的力量，通过进攻不仅会失去，而且还会转给对手，形象地说，就如同a+b和a-b的差等于2b，因此有可能出现双方不仅同时感觉无力进攻，而且确实如此的情况。

于是，即使是忧心忡忡的谨慎和对较大危险的畏惧，在军事艺术中也找到了舒适的立足点，以证明其存在是合理的，并抑制战争所固有的暴烈性。

然而上述三个原因还是难以解释为什么在过去那些不是重大利益冲突所引起的战争中会有长时间的停顿。在这些战争中，部队有十分之九的时间是在无所事事中度过的。这种现象主要是由一方的要求以及另一方的状态和情绪对战争进程的影响所引起的。关于这一点，我们在论战争的本性和目的那一章中[1]已经谈过了。

这些情况有可能产生很大的影响，以至战争成为不伦不类的东西。这样的战争往往和一种武装中立，或者为有利于谈判而摆出的威胁姿态差不多，或者只是一种使自己处于稍微有利的地位而后相机行事的和缓的尝试，或者尽量少地履行

---

[1]指第一篇第一章。——译者注

自己不愿履行的同盟义务。

在所有这些场合，利益冲撞不大，敌对因素不强，人们不想对对手采取很多行动，也不怎么担心对手采取行动。简单地说，在没有大的利益催促和驱动下，双方内阁不愿下很多赌注，于是就出现了这种温和的战争，真正战争的仇恨思维受到了束缚。

战争越是以这种方式成为一个不伦不类的东西，战争理论要得出其结论，就越缺乏必要的牢靠依据和基础，得出的必然的结论就越少，得出的偶然的结论就越多。

然而即便是在这样的战争中，才智也是能够发挥作用的，而且它在此的表现比在其他战争中也许更为多种多样，其活动范围也许更为广泛，就像赌金币的掷骰子豪赌变成了赌零钱的小赌一样。在这里，作战的时间都花费在装模作样的小行动上，花在半真半假的前哨战，没有任何效果的长时间部署，以及被后人称为可资借鉴的布阵和行军上（之所以被称为可资借鉴，只是因为这些布阵和行军的细小原因已经不为人所知，而一般人又无法想象出这些原因）。恰恰在这里，一些理论家找到了"真正"军事艺术的所在。他们从以往战争运用的这些虚晃一枪、隔挡、半突刺和四分之一突刺中找到了所有理论的研究目标，认为精神比物质重要。对他们来说，最近几次战争反倒是野蛮的搏斗，没有什么可值得学习的，只能视为向野蛮时代的倒退。这一观点和它论及的对象都是狭隘的。在缺乏巨大力量和激情的地方，小聪明当然就更容易施展它的把戏。但是指挥大规模的军队就如同在惊涛骇浪中掌舵，其本身不就是思维的一种更高级的活动吗？难道上述剑术没有包括和体现在真正的战法中吗？难道前者和后者的关系不像人们在船上的运动与船的运动的关系一样吗？实际上，这种剑术只有在"对手的剑术比我方差"这一不言自明的条件下才能采用。但是我们知道对手能满足这一条件多久吗？法国革命不正是在我们幻想旧式战法稳妥可靠的时候袭击了我们，把我们从沙隆赶到了莫斯科吗[1]？弗里德里希大帝不是也以类似的方式让安于以往战法的奥地利人大吃一惊，并震动了他们的君主国吗？如果一个内阁遇到一个只知内

---

［1］1792年普鲁士和奥地利联军在反法战争中曾到达法国沙隆附近。此后，反法联军节节败退。1812年，拿破仑率领法军抵达并短暂占领莫斯科。——译者注

在力量形成的法则而不知其他法则的野蛮对手时，采取似是而非的政策，运用墨守成规的军事艺术，那就真是太可怜了！那样的话，这一内阁在行动和努力上的任何懈怠等于在增加对手的力量；那样的话，这一内阁就很难把击剑架势转变为摔跤架势，对手往往只要轻轻一推，就会让它整个摔倒在地。

从上述所列原因可以得出结论：一次战局中的军事行动不是连续不断的，而是一阵一阵的；在各流血行动之间有一个观望期，双方均处于防御之中；一般来说，抱有较高目的的一方主要采取进攻的原则，从而让它总的来看处于前进的状态，并由此在一定程度上影响到它的行动。

★ 第十七章 ★

现代战争的特点[1]

人们必须考虑现代战争的特点，这种考虑对一切行动计划，特别是对战略计划有很大的影响。

拿破仑的幸运和果敢推翻了过去人们惯用的一切作战手段，很多一流国家几乎一击即溃。西班牙人通过他们持久的斗争表明，民众武装和起义尽管在个别方面还有弱点和被渗透性，但在总的方面还是能起到作用的。俄国通过其1812年战局告诫人们：第一，一个幅员辽阔的帝国是不可征服的；第二，会战的失利、首都和地区的失守并不是在所有情况下都降低获胜的可能性（过去对所有外交官来说，这种情况会降低获胜的可能性是一个原则，因此一旦遇到，他们就立即准备接受一个临时的不利和约）。1812年的俄国战局反而说明，当对手用于攻势的力量已经枯竭时，防御者在自己国土的纵深处往往是最有力的，然后就可以以巨大的力量转守为攻。此外，普鲁士在1813年表明，通过短时的努力能够以建立民兵[2]的方式，使一支军队的平时兵力增加六倍[3]，而且这些民兵在国外可以像在国内一样使用。上述这些情况均表明，民心和民意在国家力量、军事力量和作

---

［1］参阅本书第三卷第八篇第三章。——译者注
［2］指普鲁士当时根据后备军制度组织起来的部队。——译者注
［3］1806年普法战争后，普鲁士的军队按条约不得超过4.2万人。1813年战争开始前，普鲁士通过建立后备军将军队实际人数增加到25万人。——译者注

战力量所形成的结果中是一个多么重要的因素。在各国政府已经知道这些辅助手段后，人们很难设想他们在未来战争中不使用这些手段，不管是因为危险威胁到他们自己的生存，还是因为一种强烈的荣誉心驱使他们这样做。

显而易见，与以往双方只根据常备军兵力对比进行的战争相比，对双方以全国力量进行的战争要按不同的原则进行组织。以前常备军与国家其余部分的关系就如同它与舰队的关系，陆上力量与国家其余部分的关系就如同它与海上力量的关系，因此陆上的军事艺术曾采用海上战术的某些做法，现在已经完全不采用了。

★ 第十八章 ★

紧张与平静

战争的力学法则

我们在本篇第十六章已经看到，在大多数战局中，停顿和平静的时间比行动的时间要长得多。尽管我们在第十章[1]中又谈到现代战争具有完全不同的特点，但是我们仍可以肯定地说，本来的军事行动还是会被或长或短的间歇打断。因此我们有必要对这两种状态的实质做进一步的考察。

如果军事行动中出现了停顿，就是说双方都不想采取行动，那么就会出现平静，因此也就出现均势。当然这里指的是广义上的均势，不仅是指军队的物质和精神力量的均势，还包括一切关系和利益的均势。但是如果双方中有一方抱有新的积极目的，并且为达到这一目的而有了行动（即使只是一些准备活动），一旦对手对此进行了抵制，那么双方力量之间就会出现紧张。这种紧张状态将一直持续到决出胜负为止，也就是说，直到要么一方放弃自己的目的，要么另一方做出让步。

在双方决出胜负后（胜负产生的原因总是在于双方多场战斗组合产生的影响），就会出现向这一或另一方向的运动。

如果这个运动由于要克服困难（例如自己产生的阻力）或者新出现的对抗力

---

[1] 原文如此，疑误。应为上一章，即第十七章。——译者注

量而衰竭下来，则要么是再度出现平静，要么是出现新的紧张和决战，然后出现一个新的、在大多数情况下相反方向的运动。

对均势、紧张和运动进行的这种理论上的区分，对实际行动来说，比初看上去更为重要。

在平静和均势的状态下也会有某些活动，但是这些活动只是偶然的原因引起的，不是能导致重大变化的目的引起的。这种活动也可能包含大的战斗，甚至是主力会战，但是这种活动的本性毕竟是完全不同的，因此大多有不同的效果。

在紧张状态下，决战总是具有更大的效果，这一方面是由于人们的意志力和环境的压力在决战中能有更多的表现，另一方面是由于双方对这种大规模行动已经做了各方面的准备和组织。紧张状态下的决战犹如密闭很好的地雷爆炸，本身也许就是同样规模的战事，如果是在平静状态中发生，则或多或少类似于露天的火药在燃烧。

此外，不言而喻的是，人们应想到紧张是有不同程度的，因此从紧张到平静状态之间有很多不同的紧张程度，以至最弱的紧张状态与平静状态之间的区别很小。

上述考察中对我们最有益的是以下结论：同样的举措在紧张状态中比在均势状态中具有更大的重要性和更好的效果，而当紧张程度最大时，这一重要性也就最大。

瓦尔米炮战[1]比霍赫基尔希会战[2]更具决定性。

在敌人因无法防御而放弃给我们的地区驻防，与在敌人只是为在更有利条件下发起决战而退出的地区驻防相比，我们可以采取完全不同的方式。针对敌人正在进行的战略进攻，一处错误的阵地或者仅一次错误的行军都会带来决定性的后果，而在均势状态中，这些问题想必十分突出，才会刺激对手采取些行动。

像我们说过的那样，以往大多数战争的绝大部分时间是在这种均势状态中度过

---

[1] 1792年7月，普奥联军在布伦瑞克统率下攻入法国。9月20日，迪穆里埃（Charles-François Dumouriez, 1739—1823）和克勒曼（François-Étienne-Christophe Kellermann, 1735—1820）率法军在瓦尔米村（Valmy，今法国马恩省小镇圣默努尔德以西10公里处一村庄）附近与联军对峙，双方进行炮战。由于法军火炮优于联军，且军官训练有素，最后双方虽未明确分出胜负，但联军还是且战且退，退至莱茵河东岸。——译者注
[2] 1758年10月14日夜间，弗里德里希二世在霍赫基尔希（Hochkirch，今德国萨克森州一小镇）受到奥军元帅道恩和劳东的袭击而战败。一般将失败的原因归咎于弗里德里希二世选择营垒不当。——译者注

的，或者至少是在程度较轻、停顿较长和作用较小的紧张状态中度过的，以至在这两种状态下发生的战事很少产生大的结果。它们有时只是为了庆祝某位女君主诞辰的即兴之作（例如霍赫基尔希会战）[1]，有时只是为了争取军人的荣誉感（例如库讷斯多夫会战[2]），有时只是为了满足统帅的虚荣心（例如弗赖贝格会战[3]）。

统帅必须清楚地辨识这些状态，针对这些状态要有合理行动的直觉。我们认为这是一个很高的要求。1806年战局的经验告诉我们，人们有时距这个要求还很远。当时已经处于高度紧张的状态，一切迹象均表明要进行一场主力决战，统帅本应把全部心思都放在这个事关重大的主力决战上。在这一紧张状态中，普鲁士的统帅也提出了一些举措，部分举措也已付诸实施（例如前往弗兰肯侦察[4]），但这些举措顶多是一些在均势状态中能引起微弱震动的活动。人们只注意到了采取和采纳这些混乱的、浪费精力的举措和意见，却忘了采取必要的、独自即能挽救局势的举措。

我们所做的这种理论上的区分，对进一步建立我们的理论也是必要的，因为我们对进攻和防御的关系以及这两方面行动的实施所要谈的一切，都与危机状态（各种力量在紧张和运动期间所处的状态）有关，而对均势状态中可能出现的一切活动，我们只视作附加的东西加以处理，因为危机是真正的战争，而均势只是危机的一个反射物[5]。

---

[1] 原文如此，疑误。霍赫基尔希会战于1758年10月14日进行，而奥地利大公和神圣罗马帝国皇后特蕾西娅生于1717年5月13日，故此次会战更有可能是为纪念其继位（1740年10月20日）。——译者注

[2] 1759年8月12日，弗里德里希二世率普军在库讷斯多夫（Kunersdorf，即今波兰卢布斯卡省村庄库诺维采）附近对奥俄联军的坚固阵地发起进攻，经过激烈战斗夺得联军的左翼阵地。此后他不顾部下的反对和兵力劣势，执意以其著名的斜向战斗序列继续发起进攻，结果伤亡近2万人，损失惨重，弗里德里希二世本人也险些被俘，首都柏林危在旦夕。会战后，弗里德里希二世做了输掉战争和国家灭亡的最坏打算，将军团指挥权交给了芬克将军，并指定弟弟海因里希亲王为全军最高统帅，自己则一度打算自杀。但俄奥联军对后续行动意见不一，没有乘胜扩大战果，而是一连四天按兵不动，随后退往萨克森。弗里德里希四天后收回权力，重振精神，很快将兵力增至3.3万人，并占据有利阵地，成功阻挡联军进军柏林。——译者注

[3] 弗赖贝格会战是七年战争中的最后一场大规模战斗。1762年8月，普鲁士国王弗里德里希二世的弟弟海因里希亲王在萨克森与奥地利和神圣罗马帝国军队周旋，并一时处于劣势，萨克森大部面临失守，但弗里德里希二世让弟弟坚守，以便在今后的和谈中将萨克森作为筹码。10月29日，海因里希亲王在弗赖贝格（Freiberg，今德国萨克森州一城市，东北距首府德累斯顿30公里）战胜奥军，事后得到弗里德里希二世的褒奖。——译者注

[4] 指在耶拿会战前，普鲁士军队派缪夫林上尉在弗兰肯地区进行侦察活动。——译者注

[5] 反射物（Reflex）。意思是均势只是战争反映到和平时期的一种状态，一旦被打破，就有可能进入到危机甚至战争状态。——译者注

第四篇
战斗

★ 第一章 ★

概要

　　我们在前一篇考察了那些在战争中起作用的要素，现在我们来研究一下军事活动本身——战斗。这一活动通过其物质的和精神的效果，时而简单地、时而复杂地体现着整个战争的目的。因此在这一活动及其效果中，那些在战争中起作用的要素必然又会出现。

　　战斗的结构是战术属性，为了解战斗的概貌，我们只对它进行一般的考察。在运用中，每个战斗的具体目的使每个战斗具有各自特殊的形态（这些具体目的，我们以后才能谈到）。不过，与战斗的一般形态比较起来，每个战斗的特殊形态大多是不重要的，以至大部分战斗彼此是十分相似的。为避免到处重复记述战斗的一般形态，我们认为在谈具体运用以前，有必要先考察一下战斗的一般形态。

　　因此在下一章，我们先用一些篇幅介绍一下现代会战在战术进程方面的特点，因为我们对战斗的理解是以现代会战为基础的。

★ 第二章 ★
现代会战的特点

根据我们在战术和战略上所采用的概念，显而易见，如果战术的本性有了变化，必然对战略有影响。如果战术现象在一种情况下具有和在另一种情况下完全不同的特点，那么战略也必然会具有这一特点，否则战略就无法保持一致性和理性。因此，我们在进一步研究战略上如何运用主力会战之前，先说明一下现代主力会战的特点，这是很重要的。

现在人们在一场大会战中一般都做些什么呢？首先是将大部队从容有序地前后左右部署好，然后按一定的比例只展开其中的小部分，让它在一场数小时的火力战中搏斗，不时会被个别小规模的冲锋、白刃格斗和骑兵进攻打断，来回地进行争夺。当这部分兵力以这种方式逐渐地将自己的尚武之火燃烧殆尽，仅剩残渣般的余部时，就被撤回，代之以另一部分。

会战就这样像潮湿的火药慢慢燃烧一样，有节制地进行着。当黑夜来临，就带来了宁静，因为谁也看不见更多，谁也不想盲目地去碰运气，于是人们就要估计一下敌我各自还剩下多少称得上"可使用的"兵力，也就是还有多少兵力没有像烧尽的火山那样完全坍塌；再估计一下地域的得失和背后的安全情况；最后，把这些结果与估计的自己和对手在勇敢和怯懦、聪明和愚蠢等方面的具体印象汇成一个总的印象，根据它来决定是让出战场，还是于次日晨重新开战。

上面的描述并不是现代会战的全貌，只是勾画了现代会战这幅画的基本色调，对进攻者和防御者都是适用的。人们可以在这幅画上添上预设的目的、地形等具体色彩，但不会改变这一基本色调的本质。

然而现代会战具有这些特点并不是偶然的。它之所以这样，是因为敌对双方在军事组织和军事艺术方面的水平大体相同，是因为重大民族利益引发的战争要素已被突破，并被引向其自然发展的轨道[1]。在这两个条件下，会战将始终保持这一特点。

在我们接下来要确定兵力、地形等具体系数的价值时，上述关于现代会战的一般概念在很多地方对我们是有用的。不过，上述描述只是就一般的、大规模的、决定性的战斗，以及类似的战斗而言。小规模战斗的特点也在向这个方向变化，但比大规模战斗变化的程度要小。如果要对这一点加以证明的话，那是属于战术范畴的问题了，但我们以后还是有机会把这一问题说得更清楚。

---

[1] 指趋向极端。——译者注

★ 第三章 ★
战斗概论

　　战斗是真正的军事活动，其余的一切只是军事活动的载体。因此我们要认真地研究战斗的本性。

　　战斗就是斗争。在这一斗争中，消灭或制服对手是目的，在具体战斗中的对手则是与我们对峙的军队。

　　这就是战斗的简单的概念，我们以后还要回来谈到它，但在我们能够这样做之前，必须先谈一下一系列其他的概念。

　　如果我们把国家及其军事力量想象成一个整体，那么就可以最自然地把战争想象成一场大规模的战斗。在野蛮民族的简单关系中，情况也不会有太大的变化。而我们的战争实际上是由无数同时或相继发生的大小战斗构成的。军事活动之所以分成这么多的单个行动，是因为在我们这里产生战争的因素是多种多样的。

　　我们的战争的最后目的（政治目的）已经不是一个很简单的目的了，而且即使它是一个很简单的目的，由于军事行动与很多条件和考虑相联系，以至这一目的不再可能通过一次大规模的行动就能达到，而只有通过结成一个整体的很多较大或较小的行动才能达到。每一个这样的具体行动都是整体行动的一部分，因此它有特殊的目的，并通过这一目的与整体联系在一起。

我们以前说过，每个战略行动都可以归结到战斗这个概念，因为战略行动就是运用军队，而运用军队始终是以战斗为基础的。因此我们在战略范围内可以把所有军事活动都归结到具体的战斗，只研究这些战斗的目的。我们将逐步了解这些特殊的目的，以及它们引起的有关问题。在这里我们只想指出，战斗无论大小，都有其特殊的、从属于整体的目的。既然如此，那么人们就只应将消灭和制服对手视作为达到这一目的而使用的手段。事实上也的确如此。

不过，这个结论只是从形式上看是正确的，只是由于涉及了概念之间的联系才是重要的。我们寻找这一结论，正是为了再摆脱它。

什么是制服对手？这永远只能是消灭其军队，无论是通过让其死伤，还是以其他方式，无论是全部彻底地消灭，还是只到它不愿再继续战斗的程度。因此，只要我们撇开战斗的所有特殊目的，就可以把全部或部分消灭对手看作所有战斗的唯一目的。

现在我们断言，在大多数情况下，尤其是在进行大规模战斗时，那个使战斗有自己的特点而且使它与整体行动相联系的特殊目的，只是战斗一般目的的一个微弱变形，或者只是一个与一般目的相联系的从属目的，它足以重要到使战斗具有自己的特点，但与战斗的一般目的相比，它始终只是无足轻重的，也就是说，即使这个从属目的达到了，也只是完成了任务中的一个不重要的部分。如果这个断言是正确的，那么人们就会看到，那种认为消灭敌军只是手段，而目的总是别的什么东西的观点，只是从其形式上看是正确的；如果人们忘记正是消灭敌军也包含在战斗的特殊目的中，特殊目的只是消灭敌军的一种微弱变形，那么认为消灭敌军只是手段而非目的的观点就会导致错误的结论。

在最近几次战争发生之前，正是因为人们忘记了这一点，所以出现了一些完全错误的见解和倾向[1]，以及不完整的理论体系。当时的理论借助于它们，误以为自己越是认为无须使用真正的手段（越不要求消灭敌军），才越是凌驾于平常之上的军事艺术。

当然，假如人们在建立理论时没有运用错误的前提，没有以其他误以为有效的东西取代消灭敌军，那么就不会产生这种不完整的理论体系。只要有机会，我

---

[1]指当时出现的"会战不仅没有必要，而且有害"的错误见解和倾向。——译者注

们就会与这些错误的前提做斗争。但是如果我们不重视消灭敌军的重要性和它真正的价值，不提醒注意那种只会导致形式上真理的歧途，我们就无法研究战斗。

但是我们怎样才能证明消灭敌军在大多数和最重要的情况下是要务呢？我们又怎样才能应对下面这种十分美妙的想法呢？这种想法就是：认为有可能通过一种特别巧妙的部署形状直接消灭敌人的少数兵力，达到间接消灭更多敌人的效果，或者借助一些规模虽小但设计非常巧妙的打击，使敌人的力量瘫痪，并控制敌人的意志到相当的程度，以至这种方法可被视为成功之路的一大捷径。在一地进行的战斗当然有可能比在另一地进行的战斗更有价值；在战略上当然也有巧妙部署战斗的问题，而且战略无非就是这种巧妙部署战术的艺术。对此我们无意否认，但我们断言，直接消灭敌军总是**主要的事情**。我们在这里要争得的无非就是消灭敌军这一原则的头等重要性。

同时必须提请注意，我们现在谈的是战略，不是战术，因此我们谈的不是那些在战术上可能存在的、以较少力量消耗就能消灭很多敌军的手段。我们所理解的直接消灭敌人是战术上的成果，因此我们断言：只有大的战术成果能导致大的战略成果，或者像我们前面已经更明确表述过的那样：**战术**成果在作战中具有**头等重要性**。

在我们看来，要证明这个论点是相当简单的，这个证明就是：每个复杂的（巧妙的）行动都需要时间。如果问：是一次简单的进攻还是一次更复杂和更巧妙的进攻能带来较大的效果？只要我们把对手想象成一个被动忍受的对象，就会毫无疑问地选择后者。不过，任何复杂的进攻都要求有更多的准备时间，我们必须在敌人对我们一部分部队进行反击不至于影响整个部队准备进攻效果的前提下，给这种复杂进攻留出足够的准备时间。如果对手在我们准备进攻的过程中决定发起一次比较简单的、短时间内即可实施的进攻，那么敌人就会赢得先机，就会影响我们宏大计划的效果。因此人们在判断一次复杂进攻的价值时，必须一并考虑到其在准备过程中要冒的所有危险。只有在不担心对手以较短时间准备的进攻来影响我们的情况下，才能进行复杂的进攻。只要我们担心受到敌人较短时间内即可实施进攻的影响，我们自己就要选择较短时间内即可实施的行动，并顺着这个思路，根据对手的特点、状态以及其他情况尽量采取简单的行动。如果我们抛开抽象概念给我们的模糊印象，沉下去进入现实世界，就会知道，一个行动迅速、勇敢而果断的对手是不会让我们有时间去实施大规模和巧妙的复杂行动的，而恰恰是针对这样的对手，我们才最需要军事艺术。至此，我们认为已经清楚地说明，简单和直接的行动所取得的成果比复杂的行动所取得的成果**更重要**。

我们并不认为简单的进攻是最好的进攻，而是认为人们迈出的步子不能超出自己的行动能力；对手越是具有尚武精神，这种简单的进攻就越能导致直接的对抗。因此，如果人们远不能在实施复杂计划方面胜过对手，那就应该更多地尝试在反方向上走在他的前面。

如果人们研究一下这两种相反打法的最终基石，就会发现其中一种打法的基础是智慧，另一种打法的基础是勇气。人们在这里很容易认为，出众的智慧加上普通的勇气，会比出众的勇气加上普通的智慧产生更大的作用。但是如果人们是合乎逻辑地考虑这两个因素，那么就没有权利认为智慧在一个名为危险却正是勇气真正起作用的领域内[1]比勇气更重要。

经过上述这一抽象的考察后，我们要说的只是：根据实际经验只能得出上述这个结论，远不会得出一个其他的结论，而且正是实际经验促使我们在这个方向上进行了上述考察。

谁要是不抱偏见地阅读历史，谁就会确信，在所有尚武精神中，**作战的干劲**总是最能有助于军人获得荣誉和战果。

消灭敌军是我们的原则。至于说人们应如何不仅在整个战争中，而且在具体战斗中均将这一原则当作要务来看待和实施，并让它与产生战争的因素所必然要求的一切形式和条件相适应，我们以后再讲。

通过上面的论述，我们只是想为"消灭敌军"这一原则争得其普遍存在的重要性，现在我们带着这一结果再回到战斗上来。

---

[1]指战争。——译者注

★ 第四章 ★

战斗概论（续）

我们在前一章中谈到消灭对手是战斗的目的，并试图通过专门的考察证明在多数情况下以及在较大规模的战斗中都是这样的，因为消灭敌军在战争中永远是主要的事情。至于掺在消灭敌军这个目的中的、可能或多或少有些重要性的其他目的，我们将在下一章中论述其总的特点，以后再逐步加以阐明。在这里，我们把战斗与其他目的完全分开，将消灭对手视为每场战斗的完全足够的目的。

那么应该如何理解消灭敌军这一概念呢？消灭敌军就是使敌军损失的人数在比例上大于我方损失的人数。如果我军在数量上比敌人占大的优势，那么当双方损失的绝对数量相同时，对我方来说，损失自然就比对敌方的小，从而可以认为这是对我方有利的。由于我们在此认为战斗只有消灭对手的目的，因此我们必须把那些为消灭更多敌军而只是间接运用的目的排除在外，只能把我们在相互摧毁过程中直接得到的好处视为目的，因为这种好处是一种绝对的好处，将保留在整个战局的账本上，在最后的结算中总是一个纯粹的利润。至于针对我们对手的任何其他形式的胜利，要么是因为追求我们在这里不准备谈的其他目的而取得的，要么只是提供了一种暂时的相对的好处，对此举一个例子就可以说明。

如果我们以巧妙的部署使对手陷于不利的境地，以至他不冒危险就不能继续战斗，于是仅稍做抵抗就退却了，那么我们就可以说，我们在这一点上把他制服了。但是如果我们在制服敌人时，双方部队受到的损失在比例上恰好相同，那么这次胜利（如果这样一个结果可以被称为胜利的话）在战局的结算中就没有留下任何好处。因此，仅是制服对手本身（使对手陷入不得不放弃战斗的境地）不是这里要考察的问题，因此也不能将其纳入消灭敌人这一目的的定义。如前所述，这样一来，能纳入这个定义的就只有摧毁过程中直接取得的好处了。这种直接取得的好处不仅包括敌人在战斗过程中的损失，也包括被打败的敌军部队在退却过程中直接受到的损失。

这里有个众所周知的经验，胜利者和失败者在战斗过程中物质力量的损失很少有大的区别，经常根本没有区别，甚至有时胜利者的物质力量的损失大于失败者；失败者的最具决定性的损失是在他退却后才出现的（胜利者是不会有这种损失的）。已经惊慌失措的步兵营的少量残部被骑兵冲散，疲惫不堪的士兵倒在地上，损坏了的火炮和弹药车被抛弃，其他的火炮和弹药车在路况糟糕的小径上无法以足够快的速度前行，从而被敌人的骑兵追上，零星的小股部队夜间迷路，毫无抵抗地落入敌人之手。大多是在已经决出胜负之后，才有这些具体的胜利的表现。这一情况，如果不做如下的解释，就会是矛盾的。

物质力量的损失不是双方在战斗过程中唯一要忍受的损失，双方的精神力量也会受到震撼、挫伤，乃至一蹶不振。要决定战斗是否还能继续，不仅要考虑人员、马匹和火炮的损失情况，还要考虑秩序、勇气、信赖、部队之间的联系和计划等方面的受挫情况。在这里起决定作用的主要是这些精神力量；在胜利者和失败者物质力量的损失相等的情况下，起决定作用的就只是这些精神力量。

在战斗过程中对双方的物质损失进行对比，本来就是困难的，但对双方精神力量的损失进行对比却是容易的。能说明这种对比的主要有以下两点：一是交战地区的损失；二是敌人预备队的优势。我方预备队与敌人预备队相比，损失的比例越大，就越说明我方为保持均势而使用了更多的兵力，这是对手在精神方面占优势的明证，这也常常使我方统帅感到一定的苦恼，并因此低估自己部队的力量。但主要的是，所有经过长时间作战的部队多少都会像燃烧殆尽的炉渣一样，他们子弹打光了，人数减少了，体力和士气都耗尽了，也许勇气也大受挫折。这样的部队即便抛开人数上的减少不谈，而是作为一个有机的整体来看，也已经和战斗前的情况大不相同了。因此就像看一把折尺上的数字一样，人们可以通过预备队的消耗情况,了解精神力量的损失情况。

因此,失去交战地区和缺乏新锐预备队,通常是决定退却的两个主因,但我们并不想以此来排斥或者过于轻视其他可能的原因,例如各部队之间联系不佳和整个行动计划不周等。

每场战斗都是双方物质和精神力量的血腥的和摧毁性的较量。谁最后在这两方面剩下的力量最多,谁就是胜利者。

在战斗中,精神力量的损失是决定胜负的主要原因。决出胜负后,精神力量的损失仍在增加,到整个行动结束时才达到顶点,因此使敌人的精神力量受到损失也成为摧毁敌人物质力量,从而获得好处的一个手段,而获得这种好处是战斗的本来目的。部队一旦失去秩序和一致性,单个人的抵抗也徒劳无益,整个部队的勇气受挫,原来面对得失的紧张情绪使人忘记危险,现在这一紧张情绪松弛下来,危险对大多数人来说不再是一种对勇气的挑战,更像是一种严厉的惩罚。因此,失败者在敌人胜利的最初时刻受到削弱,锐气受到挫伤,不再适合以危险报复危险。

胜利者必须利用这段时间,以便在摧毁对方物质力量方面获得真正的好处。胜利者在这方面得到的好处,才是他实实在在到手的东西。失败者的精神力量能逐渐恢复,秩序能重新建立,勇气能再度高涨,而胜利者在精神方面取得的优势在大多数情况下只有很小一部分可以保留下来,甚至往往什么都留不下来。在个别情况下(尽管极少出现),由于激发起失败者的复仇心和更加强烈的敌意,胜利者赢得的精神优势反而会产生**相反的**效果。相反,胜利者在杀伤敌人、俘获敌人和缴获敌人火炮等方面获得的好处却永远不会从进账簿中消失。

会战中的损失主要是伤亡的人员,会战后的损失主要是失去的火炮和被俘的人员。前一种损失对胜败双方来说都是存在的,只是数量不同;后一种损失则不是这样,通常只是失败的一方才有,至少失败一方的这种损失要大得多。

因此,缴获的火炮和俘获的人员在任何时候都被看作真正的战利品,同时又被当作衡量胜利的尺度,因为从这些战利品可以明白无误地看出胜利的规模,甚至从中可以比从其他方面更能看出胜利者精神优势的程度。尤其是如果人们把这些战利品与双方伤亡人数对比着看,因此,缴获的火炮和俘获的人员数量也是产生精神效果的一种新的潜力。

我们曾经说过，在战斗中和战斗的初步后果中受到挫伤的精神力量是可以逐渐恢复的，而且往往不会留下曾被挫伤的痕迹。这是就整体中的小部队而言的，而整体中的大部队却很少能这样；但整体中的大部队毕竟还是有这样的可能的（尽管很少），而对军队所从属的国家和政府来说，却极少或者从没有这样的可能。在国家和政府层面，人们判断双方力量对比时，是从较高的角度出发的，个人偏见较少。人们从敌人所得战利品的规模，以及这些战利品与伤亡人数的对比中，很容易就看出自己虚弱和不足的程度。

总之，我们不能因为精神力量的平衡没有绝对价值而且不一定在最后的战果中表现出来，就轻视它的失衡。精神力量的失衡可能成为举足轻重的因素，以不可抗拒之势压倒一切，因此让对手的精神力量失衡往往也会成为军事行动的一大目标。关于这一点，我们将在其他地方论述。在这里我们还要考察一下涉及精神力量平衡的最初几个对比关系。

一场胜利的精神效果随被击败部队规模的加大而增加，不仅是以相同的比例，而且是以更大的程度增加，就是说，精神效果不仅在规模上增加，而且在强度上也增加。在一个被击败的师中是容易恢复秩序的，只要跟大部队会合，得益于大部队的勇气，其勇气就容易得到恢复，就像个别冻僵的四肢倚在身体的其余部位容易暖和过来一样。一次小规模胜利的精神效果即使还未完全消失，但对对手来说，这些效果毕竟已经部分失去作用了。而如果大部队自己在一次不幸的会战中战败，情况则不是这样了，各部队将会相继崩溃。一处大火发出的热度与多处小火发出的热度是完全不同的。

另一个决定胜利的精神效果大小的对比关系是双方交战力量大小的对比。如果胜利者是以少胜多，那么他不仅得到了双倍的战果，而且还表明他有一种更大的，尤其是更全面的优势，而这想必是战败者害怕再次遇到的。当然在这样一种情况下，这一优势对战败者的影响实际上是*很小的*。在行动时，通常对对手的真实兵力了解得很不准确，对自己的实力也判断得不是很真实，导致拥有优势兵力的一方要么根本不承认，要么长时间不完全承认这一兵力对比差异。这样，他就可以在很大程度上避开这一点有可能给他带来不利的精神影响[1]。在当时一直为

---

[1]指兵力占优势的一方一旦被劣势之敌击败而产生的对自己士气的不利影响。——译者注

情况不明、虚荣心或谋略所掩盖的这种以少胜多而产生的精神力量，往往是后来才被人们从历史中发现的。对这支以少胜多的军队及其指挥官来说，这当然增加了他们的光彩；但对早已成为过去的战事本身来说，这种精神力量已经无法再起到什么作用了。

既然俘获的人员和缴获的火炮是胜利的主要体现，是胜利的真正结晶，那么组织战斗时就要优先考虑到这一点。以伤亡的形式消灭对手在这里是一个纯粹的手段。

至于这一点对战斗中的部署有什么影响，与战略没有任何关系，但是确定战斗本身就与战略有关系了，具体是通过确保自己背后安全和威胁敌人背后安全这一点。能俘获多少敌人和缴获多少火炮，在很大程度上取决于这一点。在有些情况下，如果战略局势对战术来说过于不利，那么单靠战术是做不到这一点的。

被迫两面作战是危险的，而没有保留住退路则是更具威胁的危险。这两种危险会使部队失去运动和抵抗的能力，对胜负产生影响。而且在战败时，这两种危险会加大战败者的损失，往往会使损失增加到最大程度，也就是说，增加到战败者被消灭的程度。因此如果一方能使对手的背后受到威胁，就能使对手的失败同时**更具可能性和决定性**。

于是，人们在整个作战，尤其是大大小小的战斗中就表现出了一个真正的本能，即确保自己背后的安全和控制敌人的背后。这种本能是从胜利的概念中产生出来的，而胜利的概念，正如我们说过的那样，跟纯粹的杀伤敌人还是有所不同的。

我们认为努力确保自己背后的安全和控制敌人的背后是战斗的**最紧迫的任务**，而且是一个普遍存在的任务。在任何一次战斗中，如果只采取单纯的武力进攻，而不采取这两种或者其中一种举措，是不可想象的。即使是最小的部队也不能不考虑自己的退路就扑向对手，而且在大多数情况下，这支小部队会试图去切断敌人的退路。

至于这一本能在复杂的情况下是多么不时地受到阻碍，无法顺利实现，以及在遇到困难时，它又是多么不时地必须服从其他更重要的考虑，在这里就不谈了，否则会让我们离题太远。我们在此只想指出，这一本能是战斗的一个普遍的自然法则。

这种本能到处都发生作用，到处都以它天生的重要性施压，于是就成为几乎所有战术机动和战略机动围绕着的中心。

如果我们现在再看一下胜利的总的概念，就可以发现它包括三个要素：

1. 对手物质力量的损失大于我方。
2. 对手精神力量的损失大于我方。
3. 对手公开承认上述两点，方式是他放弃其意图。

交战各方关于人员伤亡的报告向来是不准确的，很少是真实的，在大多数情况下完全是有意的假报，甚至公布的所获战利品的数目也很少是完全可靠的，因此如果一方公布的战利品不是很多，那么这一方是否真的获得了胜利还是值得怀疑的。至于精神力量的损失，除了战利品外就根本没有适当的尺度可以衡量了。因此在很多情况下，一方放弃战斗是另一方获胜的唯一的确凿证明。放弃战斗就等于承认自己有过错，可视同降下军旗，就等于承认对手在这一具体战斗中是正确的和占优势的。胜利者在这方面给失败者造成的耻辱和羞愧是胜利的一个重要部分，它与失去均势引起的其余一切精神方面的后果还是有区别的，因为只有胜利的这一部分，对军队以外的公众舆论以及对两个交战国和所有参战国的民众和政府产生影响。

但是退出战场并不等于放弃意图，甚至在顽强和持久的战斗后退出战场也不等于放弃意图。如果前哨部队在顽强抵抗后退却了，恐怕谁也不能说他们已经放弃了其抵抗意图。甚至在以消灭敌军为意图的战斗中，也不能总是将退出战场视为放弃这一意图，例如对于事先计划好的退却就不能认为是放弃意图，因为退却者将在退却中寸土必争。这些都是我们在研究战斗的特殊目的时要谈的问题。在这里我们只是想提醒注意，在大多数情况下，放弃意图和退出战场是难以区别的；退出战场在军队内外产生的印象是不容轻视的。

对此前没有什么声誉的统帅和军队来说，即使根据实际情况有必要退却，也常常感到特别为难，因为一系列以退却结束的战斗尽管实际上并非失败，但给人的印象是节节败退，而这种印象会带来非常不利的影响。在这种情况下，退却者不可能通过表白自己的特别意图，来处处避免造成这种印象，因为要想有效地做到这一点，他势必要全部公开其计划，而这显然是违背其主要利益的。

为让读者注意到这一胜利概念的特殊重要性，我们只想回忆一下索尔会战[1]。在这次会战中，战利品并不多（数千名俘虏和20门火炮）。当时弗里德里希大帝考虑到整个局势，已经决定向西里西亚退却，但他在会战结束后仍在战场上停留了五天，以此宣告胜利。如他自己所说，他相信借助此次胜利带来的精神上的优势，可以更接近缔结和约。尽管随后他还要赢得两次胜利（在劳西茨[2]的卡托利施-亨内斯多夫战斗[3]，以及凯瑟尔斯多夫会战[4]）才能缔结和约[5]，但不能认为索尔会战在精神方面的效果是零。

如果失败者受到胜利震撼的主要是其精神力量，从而使胜利者的战利品数量达到惊人的程度，那么对失败者来说，这一失利的战斗就成为一次大败（并不是每次失利都会成为一次大败）。由于在这种大败的情况下，失败者的精神力量会在大得多的程度上瓦解，于是往往会丧失全部抵抗能力，全部行动就只能是避开胜利者，即逃跑。

---

[1] 在第二次西里西亚战争（1744—1745）中，1745年8月，普鲁士国王弗里德里希二世攻入波希米亚，试图迫使奥地利签订和约。奥地利不听英国斡旋，命卡尔亲王攻打弗里德里希二世。当时普军处境非常困难，急需补充给养，但交通线受到奥地利和萨克森联军威胁。9月，弗里德里希二世决定率1.9万名普军从波希米亚撤退。30日，卡尔亲王率3.2万名联军在索尔（Soor，即今捷克小镇哈伊尼茨）附近与普军展开会战。最后联军损失7000余人，普军击退联军，从而确保自己退往西里西亚。——译者注

[2] 劳西茨（die Lausitz），地区名，包括今德国勃兰登堡州南部、萨克森州东部和波兰下西里西亚省和卢布斯卡省的部分地区。自北向南分为下劳西茨、上劳西茨和劳西茨山地三个部分。——译者注

[3] 1745年11月初，弗里德里希二世获悉奥地利和萨克森联军准备进攻柏林，便于11月中旬到西里西亚诱卡尔亲王会战。11月23日，在卡托利施-亨内斯多夫（Katholisch-Hennersdorf，即今波兰小镇卢班的一部分卢班地区亨利科夫）附近击败卡尔亲王的前卫部队（萨克森军队），卡尔亲王随后退回波希米亚。——译者注

[4] 1745年11月底，弗里德里希二世从西里西亚向萨克森进军，同时命令德绍侯爵从莱比锡向德累斯顿前进，阻击鲁托夫斯基伯爵率领的奥地利和萨克森联军。12月15日，德绍侯爵在凯瑟尔斯多夫附近与联军发生会战，联军大败。17日，德累斯顿投降。25日签订《德累斯顿和约》（Frieden von Dresden）。这是第二次西里西亚战争的最后一次会战。——译者注

[5] 1745年12月25日，普奥双方签订《德累斯顿和约》，结束第二次西里西亚战争。和约重申第一次西里西亚战争结束时签订的《布雷斯劳和约》（Frieden von Breslau）内容，承认普鲁士占有西里西亚。——译者注

耶拿会战和"美好姻缘"会战[1]给一方带来的就是大败,而博罗季诺会战[2]不是。

由于大败和一般失败只是程度不同,因此人们无法指出具体的特点作为它们的分界线(只有书呆子才会这样做)。尽管如此,明确概念作为弄清理论观点的中心环节毕竟是重要的。至于我们无法用一个词来表述与大败相对应的胜利以及与一般的胜利相对应的失利,则是我们在术语上的一个欠缺。

---

[1] 即滑铁卢会战。"美好姻缘"(Belle Alliance)系当时位于比利时小镇滑铁卢以南5公里处的一家乡间餐馆,因女主人和一位男仆成婚而得名。拿破仑1815年6月17日曾在此设大本营和观察哨。滑铁卢会战是拿破仑的最后一次会战。1815年,英、奥、普、俄等国结成第七次反法联盟。6月16日,拿破仑在利尼会战中击败布吕歇尔后,于18日向英军阵地发起进攻,遇到威灵顿的顽强抵抗,但后者逐渐不支。在此危急时刻,布吕歇尔率领普军突然出现,冲向拿破仑的右翼侧,最后联军取得了决定性胜利。法军在退却中迅速崩溃,伤亡和被俘3.2万人(被俘人员中包括21名将军),损失200余门火炮。联军还缴获了大量军费现金,以及装有拿破仑佩剑、帽子、勋章的车辆。22日,拿破仑被迫退位,后被流放到大西洋的圣赫勒拿岛。——译者注

[2] 1812年9月7日,俄法两军在博罗季诺(Borodino,今俄罗斯西部一村庄,东距莫斯科约100公里,位于莫斯科河右岸)附近进行会战。拿破仑率法军约13万人向俄军约12万人发起进攻,激战后占领博罗季诺,但拿破仑未敢将其最后的预备队——近卫军投入战斗,故未能扩大战果。库图佐夫率余部撤离战场,敞开了通向莫斯科的大门。拿破仑于14日进入莫斯科。双方在此次会战中损失惨重:俄军伤亡4.5万人(一说5.2万人,占当时俄军正规军兵力的一半;作者在本书第七卷中给出的数字是3万人),法军伤亡3.5万人(一说2.8万人,其中1792名军官;作者在本书第七卷中给出的数字是2万人),但双方均自称获胜。实际上,此次会战未能决出真正的胜负,但为俄军消耗法军和转入反攻创造了条件。——译者注

★ 第五章 ★

战斗的意义

我们在前一章考察了战斗的绝对形态，也就是把战斗当作整个战争的缩影进行考察。现在我们把战斗作为一个更大整体的一部分，来研究它与其他部分的关系。首先我们要探讨一场战斗可能具有的更确切的意义。

由于战争无非是双方试图消灭对方的行为，那么想象中（也许现实中也是这样）最为自然的似乎就是每一方均集中自己的全部力量，并用这些力量在一次大规模的进攻中解决所有问题。这种想象肯定有很多真实的地方，而且如果我们坚持这样想象，并因此而把最初的小规模战斗只视为不可避免的损耗，就如同木工活计必出的刨屑，那么这种想象总的来看也是很有益的。但是问题绝不是这么简单就可以解决的。

战斗之所以增多，是因为分兵，这是显而易见的，因此对各个战斗的进一步的目的要与分兵一并讨论。但是这些目的以及连带它们的大量战斗，一般是可以分为特定类型的。而如果现在就认识这些类型，是有助于阐明我们观点的。

消灭敌军当然是所有战斗的目的，不过其他目的也有可能与这一目的联系在一起，甚至成为主要目的。因此我们必须区分两种情况：一种是消灭敌军是要务；另一种是消灭敌军更多是一个手段。除了消灭敌军以外，占有一个地方和占有一个目标也可能是一次战斗的一般任务，就是说要么是这三项任务中的单独一项，要么是多项一起构成一次战斗的一般任务。在多项任务的情况下，通常有一项是主要的。在我们不久要谈到的进攻和防御这两种主要作战形式中，上述三项任务中的第一项是相同的，其他两项则不相同。如果我们要就此列表的话，就是下面这个样子：

进攻战斗	防御战斗
1. 消灭敌军	1. 消灭敌军
2. 攻占一个地点	2. 防守一个地点
3. 攻占一个目标	3. 防守一个目标

但是如果我们考虑到火力侦察和佯动，那么上述任务就似乎未包括所有任务领域，因为上述三项中的任何一项显然都不是火力侦察和佯动的目的。这确实让我们不得不承认还有第四种情况的存在。火力侦察是为了使敌人暴露，骚扰是为了拖垮敌人，佯动是为了使敌人不离开某地或者将其引到另一地。所有这些目的只有**假借上述三种目的中的一种**（通常是第二种）才能间接地达到，因为一方要进行火力侦察，就必须装出真要进攻、打击或者驱逐另一方的样子。不过，如果我们仔细考察的话，就可以看出，这种假借的目的不是真正的目的，而我们在这里要讨论的只是真正的目的，因此我们必须在进攻者的上述三个目的之外再加上第四个目的——误导对手采取错误的举措，或者换句话说，就是发起一次佯攻战斗。至于说人们只能通过攻势行动达到这个目的，则是由事物本性决定的。

另外，我们必须指出，防守一个地点可以有两种方式。一种是绝对的，也就是说根本不允许放弃某地；另一种是相对的，即只需防守一段时间。后一种情况经常出现在前哨战和后卫战中。

战斗任务特性的不同，对战斗本身的部署有重要的影响，这应该是很清楚的。比如，只想把敌人的哨兵从其所在地赶走与要全部消灭他们，所使用的方法是不同的。又比如，不惜任何代价坚守一个地点与只是阻击敌人一段时间，所使用的方法也是不同的。在前一种情况下，很少考虑到退却，而在后一种情况下，退却是要务。

但是这些考察都属于战术范畴，在这里只是作为例子说明问题而已。至于在战略上如何看待战斗的不同目的，我们将在涉及这些目的的章节中进行论述，在这里只做几点一般的说明。

首先，这些目的的重要性大致是按上面表中所列的次序依次递减的；其次，这些目的中的第一个在主力会战中总是应该占首要地位；最后，防御战斗的后两个目的其实不会带来任何更多的好处，也就是说这两个目的完全是消极的，只能通过减轻达到积极目的难度而间接地起作用。**因此，如果这类战斗变得过于频繁，就说明这一方的战略处境恶化了。**

★ 第六章 ★

战斗的持续时间

如果我们不再从战斗本身,而是从它与其余部队关系的角度进行考察,那么战斗的持续时间就有了自己的意义。

战斗的持续时间在某种程度上可以视为战斗除胜负以外的第二个从属的结果。对胜利者来说,决出战斗胜负从来就是越快越好,迅速获胜说明胜利的潜力较大[1];而对战败者来说,战斗是持续得越久越好,能将决战推迟到大败时,对他来说就已经是一个成果了。

上述观点一般来说是正确的,但实际上在相对防御的战斗中,运用这一观点才变得重要。

在相对防御的战斗中,全部战果往往只体现在战斗的持续时间上。这就是我们把战斗的持续时间列为战略要素的理由。

战斗的持续时间与战斗的要素之间有一种必然的联系。这些要素是:兵力的绝对数量,双方兵力和兵种的比例,以及地形的特点。例如2万人不会像2000人那样很快地相互消耗掉;抵抗比自己兵力多两三倍的敌人,不可能像抵抗兵力相等的敌人那样久;骑兵战斗比步兵战斗能更快地决出胜负,单纯使用步兵的战斗比有炮兵参加的战斗能更快地决出胜负;在山地和林地中前进的速度不可能像在平

---

[1]指迅速获胜可使胜利者的损失和疲惫程度较小,可以更好地追击敌人。——译者注

原上那样快。所有这一切本身都是显而易见的。

由此可见，如果要通过战斗的持续时间达成某一意图，就必须考虑兵力、兵种比例和部署情况。但是我们在专门考察这一问题时，重要的不是得出这一规律，而是尽快把经验在这方面所得出的主要结论与这一规律结合起来。

一个由各兵种组成的8000人至1万人的普通师，即使是面对兵力占很大优势的敌人，而且是在不怎么有利的地形上，也能抵抗数小时；如果敌人的优势不大或根本不占优势，那么也许能够抵抗半天。一个由3至4个师组成的军的抵抗时间能比一个师的抵抗时间多一倍，而一个8万至10万人的军团的抵抗时间大约可以延长3至4倍。也就是说，可以让这些大部队在上述时间内单独作战。如果在这一时间内能调来其他部队，而且其发挥的作用能迅速地与已经进行的战斗所取得的结果形成整体效果，那么这就仍然是同一场战斗。

上述数字是我们从经验中得来的，但是我们认为进一步阐明决出胜负和结束战斗的时刻的特点，同样是重要的。

★ 第七章 ★

战斗胜负的决出

尽管在每场战斗中都有对胜负起到主要作用的非常重要的时刻，但任何战斗都不是在某个单独的时刻决出胜负的。一场战斗的失败犹如天平一端的秤盘下降，是逐渐形成的，但是在任何战斗中，都有一个此次战斗的胜负可视为已定的时刻，过了这个时刻再进行的战斗则是一场新的战斗，而非原来那场战斗的继续。对这个时刻有个明确的概念，对于判断一场战斗能否由赶来的援军仍有益地进行下去，是很重要的。

人们往往在无法重建的战斗中无谓地牺牲新的力量，在尚可扭转局势的战斗中却往往错过投入新力量扭转局势的机会。下面两个例子最能说明这一点。

1806年，霍恩洛厄侯爵在耶拿附近以3.5万人与拿破仑率领的约6万至7万人进行会战，结果失败了，而且一败涂地，可以说是几乎全军覆灭，这时吕歇尔[1]将军试图以大约1.2万人的兵力重开会战，结果转瞬之间同样遭到了毁灭。

与此相反，在同一天，普军约2.5万人在奥尔施泰特[2]附近与达武[3]率领的

---

[1] 吕歇尔（Ernst Wilhelm Friedrich Philipp von Rüchel，1754—1823），普鲁士将军。1806年耶拿会战时指挥普军右翼。——译者注
[2] 奥尔施泰特（Auerstedt），今德国图林根州一小镇，西南距耶拿约25公里。——译者注
[3] 达武（Louis-Nicolas Davout，1770—1823），法国元帅。由于在1806年奥尔施泰特会战和1809年埃克米尔会战中建立功勋，被拿破仑封为奥尔施泰特公爵和埃克米尔侯爵。1815年出任国防大臣和法军总司令。其作战顽强、纪律严明，被士兵们称为"钢铁元帅"。——译者注

法军2.8万人一直战斗到中午，虽然失败了，但是部队并没有溃散，没有比对手遭受更多的损失（对手完全没有骑兵）。但是普军错过机会，没有利用卡尔克罗伊特[1]将军指挥的1.8万人的预备队扭转局势。如果普军当时利用了预备队，那么就不会输掉这次会战了。

每场战斗都是一个整体，各部分战斗的结果在这个整体中汇成一个总的结果，而在这个总结果中就有战斗的胜负。这个结果无须恰好是我们在第六章中所说的那种胜利[2]，因为人们往往没有制订取得如此胜利的计划，或者如果敌人过早避开，则人们往往没有机会取得如此胜利，而且在大多数情况下，即使是在敌人进行了顽强抵抗的战斗中，胜负决出的时刻也往往比主要构成胜利概念的那个成果出现得早。

于是我们要问：通常究竟什么是胜负已经决出的时刻，也就是说，从什么时刻起即使投入一支新的、适量的部队，也无法再扭转一场不利的战斗？

如果我们绕开本性上本无胜负的佯攻战斗不谈，那么胜负已经决出的时刻就是：

1. 如果战斗的目的是占有一个可移动的目标，那么失去这个目标就是胜负已经决出的时刻。

2. 如果战斗的目的是占有一个地带，那么失去这个地带大多就是胜负已经决出的时刻，但并非总是这样，即只有在这个地带特别易守难攻时才是这样。如果是一个容易进入的地带，那么不管它多么重要，都可以不冒大的危险再重新攻占它。

3. 在上述两种情况未决出战斗胜负的所有其他情况下，尤其是在以消灭敌军为主要目的时，当胜利者不再处于松散状态，即不再处于某种无力的状态，另一方逐步使用兵力（我们在第三篇第十二章中谈过此点）已经带不来什么好处时，就是胜负已经决出的时刻。出于这个原因，我们在战略上是根据这一时刻来划分战斗单位的。

如果推进的一方在战斗中根本没有或者只有小部分部队出现秩序混乱和无力

---

[1] 卡尔克罗伊特（Friedrich Adolf Kalckreuth，1737—1818），伯爵，普鲁士元帅。在1806年奥尔施泰特会战中指挥预备队。曾激烈反对普鲁士军事改革。——译者注
[2] 指本篇第四章中所说的取得大量战利品的大规模胜利。——译者注

行动的情况，而我方却或多或少已经涣散，那么我们也是无法重建战斗的。如果对手已经恢复了作战能力，我们同样是无法重建战斗的。

因此我们实际参战的那部分兵力越小，留作预备队的那部分兵力越大（单是它的存在就可以一并决定胜负），对手的一支新锐力量从我们手中夺回胜利的可能性就越小。那些最善于亲率最适量的兵力作战，并处处充分发挥强大预备队的精神效果的统帅和军队，是最有把握走向胜利的。在近代，人们必须承认，法国人在这方面做得非常出色，特别是当拿破仑统率他们时。

此外，整个部队的规模越小，其胜利后摆脱战斗危机状态和恢复原有作战能力的时刻就出现得越早。一小队用于警戒的骑兵在临时快速追击敌人后，几分钟就可以恢复原来的序列，危机也不会持续得更长，而整个骑兵团要恢复序列就要用更长的时间；分散成单个散兵线的步兵恢复序列所需要的时间就更长，至于各兵种组成的部队，如果其各部分行进方向不同，而且序列受到了战斗干扰，通常由于相互间不确知位置，序列就开始变得更加混乱，恢复序列就需要更长的时间。胜利者要把在战斗中混乱不堪和部分陷入无序状态的部队重新集合起来，再稍加整顿，部署在适当的地点，即重新恢复战场的秩序，是需要很长时间的。可以说，整个部队的规模越大，恢复序列的时刻就来得越迟。

此外，当胜利者还处于危机状态时，黑夜突然降临也会推迟序列恢复的时刻。最后，如果地形复杂和便于隐蔽，也会推迟这一时刻的到来。但对这两点我们要指出，黑夜也是一个有效的**防护手段**，因为人们极少有条件适合从夜间进攻中取得好的结果。像1814年3月10日约克[1]在拉昂附近成功夜袭马尔蒙[2]的例子是不多见的[3]。同样，复杂和便于隐蔽的地形也可成为处于较长危机状态中的胜利者的保护者，使他不至于受到反击。因此，两者（夜间和便于隐蔽的复杂地形）是加大而非减轻失败者恢复战斗的难度。

---

[1] 约克（Hans David Ludwig York，1759—1830），伯爵，普鲁士元帅。1812年12月与俄国签订《陶拉盖协议》（Konvention von Tauroggen），反对拿破仑。以后曾参加包岑、莱比锡、蒙米赖、拉昂等会战。——译者注

[2] 马尔蒙（August Frédéric Louis Marmont，1774—1852），公爵，法国元帅。——译者注

[3] 1814年3月初，拿破仑将布吕歇尔赶过埃纳河，后者退守拉昂。3月9日傍晚，马尔蒙在拉昂附近击败普军约克部，但在夜间受到约克偷袭，马尔蒙败退。当时，布吕歇尔正在患病，双目发炎，无法指挥，因此没有进行猛烈的追击。——译者注

截至目前，我们认为正遭受损失的一方，其赶来的援军只是单纯地增加兵力，也就是说把它视为一支径直从后方过来的援军，这是常见的情况。但是如果这支援军进攻对手的侧面或背后，情况就会变得完全不同。

对于侧面和背后进攻在战略范畴的效果，我们将在其他地方讨论。我们在这里讨论的为建立战斗而进行的侧面和背后进攻主要属战术范畴。只是因为我们谈的是战术结果，我们的观点必须深入到战术范畴，所以我们才讨论侧面和背后进攻。

部队向敌人侧面和背后发起进攻，可以在很大程度上提高进攻的效果，但未必总是这样，它同样有可能在很大程度上削弱进攻的效果。这个问题和其他任何问题一样，都是由战斗所处的环境决定的，我们在这里不去深入讨论它。但以下两点对我们当前研究的问题是重要的。

第一，在决出胜负后发起的侧面和背后进攻一般比在决出胜负前发起的侧面和背后进攻更有利于取得战果。人们在建立战斗时，首先要争取的是对自己有利的决战，而不是追求战果有多大。考虑到这一点，人们会认为，一支赶来帮助我们建立战斗的援军如果与我们分开而去进攻对手的侧面和背后，不如直接与我们会合更有利。肯定不乏这样直接会合的情况，不过人们还是要承认，在多数情况下并非如此，具体是由于在此对我们很重要的下述第二点。

第二，一支为建立战斗而赶来的援军一般都带有出敌不意所具有的精神力量。

出敌不意地进攻敌人的侧面和背后，效果总是很大的。正处于胜利之后危机状态的敌人是分散和混乱的，很难针对这种进攻采取反措施。谁都会感觉到，在战斗初期，敌人的兵力是集中的，对侧面和背后进攻总是有防备的，因此这种进攻不会起多大作用，但是在战斗的最后时刻采取这种进攻的效果就完全不同了！

因此，我们必须毫不犹豫地承认，在大多数情况下，一支从对手侧面或背后过来的援军能产生更大的效果，就好比同样的力在杠杆上作用于力臂较长端时能发挥更大的作用，以至一支从正面进攻不足以建立战斗的部队，如果进攻敌人侧面或背后，就能把战斗建立起来。精神力量在这里起着主要作用，其效果几乎是无法估量的，这里正是大胆和冒险的用武之地。

在难以确定能否挽回一个不利的战斗时，人们必须注意到上述这一切，必须考虑到上述所有共同起作用的力量。

如果还不能认为战斗已经结束，那么借助于赶来的援军开启的新的战斗就会和此前的战斗汇为一体，即汇成一个共同的结果，此前的不利也就从账单中完全消失了。而如果已经决出胜负，情况就不是这样了，这时就有两个相互分开的结果。如果赶来的援军力量有限，即本身无法与对手抗衡，那么就很难指望这第二场战斗获得有利的结果；如果这支援军规模很大，以至它可以不考虑前一个战斗的结果就能进行第二场战斗，那么它虽然能够以有利的结果补偿前一个战斗，甚至还有更大的收获，但从来不能使前一个战斗从账单中消失。

在库讷斯多夫会战中，弗里德里希大帝在第一次进攻时占领了俄军阵地的左翼，缴获了70门火炮，在会战结束时又把两者丢掉了，第一次战斗的全部成果就这样从进账中消失了。假如他在第一次战斗后适可而止，将会战的第二部分推迟到次日，那么即使他输掉了会战，第一次战斗所取得的好处也总是可以抵消这个失利的。

但是如果我们在一个不利的战斗未结束时就已经预见到其不利的结果，并且把它扭转了过来，那么这一不利的结果不仅可以从我们的账单上消失，而且还会成为我们夺取更大胜利的基础。就是说，如果人们仔细设想一下战斗的战术过程，就不难看出，在战斗结束之前，各部分战斗的所有结果就都只是人们一时的判断，在总的结果中不仅可能被消除，还有可能向反方向转化。我方部队损失得越多，敌人为此消耗的兵力也就越大，敌人面临的危机就越和我们一样严峻，我方新锐力量的优势也就变得越大。如果这时总的结果转而对我们有利，我们从敌人手中重新夺回了战场和战利品，那么敌人以前夺取战场和战利品所耗费的一切力量就成为我们的现实好处，而我们以前的大败成为我们走向更大胜利的阶梯。这时对手在胜利时所取得的最辉煌的、以至让他可以无视为之所失去兵力的战绩就化为乌有，剩下的只是对这些失去了的兵力的懊悔。胜利的魅力和大败的厄运就是这样改变着有关要素[1]所特有的重要性。

因此，即使我们占有明确的优势，能够以更大的胜利来报复敌人的胜利，也

---

[1] 指兵力。——译者注

最好是赶在一次不利的战斗结束之前去扭转它（如果它有一定重要性的话），而不是发起第二次战斗。

1760年，道恩元帅在利格尼茨附近曾试图援助正在战斗中的劳东将军。但是在劳东失利后，尽管道恩有足够的兵力，却没有尝试于次日进攻普鲁士国王。

由此可见，对于在会战之前进行浴血的前卫战，只能看作迫不得已而为之的下策，在没有必要的情况下，应该加以避免。

我们还要研究另一个问题。

既然一次结束了的战斗是一件了结了的事情，那么它就不能成为决定进行一次新的战斗的理由。决定进行一次新的战斗必须出于其他因素。但是这个结论与我们必须顾及的一种精神力量是相抵触的，这就是复仇和报复的情感。从最高统帅直到地位最低的鼓手都不会缺乏这种情感，因此没有什么比要挽回损失这种情绪更能激起部队的斗志了。不过这要有一个前提，就是被击败的部队不是整个部队中过于重要的一部分，否则那种复仇情感就会消失并转变成为无能为力的感觉。

为尽快挽回损失，利用上述精神力量是很自然的，因此如果其他条件许可，应优先考虑进行第二次战斗。在大多数情况下，这第二次战斗应该是进攻，这是符合事物本性的。

人们在大量从属性的战斗中可以找到很多这种报复行动的例子，而大的会战通常是很多其他原因决定的，不是由报复这一较弱的精神力量促成的。

可敬的布吕歇尔在他的两个军在蒙米赖附近被击败三天后，于1814年2月14日率领第三个军前往该战场。毫无疑问，这是复仇的情感驱使他这样做的。假如他知道在那里还会遭遇到拿破仑本人，那他自然会有充分的理由推迟复仇，但他当时是希望找马尔蒙报仇，结果他那高贵的复仇欲望没有收获到什么好处，反而由于失算而失败。

应共同作战的几个大部队之间应相距多远，这取决于战斗的持续时间及其决战的时刻。本来只要这一部署是为了进行同一场战斗，它就是战术部署，不过只有当这几支大部队部署得相距很近，以至它们不可能进行两个分开的战斗时，也就是说它们整个所占的空间在战略上只能视为一个点时，才能把这种部署视为战术部署。然而在战争中常常出现的情况是，人们不得不把那些计划共同作战的部队也分开部署得很远，以至尽管主要意图是将其集结后共同作战，但它们还是有可能分开作战，因此这种部署就是战略部署了。

此类战略部署包括：分为数路大部队和纵队的行军，前卫部队和侧面部队，受命支援一个以上战略点的预备队，集结分散宿营的数个军，等等。人们看到，这类战略部署不断出现，在某种程度上构成了战略家当中的辅币，而主力会战和与其同样重要的一切则是金币和银币。

★ 第八章 ★
战斗是否需经双方同意

"未经双方同意，战斗就不会发生"，这一观点构成了决斗的全部基础。一些历史著作家的妙论就源于这一观点，误导出很多模糊的和错误的概念。

这些著作家的考察常常围绕着这样一点进行：双方中的一位统帅向另一位统帅发起了会战，而后者未应战。

但战斗是一种有了很大变化的决斗，战斗的基础不仅存在于双方的斗争欲望（同意战斗），还存在于与战斗相联系的目的。这些目的总是属于更大的整体[1]，由于整个战争（可以把它想象成一场战斗）拥有的政治目的和条件也属于更大的整体[2]，因此这些目的就更是属于更大的整体了。于是战胜对方的纯粹欲望就处于一个完全从属的关系，更确切地说，它已经不能独立存在，只能视为更高的意志得以活动的神经。

"白白地向敌人发起了会战"这一表述，在古代民族中间，以及后来又在常备军出现的初期，比起现代有更多的含意。古代各民族是在没有任何障碍的开阔的战场上进行战斗的，这是一切部署的出发点，因此当时的全部军事艺术都体现在部队的部署和组成上，即体现在战斗序列上。

---

[1] 指战争。——译者注
[2] 指国家政治。——译者注

由于当时部队通常驻扎在设防营垒中,因此营垒中的阵地被看作难以侵犯。只有当对手离开其营垒,像进入竞技场一样来到可进入的地带,才有可能进行会战。

如果有人说,汉尼拔白白地向法比尤斯[1]发起了挑战,那么对法比尤斯来说,这句话无非是说这一会战不在其计划之内,这句话本身并不能证明汉尼拔在物质或精神方面占有优势;但是对汉尼拔来说,这一表述是正确的,因为汉尼拔的确是想要进行会战。

在近代常备军出现初期,进行大的战斗和会战时也面临类似的情况。就是说,大部队必须借助于一种战斗序列投入战斗,并在这一序列中得到引导[2]。这样的序列作为一个庞大和笨拙的整体,或多或少需要有平原才能作战,在非常复杂的地形、遮蔽地或山地,就既不适于进攻也不适于防御了。因此,防御者在一定程度上也在这里找到了一种避免会战的手段。这样的情况虽然越来越少,但还是一直保持到第一次西里西亚战争[3]。直到七年战争,人们才开始在难以进入的地形上向对手发起进攻,并逐渐普遍起来。当时对那些利用地形的人来说,地形虽然仍成为一个加强其力量的因素,但已经不再是一个束缚战争自然力量的魔力圈了。

30年来,战争发展得更不受地形束缚了。对真的想通过战斗决出胜负的人来说,没有什么可以阻碍他找到和进攻对手。如果他不这样做,就不能认为他是要战斗。因此"某人发起一场会战,但其对手没有应战"这一表述,在今天无非是说"某人认为战斗的条件还不够有利"。这等于是承认前面所说"发起一场会战"的表述不恰当,他只是努力掩饰不想发起会战的真相。

---

[1] 法比尤斯(Quintus Fabius Maximus Verrucosus,公元前275—前203),古罗马统帅、元老院成员,五次任执政官,两次任独裁官。第二次布匿战争期间,曾率罗马军团与汉尼拔作战,避免正面决战,采取拖延、消耗战术,史称"法比尤斯战术"。当时,速决派称其为"拖延者"。——译者注

[2] 作者在此指的是16世纪和17世纪上半叶在欧洲盛行的一种被称为"西班牙列阵"(Tercio)的战斗序列。其基本阵形是在持长矛的步兵列阵四周部署火枪手,以抵御持轻火器的敌骑兵。在实际运用时往往组成多个列阵。该序列因组织起来非常复杂,不够灵活,在法国、尼德兰等国军事改革后逐渐被淘汰。——译者注

[3] 第一次西里西亚战争(1740—1741)是奥地利王位继承战争(1740—1748)的第一阶段,以普鲁士获得此前奥地利所占的西里西亚和格拉茨公爵领地而结束。——译者注

如果防御者放弃其要塞和与之相关的角色，那么自然他也能在目前无法再拒绝战斗的情况下避开一场战斗，但这一结果对进攻者来说已经是半个胜利，防御者等于承认进攻者暂时占有优势。

因此，现在再也不能用"向对方发起了挑战，但对方没有应战"这种口头上的胜利来美化前进者（进攻者）停止不前的状态了。只要防御者没有退避，就说明他是要进行会战的。如果防御者没有受到进攻，他当然可以说是他发起了会战挑战，实际上大家都清楚这是进攻者停止不前造成的。

从另一方面看，在现代对一个想要并且能够回避战斗的人，是不太好强迫他进行战斗的。由于进攻者往往不满足于从对手回避中得到的好处，而是迫切要求获得一次真正的胜利，因此他有时就会以特别的方法去寻找和运用为数不多的现有手段，**迫使**即便是**这样的**对手进行战斗。

迫使这样的对手进行战斗的最主要的手段有两个：第一是**包围**对手，使之不可能退却，或者使其难以退却，以至宁愿应战；第二是**袭击**对手。第二个手段在各种运动都不方便的时代是适用的，但是到了近代已经变得没什么效果了。现代军队具有很大的灵活性和机动性，甚至在敌人眼皮底下也敢于开始退却，只有特别不利的地形才会给退却带来大的困难。

内勒斯海姆会战[1]可以被看作这样一个例子。这次会战是卡尔大公于1796年8月11日在"荒凉的阿尔卜山脉"[2]中对莫罗发起的，意图只是让自己更容易退却。但是我们承认，我们从未完全理解过这位著名统帅和著作家当时为什么采取这一行动。

---

[1] 1796年5月底，莱茵地区停战协定到期，卡尔大公正计划进攻阿尔萨斯地区。6月，茹尔当率法军左翼过莱茵河东进，被卡尔大公击退。卡尔大公留一部兵力监视茹尔当，自率主力约3.5万人，溯莱茵河而上，指向莫罗率领的法国中路部队4.5万人。8月11日，卡尔大公在内勒斯海姆（Neresheim，今德国巴登-符腾堡州一小城）向莫罗发起进攻。双方在会战中均取得了一些战果，但均未利用。卡尔大公会战后仍向东退却。卡尔大公在《由1796年德意志战局论战略原则》（Grundsätze der Strategie, erläutert durch die Darstellung des Feldzuges von 1796 in Deutschland）第二卷中对当时决定进攻莫罗进行了自责："……难道只有通过会战才能达到保障退却安全的目的吗？进行一些佯动，争取几日行程的距离，或者在最糟糕的情况下牺牲一支较大的后卫部队，本可更有把握地达到目的，尤其是针对莫罗这样一个行动迟缓之敌……甚至从获胜的可能性上看也不应在内勒斯海姆附近发起进攻：对手占有兵力优势和有利阵地，而且部队集中，可奥利人在所有这些方面均处于劣势。"——编者注

[2] "荒凉的阿尔卜山脉"（Rauhe Alp），士瓦本阿尔卜山脉（Schwäbische Alb，位于德国南部，长约200公里）中最高的部分。——译者注

罗斯巴赫会战[1]给我们提供了另外一个例子，联军统帅当时确实不应有进攻弗里德里希大帝的意图。

对于索尔会战，普鲁士国王自己说过，他之所以接受会战，是因为他感到在敌人眼前退却有危险，当然国王还举出了接受这次会战的其他理由。

总的说来，除了真正的夜袭以外，这种通过袭击迫使对手战斗的情形变得越来越少见了。而以包围迫使对手战斗的情形，也主要只是发生在个别的军队，例如在马克森会战[2]中的芬克军。

---

[1] 1757年11月5日，普鲁士国王弗里德里希二世率领2.2万人，在萨克森选帝侯国的罗斯巴赫（Rossbach，今德国萨克森-安哈尔特州城市布劳恩斯贝德拉[Braunsbedra]的一部分）附近与法国和神圣罗马帝国联军计4.1万人进行会战并获全胜。普方伤亡500余人，联军方面伤亡3000余人，并有7000余人被俘。——译者注

[2] 1759年9月，萨克森首府德累斯顿的普鲁士守军向神圣罗马帝国军队投降。弗里德里希二世试图挽回局势，命令芬克中将率领1.5万人伴动至马克森（Maxen，今德国萨克森州米克利茨塔尔的一部分，西北距德累斯顿18公里）附近，威胁奥军主力后面的交通线，以迫使奥军退向波希米亚。11月20日，芬克被3.2万人的优势之敌包围，次日率部投降。——译者注

★ 第九章 ★
主力会战

主力会战胜负的决出

什么是主力会战？主力会战是双方主力之间的斗争，当然这不是为争夺一个次要目的而进行的不重要的斗争，不是一发觉目的难以达到就放弃的纯粹的尝试，而是一场以全力争夺真正胜利的斗争。

即使是在一次主力会战中，也可能有次要目的混在主要目的中。产生主力会战的各种情况不同，主力会战也会有这些情况的某些特点，因为即便是一次主力会战，也是与一个更大的整体有联系的，它只是那个整体的一部分。然而由于战争的实质是斗争，而主力会战又是双方主力之间的斗争，所以必须永远把主力会战看作战争的真正的重点。因此总的说来，主力会战区别于其他战斗的特点就是它比其他任何战斗都更多地是为自己而进行的。

这对主力会战决出胜负的样式，以及对主力会战胜利的效果是有影响的，并且决定理论应在何种程度上重视主力会战（作为达到目的的手段）。因此我们把主力会战作为专门的考察对象，而且是在这里，在我们考察可能与它有联系的特殊目的之前。只要主力会战是名副其实的，那些特殊目的就不会从根本上改变其特点。

既然主力会战主要是为它自己而进行的，那么决出其胜负的理由想必就在于它自己。换句话说：只要还有获胜的可能性，就应该在主力会战中寻求胜利，人们不应由于个别情况而放弃主力会战，放弃的唯一理由只有"力量完全不足"这一个。

那么应怎样进一步描述决出胜负的时刻呢？

如果像人们在近代军事艺术中很长一个时期所认为的那样，某种巧妙部署的序列和结合是部队得以发挥勇敢精神去夺取胜利的主要条件，那么**这种序列被破坏的时候**就是胜负已经决出的时刻。一翼被击败，从其与整体的结合处瓦解开来，也就一并决定了另一翼的命运。如果像在另外一个时期那样，防御的本质在于部队与其作战所在地的地形及其障碍物的紧密结合，以至部队和阵地是一回事，那么占领这处阵地的**一个重要地点**就是决定胜负的时刻。人们说"关键阵地丢了"，意思就是说阵地守不住了，会战打不下去了。在上述两种情况中，被击败的部队大致就像乐器上断了的弦，无法再履行其使命了。

无论是前者的几何学原则还是后者的地理学原则，其趋势都是将正在作战的部队置于紧张状态，就像是给一个晶体施压，其结果是不能充分利用现有力量，不能用到最后一个人。这两个原则至少已经失去很多影响，以至于不再起主导作用。现代军队也还是以一定的序列进入战斗，但序列已经不再是决定性的了；现在也仍利用地形障碍加强抵抗力，但地形障碍已经不再是抵抗的唯一依靠了。

我们在本篇第二章中曾试着对现代会战的特点进行了概述。根据我们对此所描述的画面，战斗序列只是为便于使用部队而对它的一个摆放，而会战就是这些部队相互缓慢消耗的过程，最后看谁先将对手耗尽。

因此，与任何其他战斗相比，在主力会战中是否定下放弃战斗的决心，更是要取决于双方余下的新锐预备队的兵力对比情况，因为只有这种预备队还具有全部的精神力量，而那些像被战火这一摧毁因素燃尽后的煤渣一样的部队是无法与预备队相提并论的。正如我们已经在其他地方说过的那样，地区的丧失也是衡量精神力量损失的尺度，因此也应一并予以考察，但更多的是作为已经受到损失的标志，而不是损失本身，而新锐预备队的数量始终是双方统帅主要关心的问题。

一场会战的发展趋势通常一开始就已经确定了，只是不怎么明显。这一趋势甚至往往由于会战的部署就已经在很大程度上确定了。如果一位统帅意识不到这一趋势而在十分不利的条件下开启了会战,那就说明他没有认识到这一点。即使这种趋势在部署会战和会战开始时没有确定,会战的过程也更多是均势缓慢变化的过程,这是符合事物本性的。正如我们指出过的那样,这种变化最初不明显,但随着时间的推移,变化会越来越大,越来越明显。均势在会战过程中的变化,并不是人们受到对会战的不真实描述影响后通常所想象的那样来回摆动的。

即使均势可能长时间很少受到破坏,或者甚至在一方失去均势后又恢复了,而且开始让对方失去均势,但可以肯定的是,在大多数情况下,战败的统帅早在退却以前就已经觉察到了这一变化。如果人们见到随便某个情况出乎意料地对整个会战的进程产生了大的影响,那么这大多只是战败者讲述其失利会战时的掩饰。

在这里我们只能求助于公正而富有经验的人的判断,他们一定会同意我们的论点,并且在没有亲历过战争的那部分读者面前为我们辩护。如果根据事物的本性来论证会战过程为什么必然是这样的,就会让我们过多地进入到这个问题所属的战术领域,而在这里我们只关注这个问题的结论。

如果我们说,战败的统帅在决心放弃会战以前通常早就觉察到这种不利的结局,那么我们也要允许出现相反的情况,否则我们的论点就会自相矛盾。假如一场会战明确出现失败的趋势,就视同这场会战已经失败,那么也就不必再拿出兵力去扭转败局,因此在会战明确出现失败趋势后,一方应该很快就开始退却了。当然有这样的情况:一方的失败趋势已经非常明确,结果却是另一方失败了。但是这种情况不是常见的,而是少见的。然而时运不佳的统帅总是把希望寄托在这种少见的情况上:只要他还有一点挽回败局的可能性,他就一直指望出现这种情况。他希望通过更大的努力,通过提高余下的精神力量,及通过超越自我,甚至通过幸运的巧合,使自己还能看到扭转败局的时刻。只要勇气和理智在他内心未出现矛盾,他就去推动这种扭转败局的努力。对于这一点,我们还想多说几句,但此前先要说明哪些是均势变化的迹象。整体战斗的结果是由所有部分战斗的结果总和构成的,而各部分战斗的结果体现在以下三个不同方面:

第一,指挥官的内心受到不利的精神上的影响。如果一个师长看到他的各个营是如何失败的,那么这会对他的行为和呈送的报告内容产生影响,而他的报告内容又会影响统帅要采取的举措。因此,即使是那些看上去可以补救的失利的部分战斗也会产生不良的印象，这种印象不费多少力量，甚至是不可抗拒地累积到统帅的内心。

第二，我们的部队比对方削弱得快。这种削弱在缓慢而有秩序的现代会战过程中是很容易估计出来的。

第三，地区丧失。

所有这一切对统帅的眼睛来说应起到一个罗盘的作用，据此就能够辨认出其会战的趋势，犹如辨认出一艘船的航向。如果自己损失了全部炮兵，却没有夺得敌人的火炮；如果自己的步兵营被敌人的骑兵冲垮，而敌人的步兵营却到处组成密不透风的阵营；如果自己战斗序列中的火力线不得不从一个地点退到另一个地点；如果为了攻占某些地点而白白地消耗了力量，进攻中的步兵营每次都被敌人组织很好的雨点般的霰弹打散；如果在炮战中我方针对敌人的炮火开始减弱；如果大批未负伤的官兵随着伤员后撤，导致火线上的步兵营不寻常地迅速减员；甚至如果由于会战计划受到干扰，个别部队被分割和被俘；如果退路开始受到威胁，那么统帅就必须从上述这一切情况中看出他和这次会战所面临的趋势。会战的这种趋势持续得越久，这种趋势变得越确定，挽回败局就越困难，统帅不得不放弃会战的时刻也就越近。现在我们就来谈谈这个时刻。

我们不止一次说过，双方余下的新锐预备队的兵力对比大多是最后决定胜负的主要根据；统帅如果看到对手在预备队的兵力对比上占有明确的优势，那么他就应下决心退却。现代会战的特点恰恰是，会战过程中出现的所有不利情况和损失都可以通过新锐力量来弥补，因为现代战斗序列的组织方法和部队投入战斗的方式使人们几乎在任何地方和任何情况下都能使用预备队。一位看上去要战败的统帅只要在预备队上还有优势，就不会放弃会战。然而自他的预备队兵力开始少于敌人预备队的那一刻起，就可视为胜负已经决出了。至于他此时还能做什么，这一方面取决于当时的具体情况；另一方面取决于他所具有的勇气和毅力的程度，这种勇气和毅力有时也可能变成不明智的固执。统帅怎样才能正确地估计双方预备队的兵力对比，这是实施中的技能问题，绝不是这里要谈的问题。我们这里依据的是他判断后得出的结论。但是即使他得出了这个结论，也还不是他决定退却的真正时刻，因为一个只是逐渐形成的动机并不适合让统帅定下退却的决心，而只是统帅定下退却决心的一个一般的根据，要定下退却决心还需要一些特殊的动因。这些动因主要有两个，它们经常出现，即退路面临危险和黑夜的到来。

如果随着会战的每一步进程，退路受到越来越多的威胁；如果预备队已经受到很大的削弱，以致它们无法再重开局面，那么就只剩下听天由命和通过有秩序的退却自救了。在这种情况下，较长时间的耽搁会使退却成为溃逃和大败，一切化为乌有。

一切战斗通常随着黑夜的到来而结束，因为夜战只有在特殊的条件下才会带来好处。由于黑夜较白天更适合退却，因此凡是认为退却不可避免或者极有可能的人，都倾向于利用黑夜退却。

不言而喻，除上述这两种常见的和最主要的动因以外，退却可能还有很多其他更小、更具体但又不容忽视的动因，因为会战越是临近均势完全改变的时刻，每一个部分战斗的结果对这一改变的影响就越敏感。因此，损失一个炮兵阵地，敌人数个骑兵团成功地突入阵地等都能促使人们将已经成熟的退却决心付诸实施。

在结束这个讨论内容的时候，我们还要谈一下，统帅内心要经受得住勇气和理智之间某种形式的斗争。

一方面，统帅身上那种常胜征服者所拥有的骄傲情绪和天生倔强带来的不屈不挠的意志，以及由高贵情感激发出的昂扬的抵抗精神不愿让他退出战场，而是要求他把荣誉留在那里；另一方面，理智又劝告他不要把所有力量用尽，不要孤注一掷，而是要保存有秩序退却所必需的力量。在战争中，不管勇气和顽强的价值应该推到多么高，不管无法下决心以全力争取成为胜利者的获胜希望是多么少，但毕竟有一个点，超出这个点的固执坚持只能被称作一种绝望的愚蠢行为，从而不会得到任何评论者的原谅。在所有会战中最著名的"美好姻缘"会战中，拿破仑动用其最后的力量，用于挽回一场无法再挽回的会战，就如同花掉了身上最后一文钱，最后像乞丐一样逃出了战场，逃出了他的帝国。

★ 第十章 ★

主力会战（续一）

胜利的影响

根据不同的立足点，人们可能对一些大规模会战所取得的特大战果感到惊讶，同样也可能对另一些大会战没有取得什么战果而感到惊讶。现在我们就来谈一下一次大胜利的影响的本性。

在这里，我们很容易区分以下三个事物：一是胜利对战争工具本身，即对双方统帅及其军队的影响；二是胜利对参战国的影响；三是上述两种影响在战争接下来的进程中表现出来的真正的作用。

胜利者与失败者之间在战场本身的伤亡、被俘人数和火炮损失方面的差别往往不大。谁要是只考虑这种不大的差别，谁就往往会对它所产生的后果感到完全不可理解。实际上，这一切通常发生得十分自然。

我们在第七章[1]中曾经讲过，一方胜利的规模不仅随另一方被击败部队规模的增加而加大，而且是以更大的程度加大。一场大规模战斗的结局给失败者和胜利者带来的精神影响都比较大。这些影响使物质力量受到更大的损失，而物质力量的损失又反过来影响精神力量，两者就这样相互作用，相互助长，因此人们

---

[1]原文如此，疑误。应为本篇第四章。——译者注

应该特别重视这种精神影响。这种精神影响对胜利者和失败者所起的作用是相反的：它销蚀失败者的各种力量，同时增强胜利者的力量和活动。但是这种精神影响主要还是对失败者产生作用，因为它成为失败者遭受新的损失的直接原因。此外，这种影响与危险、劳顿和艰难，总之与一切加大困难的因素（战争就是在这些因素之间运动）有相同的本性，因此与它们一起出现，并由于它们的影响而加大，而对胜利者来说，所有这些因素只是像重物一样影响其勇气的进一步高涨。因此人们看到，失败者从原来均势时水平线下降的程度比胜利者高于该水平线的程度大得多，因此当我们谈到胜利的影响时，主要是指胜利给失败者带来的影响。如果说这种影响在一次大规模的战斗中比在一次小规模的战斗中强烈，那么在主力会战中肯定比在一次从属性的战斗中要强烈得多。主力会战是为它自己，为它决出的胜利而存在的，因此人们在主力会战中应竭尽全力去争取胜利。整个战争计划及其全部头绪，以及所有遥远的希望和对未来的模糊想法所汇聚成的意图就是，在进行主力会战的这个地方、这个时刻战胜对手。能否夺取到主力会战的胜利——对这个大胆的问题做出回答，是命运攸关的问题。这意味着精神必然会紧张起来，不仅是统帅，而且他的整个部队直到最后的辎重兵都是如此。当然职位越低，紧张的程度就越小，但其重要性也越小。在任何时代，而且从事物的本性来看，主力会战从来不是一次未经准备、意料之外和盲目执行的公务，而是一个伟大的行动。这一行动部分是自动的，部分是根据指挥官的意图从大量的一般活动中脱颖而出的，更能增强所有人的紧张情绪。而人们越是紧张地注视着会战的结局，会战结局的影响想必也就越大。

现代会战中胜利的精神影响比近代战争史初期[1]的会战中的要大得多。既然现代会战像我们以前讲过的那样是双方力量的真正搏斗，那么起决定性作用的当然是物质力量和精神力量的总和，而不是具体的部署，更不是偶然性。

人们犯了错误，下次可以改正，可以期待在另一次得到幸运和巧合的更多眷顾，但是精神力量和物质力量的总和通常不是很快就能改变的，因此一次胜利给精神力量和物质力量总和带来的变化对整个未来都有更重大的意义。在军内外所有参加会战的人中，虽然也许只有极少数人思考过这一区别，但是会战过程本身

---

[1] 指三十年战争时期。——译者注

会使所有身处会战的人都感觉到这种区别。在公开报道中关于会战过程的记述尽管可能被一些个别的牵强附会的情况掩饰了真相，但还是或多或少地告诉世界：取得胜利的原因在于总的情况，而不在于个别情况。

从未身处过一场大规模失败会战的人，很难对它有个活生生的、从而完全真实的想象。对这一次或那一次小损失的抽象想象永远不会构成对一次失败会战的真正概念。现在我们就来看一下失败会战的情景。

在一次失利的会战中，首先侵袭人的想象力（也可以说人的理智）的是大量人员的损失，其次是地区的丢失（这往往是常见的现象，即使是进攻者，在失利时也会丢失地区），再次是最初的序列受到破坏，各部分陷入混乱，出现退却的危险（除了少数例外的情况，这种危险会经常出现，只是程度有所不同），最后是退却（大多是在夜间开始，或者至少是在整个夜间持续进行）。退却一开始，部队就不得不丢下大量疲惫不堪和失散的士兵，而他们往往正是那些敢于在战场上冲得最远和坚持得最久的勇士。在战场上只是较高级军官才有的被战胜的感觉，此时则会波及各级军官，直至普通士兵。当他们想到很多在这次会战中刚刚为大家所尊敬的勇敢的战友落入敌人之手的可怕景象，这种被战胜的感觉就更加强烈。同时，每个下属多少都会认为自己的努力之所以徒劳无益，是上级指挥官的过错，因此开始怀疑上级指挥官的能力，于是这种被战胜的感觉就更加强烈。这种被战胜的感觉并不是我们可以控制的单纯的想象，而是对手比我们占优势的明证。对手占优势这一事实可能被某些原因掩盖，以至在会战前不易被发现，但到会战结束时，总会清晰和明确地显露出来。也许人们在会战前就已经认识到了这一事实，但在缺乏更可靠根据的情况下想必会寄希望于巧合、幸运、天意和大胆的冒险。最后当这一切都被证明无济于事时，冷酷的事实却已经无情和紧迫地出现在人们的面前。

上述情况还远远不能说是惊慌失措。一支有尚武精神的部队在会战失败后决不会惊慌失措，而其他部队也只有在个别情况下才会在会战失败后惊慌失措。上述情况在最优秀的军队中也会出现。如果说长期的战争历练和胜利的传统以及对统帅的极大信任有时可以稍许弱化这些情况，但在失败的最初时刻不可能完全没有这些情况。这些情况也不仅仅是由于丢失火炮和人员被俘而引起的，因为火炮的丢失和人员的被俘通常是稍后才出现的，而且也不会很快就为大家所知，因此即使是最缓慢和最均匀的均势变化也会产生这些情况,而且正是这些情况构成了胜利在任何情况下都会产生的影响。

我们已经说过,战利品的数量会提高这种影响。

被视作战争工具的一支部队在上述状态中会受到多么大的削弱啊!我们说过,一支在这种削弱状态下的部队对作战中遇到的很普通的困难都会感到难以应付,因此很难指望它有能力通过新的努力夺回已经失去的东西!在会战之前,交战双方之间有一种真正的或者想象出来的均势。当这个均势失去后,要想重新赢得它,就必须有外因的帮助。如果缺乏这样的外部支撑点,那么任何新的努力都只会导致出现新的损失。

因此,即使对手的主力取得的是最微小的胜利,也会使均势像天平的秤盘一样不断向对手一边下沉,直到新的外在因素使它发生转折为止。如果附近没有这种新的外在因素,如果获胜的对手是一个不知疲倦、渴望荣誉和追求远大目标的人,那么另一方就必须有一位杰出的统帅和一支久经战争历练和具备高度尚武精神的军队,以便使对手高涨的优势不至于像汹涌的江河一样冲破堤坝,而是通过小规模和多种多样的抵抗使这条江河流得缓慢下来,直到其胜利的力量在河道的终点消失。

现在我们来谈谈对手的胜利对我军以外的民众和政府的影响。这种影响表现为他们最紧张的希望突然化为泡影,全部自尊心受到打击。这些力量消失后,取而代之的畏惧则以其可怕的张力冲入人们内心出现的真空,最后使他们完全瘫痪。这是主力会战对交战一方的神经进行的闪电般的真正打击。这种影响尽管在这里和在那里会有所不同,但从来不会完全没有。在这种情况下,人们不去积极地去发挥自己的作用以扭转败局,而是担心自己的努力会徒劳无益,于是在应该迅速行动的时候踌躇不前,或者干脆束手待毙,听任命运摆布一切。

胜利的这种影响在战争过程中能产生什么结果,部分取决于胜利一方统帅的性格和才能,但更多取决于促成胜利的各种情况和胜利带来的各种条件。如果没有统帅的勇气和进取精神,即使是最辉煌的胜利也不会带来大的战果;即使统帅有勇气和进取精神,但如果各种条件严重地制约着这些精神力量,那么它们只会更快地枯竭。假如利用科林会战胜利的不是道恩而是弗里德里希大帝[1]，假如进行洛伊滕会战[2]的不是普鲁士而是法国，那么其结果将会是多么不同啊！

至于能让大胜利带来大战果的条件，我们在讨论与之相关的问题时可以了解到。之后我们才能解释，为什么胜利的规模与其战果之间，初看上去会不一致。人们一般认为这是因为胜利者缺乏干劲。在这里我们只研究主力会战本身，不想离开这个题目，我们只想指出：一次胜利从来就是有上述影响的，而且这些影响随着胜利强度的增加而加大。一次会战越是成为主力会战，也就是说，越是把全部作战力量集中在一次会战中，越是把全部军事力量变成作战力量，越是把全国的力量变成军事力量，胜利的影响也就越大。

然而，难道理论就可以认为胜利的这种影响是完全不可避免的吗？难道理论不更应努力地去找到有效的手段来消除这种影响吗？对这个问题做肯定的答复似乎是很自然的，但愿上天保佑我们，别像大多数理论家那样由此而误入既赞成又反对的自相矛盾的歧途！

胜利的上述影响当然是完全不可避免的，因为这一影响是事物的本性决定的。即使我们找到了针对它的方法，它仍然存在，就犹如一枚炮弹，即使它是从东向西发射的，因这一相反方向的运动损失了部分速度，但它仍然是随着地球的自转方向自西向东运动的。

整个战争的进行是以人的弱点为前提的，同时也是针对这一弱点的。

如果说我们以后在另一个场合还要思考主力会战失败后应该怎么办，如果说我们还要研究在最绝望的处境中尚有可能剩下的手段，如果说我们即使是在这样的处境中仍相信有可能把失去的一切夺回来，但这指的并不是能使这样一次大败的影响逐渐变成零，因为人们用于挽回败局的力量和手段本来是可以用于积极目的的。这些力量不仅指精神力量，也包括物质力量。

另一个问题是，一次主力会战的失败是否也许会唤起一些否则根本不会出现

---

[1] 参阅第六篇第八章。——译者注
[2] 1757年12月，弗里德里希二世挟罗斯巴赫会战胜利的余威，率部驰援西里西亚。5日，在洛伊滕（Leuthen，西里西亚一村庄，位于布雷斯劳附近）向两倍于己的奥军发起进攻。会战中，弗里德里希二世佯攻奥军右翼，实际上利用有利的地形，将主力转向奥军的左翼，击溃奥军，成为弗里德里希二世用斜向战斗序列以少胜多的典型战例。——译者注

的力量[1]。这种情况当然是可以设想的，而且在很多国家的民众中确实已经出现过。但是激起这种强烈的反作用已经不属于军事艺术研究的范围。军事艺术只能是在必须以这种作用为前提的情况下要顾及它。

　　胜利给胜利者带来的结果可能由于它唤起的失败者的力量所形成的反作用而看似不利。这种情况当然属于极少的例外，但这也让人更有把握地认为，由于战败的民众或国家有不同的特点，同样的胜利所引起的结果是不同的。

---

[1] 指失利一方的普通民众。——译者注

★ 第十一章 ★

主力会战（续二）

会战的运用

无论战争在具体情况下是如何进行的，无论我们不得不承认这样进行的战争其结果中有什么是必然的，我们只能从战争的概念出发，以便坚定地确认以下几点：

1. 消灭敌军是战争的主要原则，对采取积极行动的一方来说，是达到目标的主要途径。

2. 消灭敌军主要是在战斗中实现的。

3. 只有大规模的和具有一般目的的战斗能取得大的战果。

4. 如果若干战斗汇成一次大的会战，战果就会变得最大。

5. 只有在一次主力会战中，统帅才亲自指挥部队。此时他最相信的是他自己，这是事物的本性决定的。

从上述五个事实中得出一个双重法则，它包含相辅相成的两个方面：应主要在大规模会战及其战果中寻求消灭敌军；大会战的主要目的必须是消灭敌军。

当然在其他手段中也或多或少有消灭敌军的因素，也有因条件有利，在一次小规模战斗中不同寻常地消灭很多敌军的情况（例如马克森会战）；另一方面，在一次主力会战中，夺取或守住一个哨所[1]有时也会成为一个很重要的目的。但总的来说，主要的事实是：进行主力会战只是为了消灭敌军，只有通过主力会战才能实现消灭敌军。

因此，人们应该把主力会战视为战争的集中表现，是整个战争或战局的重心。就像阳光在凸透镜的焦点上聚成完整的像并发出极高的热度一样，战争的各种力量和条件在主力会战中汇聚起来，集中产生出最大的效果。

把军事力量集结成一个大的整体，这是在一切战争中或多或少都会出现的一个情况。这一行为已经表明一种意图，即不管是进攻者主动地，还是防御者被动地，都想用这个整体进行一场大的战斗。如果这样的大战斗没有发生，那就说明有其他缓和的和抑制的因素影响了最初的敌对动机，削弱、改变或完全阻止了行动。然而即使是在这种双方均不采取行动的状态下（这是很多战争的基本状态），对双方来说，进行主力会战的想法仍是未来行动的着眼点，是他们构建下一步行动时的远焦点。战争越是成为真正的战争，越是成为了结敌对关系和仇恨以及互相制服的手段，一切活动就越集中在浴血的战斗中，主力会战也就越重要。

对一个以大的、积极的目的（深深地侵入到对手的利益中）为目标的人来说，主力会战就是最自然的手段，因此也是最好的手段（我们以后还要进一步说明）。通常如果谁害怕进行大的决战而绕开主力会战，谁就会自食其果。

积极的目的属于进攻者，因此主力会战也主要是进攻者的手段。尽管我们在这里不能更详细地确定进攻和防御的概念，但还是要指出，即便是防御者，在大多数情况下也只有主力会战这唯一有效的手段，以便迟早满足其处境的需要，完成其任务。

主力会战是解决问题的最惨烈的途径。正如我们在下一章还要详细说明的那样，尽管主力会战不等于纯粹的相互杀戮，其作用更多是扼杀敌人的勇气，而非敌人的士兵，但是流血永远是它的代价，而"会战"这个词既表示了会战的名

---

[1]作者所用的"哨所"（Posten）概念涵盖范围远大于一般的哨所，不仅指"哨兵或警戒分队所在的处所"，有时也指一处要塞或一座城市。——译者注

称，又说明了它的特点[1]。统帅中人性的一面会使他在会战面前畏缩。

但是使统帅的精神压力更大的，是他想到要通过唯一的一次战斗决定胜负。在这里，所有行动都集中到空间和时间的**一个点**上。在这种时刻，我们内心会有一种模糊的感觉，仿佛我们的力量在这个狭小的空间里无法展开和活动，仿佛我们只要花时间等待就已经能够赢得很多好处（即使我们根本没有这个时间）。这种感觉只是一种错觉，但即使是错觉也是有些影响的。人们在做任何其他大的决定时也会受错觉这一弱点的影响。当一位统帅要在一个点上进行如此重要的主力会战时，正是这一弱点会在他内心变得更大。

因此，各时代都有政府和统帅总是试图在决定性的会战以外寻找解决问题的途径，以便要么不通过决定性的会战就达到其目标，要么悄悄地放弃其目标。于是那些历史和理论著作家就费尽心思，从那些以其他方法进行的战局和战争中不仅想找到错过的会战决战的替代物，甚至还想找到一种更高超的艺术。这样一来，在我们所处的时代就有人根据战争中合理用兵的原则，几乎把主力会战视为一种由于错误而成为必然的祸害，视为一种病态的力量宣泄，认为一场正常的、慎重的战争从来就不必导致这种宣泄。他们认为只有那些懂得以不流血的方式进行战争的统帅才有资格戴上桂冠，而他们那种婆罗门教真经式的战争理论就是专门传授这种艺术的。

现代历史已经摧毁了这种妄想，但是没人能保证这种妄想不会在这里或那里，在较长或较短的时间内又回来，吸引领导者相信这种错误观点（因为它符合人的弱点，易为人们接受）。也许不久以后人们会认为拿破仑的战局和会战是野蛮和近乎愚蠢的，并再次以满意和信任的眼神看待那些过时的、空洞的和花架子式的部署和打法。如果理论能够提醒人们警惕这些东西，那么它就是对那些愿意倾听其忠告的人做出了重要贡献。但愿我们成功地向那些在可爱的祖国中对军事问题拥有权威影响的人伸出了手，以便作为这一领域的向导为他们服务，并请他们对有关问题做开诚布公的检验。

不仅是战争的概念，而且经验也告诉我们，只应在一场大会战中寻求决出

---

[1] 德语"会战"（die Schlacht）一词是从"屠杀"（schlachten）这个动词派生出来的。——译者注

大的胜负。自古以来，只有大的胜利才能导致大的战果，对进攻者来说必然是这样，对防御者来说或多或少也是这样。即使是拿破仑，假如他害怕流血，那么他也不会取得乌尔姆会战的胜利（这是他以分兵方式取得的唯一的一次胜利[1]），其胜利只会更多地被视为他以往战局胜利的二茬收获。曾试图以决定性的会战这一重要的冒险手段来完成其大业的，不只是大胆的、鲁莽的和无畏的统帅们，而且是所有幸运的统帅们都曾试图这样做。这些统帅对这个范围如此之广的问题所做的回答是令我们满意的。

对那些未经流血而获胜的统帅，我们不感兴趣。如果说血腥的杀戮是可怕的，那么这只应促使我们更加严肃地对待战争，而不应促使我们出于人道而逐渐让佩剑变钝，直到不知什么时候蹿出某个人，手执利剑活活地将我们的手臂砍掉。

我们把一次大会战视为一次主力决战，当然不是把它视为一场战争或战局不可或缺的、唯一的一次主力决战。一次大会战决定整个战局胜负的情况，只有在近代才是常见的，而一次大会战决定整个战争胜负的情况，则是极为少见的例外。

一次大会战决定的胜负，其意义当然不仅取决于大会战本身的规模（集结到会战中的部队的多少和会战胜利的大小），还取决于交战国双方和各自盟国的很多其他情况。不过由现有部队的主力进行的大规模决战，开启的当然就是主力决战，其规模虽然在某些方面是可以预见到的，但不是在所有方面。这样的主力决战即使不是唯一的一次，但毕竟是**首次**决战，而且作为首次决战对以后的决战也会产生影响，因此对一个有意进行的主力会战，根据其不同的情况，人们应或多或少在某种程度上始终将其视为当前整个军事行动的中心和重点。一位统帅越是以真正的战争和斗争的精神出征，越是具备必须和将要打垮对手的感觉和想法

---

[1] 第三次反法联盟战争中，法军和奥军为争夺乌尔姆（Ulm，今德国巴登-符腾堡州一城市，位于多瑙河河畔）于1805年10月8—20日进行的一系列战斗和会战的总称。1805年秋，奥军在莱茵河-蒂罗尔一线暂取守势，准备在俄军到达后共同进攻法军。奥军斐迪南大公的参谋长马克率7.2万人到乌尔姆占领阵地。拿破仑率领15万人，没有采取惯用的集中优势兵力、一路进击的战法，而是以部分兵力在正面牵制敌人，同时分兵数路进行大规模迂回，切断了奥军通往奥地利的退路，于10月17日迫使马克同意率其2.5万余人携60门火炮投降，并于20日正式交出武器。——译者注

（意识），他就越会把一切都放到首次会战这个秤盘上，希望并力争在首次会战中夺取一切。拿破仑在其所有战争中大概没有一次不是在出征时即想要在首次会战中就打垮对手。弗里德里希大帝进行的战争虽然规模较小，面临的危机也有限，但当他率领一支不大的部队从背后进攻俄国人或帝国军队[1]而想打开一个新的局面时，同样也是有这种想法的。

我们在上面说过，由主力会战决出的胜负的意义，部分取决于主力会战本身，即取决于参加会战的部队的数量和战果的大小。

对于第一点，统帅可以通过增加参战部队来提升会战的重要性，这是显而易见的。现在我们只想指出，主力会战的规模越大，它一并决定的事情也就越多。因此，那些有自信、喜欢大决战的统帅在不错过其他要点的情况下，总是尽可能把他绝大部分的兵力投入到主力会战中去。

至于会战的战果，或者更确切地说，胜利的大小程度，则主要取决于以下四个因素：

1. 进行会战时的战术形态。
2. 地形的特点。
3. 各兵种比例。
4. 兵力对比。

采取正面进攻而没有迂回的会战，很少能像进行了迂回或者迫使对方或多或少改变了正面的会战那样得到大的战果。在沟壑纵横的地形或山地进行会战的结果同样较小，因为进攻的力量在这种地形上到处都受到削弱。

如果失败者的骑兵与胜利者的骑兵相比一样多或者占优势，那么胜利者追击的效果就会降低，从而失去很大一部分胜利成果。

最后，本身可以理解的是，如果利用优势兵力迂回或迫使敌人改变正面，这样取得的胜利比以劣势兵力取得的胜利能带来更大的战果。洛伊滕会战的结果可能会让人们怀疑这个原则的实际正确性，但是请允许我们在这里说句我们一般不

---

[1] 帝国军队（die Reichsarmee），指神圣罗马帝国的军队，由帝国议会组建，是帝国执行机构——帝国议会的工具，其任务是捍卫帝国内外的安全，必要时由帝国议会派出。1806年，神圣罗马帝国解体，帝国军队也不复存在。作者在书中提到帝国军队若是1806年以后的，一般是指德意志诸邦的军队。——译者注

爱说的话：**凡事有例外**。

因此，统帅可以以上述四个因素为手段，赋予会战决定性的特点。他面临的危险固然会随之加大，但是他的全部活动本来就是要服从精神世界中的这个活跃法则[1]的。

这样在战争中，主力会战是最重要的了，因此战略上最大的智慧就表现在为主力会战提供手段，巧妙地确定主力会战的时间、地点和用兵方向，以及利用主力会战的战果。

上述这些虽然很重要，但是人们不能从中就得出结论，认为它们具有很复杂和捉摸不定的本性。恰恰相反，这一切都很简单，并不需要很多综合运用的艺术，但很需要对各种现象的敏锐的判断力，很需要干劲和坚定的一以贯之的信念以及朝气蓬勃的进取精神，即我们以后还要时常谈到的英雄特质。统帅在这里不怎么需要书本中能传授的东西，而是需要很多通过书本以外的其他途径（如果能够通过传授学到的话）掌握的东西。

统帅对主力会战的渴望，以及自主而有把握地前往主力会战的运动，应来自对自己力量的信心和对会战必要性的明确认识，换句话说，应来自天生的勇气和经过丰富阅历磨炼而成就的敏锐洞察力。

大的战例是最好的教师，但是如果理论中的偏见像云一样遮住这些战例，则是件糟糕的事，因为即使是阳光，在云中也会折射和变色。这些偏见有时像瘴气那样形成和传播。粉碎这些偏见是理论的一个迫切任务，因为对人们头脑中错误地产生的东西，也可以用头脑再消除它。

---

[1] 指面临危险与所获战果之间的关系：要取得较大的战果，就要冒较大的危险，而如果不愿冒较大的风险，则取得的战果往往也较小。——译者注

★ 第十二章 ★

利用胜利的战略手段

尽最大可能为赢得胜利做准备是一件更困难的事，是战略默默做出的功劳。战略在这方面几乎得不到什么赞扬，它通过取得的胜利，显示其光彩和荣耀。

会战能有哪些特殊目的，会战是如何影响战争的整个体系的，胜利之路依不同情况的本性能通向何处，以及胜利的顶点在什么地方，所有这些问题我们以后才能讨论[1]。但是对所有能想到的情况而言，事实是：不进行追击，任何胜利都不会取得大的效果；无论胜利之路是如何短，胜利者总应进行初步的追击。为了不用处处重复这一点，我们想总的谈一下追击（这是胜利者战胜对手后有必要追加的一个任务）。

对战败的对手的追击是从他放弃战斗、离开其要塞的时刻开始的。此前的一切进退运动都不能算是追击，而是属于会战进程本身。通常在对手放弃战斗、离开其要塞的时刻，对胜利者来说，即使胜利已经无可置疑，但胜利毕竟还很弱小，如果不通过当天的追击加以完善，那么胜利就不会为接下来的一系列战事提供多少切实的好处。如前所述，在大多数情况下，体现胜利的那些战利品是通过这种追击才得到的。我们想先来谈谈这种追击。

---

[1] 参阅本书第三卷第七篇第四章和第五章，以及第七篇所附《关于胜利的顶点》一文。——译者注

交战双方在会战前夕的各种活动大多是紧迫的，因此双方通常是在体力消耗已经很大的情况下进入会战的。此前长时间的搏斗使双方体力消耗很大，最终筋疲力尽。此外，胜利者在部队分散和队形混乱方面并不比失败者好多少，因此有必要重建秩序，集结走散的人员，为用尽弹药者补充弹药。这一切使胜利者自己也处于危机状态，这是我们讲过的。如果被击败的只是敌军的一个从属部分，可能得到敌军其他部队的接应，或者有望得到大部队的增援，那么显而易见，胜利者就很容易面临丧失胜利的危险。在这种情况下，胜利者考虑到这种危险，就会很快停止追击，或者至少给追击规定一个很大的限度。即使胜利者并不担心失败者会得到大量援军，但胜利者处于上述危机状态，在追击时也会感到自己的冲击力遇到很大的阻力。即使胜利者不必担心胜利会被夺走，但毕竟可能发生不利的战斗，它们可能减少胜利者的既得好处。此外，人们在生理上的需要和弱点也会对统帅的意志施加全部压力。统帅指挥下的成千上万的官兵都需要休息和恢复体力，都要求暂且避免危险和劳顿。只有少数可以视为例外的人能看到和感受到比眼前更远的东西。只有这少数人还有足够发挥勇气的余地，在完成了必要的任务后还能想到其他战果，这些战果此刻在别人看来不过是美化胜利的奢侈品而已。但是千万官兵的呼声，在统帅周围是会有人反映的，人们的这种切身利益通过各级指挥官会如实地传到统帅那里。统帅本人由于精神和身体的紧张劳顿，其内心活动也会或多或少地受到削弱。于是出于这种人之常情，人们实际做到的往往比本来可以做到的要少，而且之所以做出些事情，也只是由于最高统帅**渴望荣誉**，**有干劲**，也许还有**严厉**。只有这样才能解释为什么有很多统帅在以优势兵力取得了胜利以后，对扩大胜利犹豫不决。胜利后的初步追击，我们认为一般只限于当天，必要时到当天夜间，因为在这个时段以后，追击者自己也需要休整，故在任何情况下都应中止追击。

这种初步追击有自然形成的不同的程度：

第一种程度的追击是只用骑兵进行的。这种追击其实更多是为惊吓和观察敌人，而不是真正紧追敌人，因为往往很小的地形障碍就会挡住追击者。骑兵虽然能追击受到震撼和削弱的敌军中的零星队伍，但在追击整个敌军时，它始终只是一个辅助兵种，因为敌人可以用新锐的预备队来掩护退却，利用就近的不大的地形障碍就能够结合各兵种进行有效的抵抗。只有追击真正逃窜的和完全瓦解的部队才是这里的一个例外。

第二种程度的追击是以一支大的、由诸兵种组成的前卫部队进行的。其中自然包括绝大部分骑兵。这种追击可以把对手一直挤压到其后卫部队的下一个坚固阵地,或者挤压到其整个部队的下一个部署地。通常败退者没有机会立刻利用这两种阵地,于是胜利者可以继续追击,但行程大多不超过一小时,最多不超过两个小时,否则前卫部队就会担心得不到充分的支援。

第三种,也是程度最强的一种追击,是胜利的部队本身只要力量足够即保持推进。在这种情况下,失败者只要观察到追击者准备进攻或包围,就会离开大部分地形提供给他的可以稍做抵抗的部署地,而他的后卫部队就更不敢进行顽强的抵抗了。

在这三种情况下,即使整个追击行动尚未结束,如果黑夜到来,胜利者通常也会停止追击。对少数情况下的彻夜追击应视为极其猛烈的追击。

如果人们考虑到,夜间战斗或多或少要取决于偶然性,而且在会战临近尾声时,各部分之间的正常联系和会战的正常步骤已经受到严重破坏,那么就不难理解为什么双方统帅都害怕在夜间继续战斗。除非失败者已经完全瓦解,或者胜利者的部队在尚武精神方面具有罕见的优势,有成功的把握,否则在夜战中几乎一切都只能碰运气,而这是任何人,甚至是最莽撞的统帅也不愿做的。因此,通常黑夜会使人们停止追击,即使会战是在天黑前不久才决出胜负的也是如此。黑夜可以直接给失败者一个喘息和收拢部队的机会,如果他想在夜间继续退却,可以先行一步,以摆脱敌人。黑夜过去,失败者的处境会显著好转。很多走散的士兵重新归队,弹药得到补充,整个部队会恢复秩序。在这种情况下,如果他还要继续与胜利者作战,那么这个战斗就是一个新的战斗,而非上次战斗的延续。即使这一新的战斗中还远不能让失败者有一个绝对好的结果,但它毕竟是一次新的战斗,而不只是胜利者顺带收获的失败者上次战斗的残局。

因此,在胜利者可以彻夜追击的情况下,即使只是用各兵种组成的大的前卫部队进行追击,也能极大地增加胜利的效果。洛伊滕会战和"美好姻缘"会战就是例证[1]。

这种追击的全部活动其实是一种战术活动，我们谈到它，只是为了使我们更清楚地认识到，胜利后追击和没有追击所得到的效果是不同的。

在初步追击中将敌人追到他的下一个集结点，这是每个胜利者的权利，几乎不受其后续计划和情况的任何限制。这些后续计划和情况有可能使胜利者投入主力所获胜利的积极成果大为减少，但是不会妨碍对胜利的**这一初步**利用。即使我们可以设想有这样的情况，但这种情况至少是极为罕见的，以至理论可以不去考虑它。当然在这里我们必须承认，现代战争为人的魄力开辟了一个全新的领域。在过去那些规模较小、局限性较大的战争中，有很多方面，尤其是追击受到一种不必要的传统限制。在当时的统帅看来，胜利的**概念和荣誉**是十分重要的，以至他们在胜利时很少想到原本消灭敌军的问题。在他们看来，消灭敌军不过是战争的众多手段之一，连主要手段都不是，更谈不上是唯一手段了。一旦对手放下剑，他们便乐于把自己的剑也插回鞘中。在他们看来，胜负一旦决出，就可以停止战斗了，这是再自然不过的了，而如果继续流血就是无谓的残忍。尽管这种错误的理论不是人们做出全部决定的唯一依据，但它能使一种观点易于被人接受并有大的分量，即认为所有力量都已经耗尽，于是体力上已经无法继续战斗。如果一位统帅只有一支部队，而且预计这支部队不久会遇到无力完成任务的情况（通常攻势中的每次前进都会导致出现这种情况），那么他当然要爱惜这支部队，这个他夺取胜利的工具。不过显而易见，这种计算是错误的，因为在追击中，自己部队受到的损失要比对方的损失小得多。这种看法之所以一再产生，是因为人们没有把消灭敌军视为要务。因此我们看到，在过去的战争中，只有像卡尔十二世、马尔伯勒、欧仁、弗里德里希大帝这样一些真正的英雄人物，才在已经赢得足够胜利的情况下仍进行有力的追击，而其他统帅则通常只是满足于占领战场。到了近代，由于导致战争的因素更多，使作战更加激烈，才打破了这种因循守旧的限制。追击成了胜利者的要务，战利品的数量因此而大幅增加。即使人们在近

---

[1] 1757年12月5日，普奥两军在洛伊滕附近进行的会战于下午5时左右结束，奥军失败。弗里德里希二世亲率3个近卫步兵营追击，击败奥军后卫部队，扩大了战果。在1815年6月18日的"美好姻缘"会战（滑铁卢会战）中，拿破仑傍晚投入最后一支预备队，但未能扭转败局。普军进攻法军右翼侧和背后，法军被迫退却。弗里德里希·冯·比洛和格奈泽瑙率领普军立即追击，使法军的退却成了毫无秩序的溃退。——译者注

代会战中看到不追击的情况,但那只是些例外,总是由一些特殊情况造成的。

例如在大格尔申会战[1]和包岑会战[2]中,联军只是由于骑兵占有优势,才避免了彻底的大败;在大贝伦会战和登纳维茨会战中,是由于瑞典王储[3]不愿意而未进行追击[4];在拉昂会战中,是由于年迈的布吕歇尔身体虚弱而未进行追击。

博罗季诺会战也属于这方面的例子。关于这个例子,我们还要多讲几句,因为我们并不认为单单责备一下拿破仑就完事了,还因为这一情况以及很多与它类似的情况(统帅在会战开始前就被局势束缚住了手脚)似乎是极其罕见的。法国一些著名著作家和拿破仑的崇拜者(例如沃东库尔[5]、尚布雷[6]、塞居尔[7])明确地责备拿破仑,怪他没有把俄军全部逐出战场,没有用他最后的兵力粉碎俄军,否则就可以让这场俄军只是失利的会战变成俄军彻底大败的会战。在此详细地描述双方军队当时的情况,会让我们离题太远,但有一点是很清楚的:当拿破仑渡过涅曼河[8]时,他准备接下来打博罗季诺会战的部队有30万人,而到博罗季诺会战时只剩下12万人。他可能担心这些兵力不足以向莫斯科进军,而莫斯科看

---

[1] 1812年,拿破仑进攻俄国失败后,普鲁士于次年3月27日向法国宣战。5月2日,拿破仑率主力前往莱比锡。俄普联军趁机袭击位于大格尔申(Grossgörschen,今德国萨克森-安哈尔特州城市吕岑的一部分)附近的法军奈伊元帅。拿破仑急忙率主力返回,与联军反复争夺大、小格尔申等4个村庄。最后,联军向包岑退却。法军由于骑兵较少而未进行追击。——译者注

[2] 1813年5月18日,拿破仑从德累斯顿前往包岑。20日,拿破仑命乌迪诺进攻联军左翼,奈伊进攻联军右翼,自己则率主力从正面进攻。21日,联军大败,法军因骑兵不足而未进行追击。——译者注

[3] 即贝纳多特(Jean-Baptiste Jules Bernadotte,1763—1844),侯爵,法国元帅,瑞典国王。因他是瑞典国王卡尔十三世的养子,国王去世后,于1810年8月被瑞典国会选为瑞典王储。1813年统率瑞典、俄国和奥地利联军在莱比锡大会战中击败拿破仑。1818年,登基为瑞典国王,即卡尔十四世(1818—1844)。——译者注

[4] 1813年8月23日,乌迪诺所率法国和萨克森联军在大贝伦(Grossbeeren,今德国勃兰登堡州一小镇)附近被贝纳多特所率普鲁士、俄国、瑞典联军击败。拿破仑复命奈伊北征。9月6日,在登纳维茨(Dennewitz,今德国勃兰登堡州一小镇)也被贝纳多特击败。在两次会战后,贝纳多特都没有进行追击。有人认为,这是因为他过于谨慎,也有人认为是由于他碍于自己曾是法军将领,故不愿追击拿破仑。——译者注

[5] 沃东库尔(Frédéric François Vaudoncourt,1772—1845),法国将军,军事著作家。曾长期跟随拿破仑,著有《1812年法俄战争回忆录》。——译者注

[6] 尚布雷(Georges de Chambray,1783—1848),侯爵,法国炮兵将军和军事理论家。著有《远征俄国史》。——译者注

[7] 塞居尔(Philippe Paul Ségur,1780—1873),法国将军、作家和历史学家,著有《1800—1812年,一位拿破仑随军军官的回忆录》,是研究拿破仑的重要资料。——译者注

[8] 涅曼河(die Njemen),今白俄罗斯和立陶宛境内的一条河流,流入波罗的海,长937公里。——译者注

来是决定一切问题的关键点。拿破仑在取得博罗季诺会战胜利后相当有把握地认为可以占领这个首都，因为俄国人看上去极不可能在8天内发起第二次会战。拿破仑是希望在莫斯科缔结和约的。当然，假如拿破仑在进占莫斯科之前把俄军打垮，他缔结和约的把握就会更大，但首个前提是要抵达莫斯科，就是说要率领一支实力雄厚的部队抵达莫斯科，依靠这支部队控制首都，从而在俄国及其政府面前以统治者的身份出现。后来的事实表明，他带到莫斯科的兵力已经不足以完成这个任务。但是假如拿破仑在博罗季诺会战中为打垮俄军而把自己的部队一起搞垮了，那他带到莫斯科的兵力就更少了。拿破仑深深感觉到了这一点。在我们看来，他在博罗季诺会战中未投入全部兵力的做法是完全正确的，但是这种情况不能因此就算作"统帅因总的形势而放弃通过初步追击扩大胜利"的例子，因为这里还根本谈不上单纯的追击。当天下午4时，胜负已经决出，但是俄军仍保有绝大部分阵地，而且不打算放弃它。他们准备在拿破仑重新发起进攻时再进行顽强的抵抗，尽管这种抵抗一定会以彻底大败而结束，但会让对手付出很多血的代价。因此人们应把博罗季诺会战计入包岑会战那样的会战，是**没有进行到底的会战**。在包岑会战中，是失败者倾向于早些离开战场；在博罗季诺会战中，是胜利者倾向于满足得到半个胜利，这不是因为他怀疑最终能否取得胜利，而是因为他的兵力不足以获取全部胜利[1]。

让我们回到正题上来。从我们的考察中，对初步追击可以得出如下的结论：胜利的价值大小主要取决于追击时的猛烈程度；追击是取得胜利的第二个行动，在很多情况下甚至比第一个行动更重要；战略在此向战术靠近，以便从它手中接过完成了的工作[2]，其权威的第一个行动[3]就是要求胜利完美。

在极少情况下，即使进行了这种初步的追击，胜利的效果也没有再加大。只有胜利具有快速冲击力，真正的扩大战果之路才会开启。我们曾经说过，扩大战

---

[1] 俄法双方在1812年9月7日的博罗季诺会战中均受到很大损失，俄军损失4.5万人（一说5.2万人，占当时俄军正规军兵力的一半；作者在本书第七卷中给出的数字是3万人），法军损失3.5万人（一说2.8万人，其中1792名军官；作者在本书第七卷中给出的数字是2万人），双方均自称获胜。实际上，此次会战未能决出真正的胜负，但为俄军消耗法军和转入反攻创造了条件。——译者注

[2] 此处"完成了的工作"指进攻。——译者注

[3] 此处"第一个行动"指获胜后的初步追击。——译者注

果之路是由其他条件决定的。在这里我们还不准备谈这些条件,但是我们在此不妨谈谈追击的总的特点,以免我们在它可能出现的场合一再重复。

对继续追击,就其程度也可分为三种:单纯的尾随、真正的紧追,以及旨在切断敌人退路的平行行军。

单纯的尾随使敌人得以继续退却,直到他认为可以再度向我们发起战斗,因此单纯的尾随能够使追击者的既得优势发挥到极致,而且得到失败者所不能带走的一切,例如伤病员、疲惫不堪的士兵、一些行李和各种车辆等。但是这种单纯的尾随不能像下面两种程度的追击那样使对手进一步瓦解。

如果我们不满足于尾随敌人到其原来的营垒,以及占领敌人愿意放弃给我们的地区,而是每次都索取更多的东西,也就是说,每当敌人的后卫部队要占领阵地时,我们就用做好进攻准备的前卫部队向他发起进攻,那么这就可以促使敌人加速退却,促使敌人瓦解。敌人的瓦解主要是由敌人在退却中不停地逃跑引起的。对官兵来说,最痛苦的莫过于在疲惫不堪的行军后正想休息时,又听到敌人的炮声。如果在一段时间内天天遇到这种情况,就可能导致部队惊慌失措。在这种情况下,失败者往往不得不承认对手的意志是无法抗拒的,自己已经无力抵抗,而这种意识就会在很大程度上削弱部队的精神力量。如果追击者能以此迫使对手在夜间行军,那么这种紧追不舍的效果就会升至最大。如果胜利者傍晚时将失败者从其事先选定的营垒中又给吓跑了(无论这个营垒是部队本身用的,还是其后卫部队用的),那么失败者就只好要么夜行军,要么至少连夜变换阵地,继续退却。失败者的这两种结果是差不多的,而胜利者却可以安然度过一夜。

在紧追不舍的情况下,追击者行军的部署和阵地的选择还要取决于很多其他的条件,特别是要取决于给养、大的地形障碍、大的市镇等。因此,如果人们以几何图形来展示追击者如何通过摆布退却者迫使其在夜间行军,而自己却可在夜间休息,那就是可笑的、书呆子式的做法。尽管如此,人们在部署追击时向这个方向努力,以便在很大程度上提高追击的效果,还是正确和可取的。如果说人们在实施中很少考虑到这一点,那是因为即使是追击的部队,它在向这个方向努力时也比正常情况下的一站一站行军和安排一日作息要困难得多。早晨适时出发,以便中午进入营垒,剩下的白天时间用于筹集军需品,夜间用于休息,这比准确根据敌人的运动来确定自己的运动要轻松得多。因为在后一种情况下,追击者总是在最后一刻才能做出如何运动的决定，有时要在清晨出发，有时要在傍晚出发，一天之中总有多个小时处在敌人眼皮底下，与敌人相互炮战，不断进行零星的战斗，反复部署迂回，简单说就是要采取各种必需的战术举措。这对追击的部队来说，当然是沉重的负担，而在负担已经很多的战争中，人们总是倾向于摆脱那些看上去并非必要的负担。上述这些考察是正确的，它们可以用于整个部队，或者通常用于一支大的前卫部队。由于上述提及的原因，第二种程度的追击，即紧跟退却者的追击是相当少见的，甚至拿破仑在1812年俄国战局中也很少使用这种方法，令人瞩目的原因就是在他达到目的以前，仅是这一战局遇到的诸多困苦就已经让他的部队面临全军覆灭的危险。相反，法国人在其他战局中由于他们的毅力，在紧追不舍方面表现得还是很出色的。

最后，第三种程度的、也是最有效的一种追击是向失败者退却的下一个目的地平行行军。

任何一支失败的部队当然在他后面的或近或远处有他首先渴望达到的地点，包括：一旦被追击者占领，可能威胁退却者继续退却的地方，例如隘路；退却者先于追敌抵达这些地点，对于这些地点本身非常重要，例如首都、物资库等；或者退却者抵达后能够获得新的抵抗能力的地方，例如坚固的阵地、与友军的会合点等。

如果胜利者此时沿着与失败者平行的道路向这一地点行进，那么显而易见这会让失败者不得不加速退却，使退却变成慌不择路，最后变成溃逃。失败者对此只有三个对付的办法。第一个办法是扑向追敌，通过出敌不意的进攻赢得成功的可能性。不过从失败者的处境来看，获得这种成功的可能性总的来说不大。要想获得成功，显然要求有一位勇敢和富于进取的统帅和一支虽战败但并未彻底大败的优秀军队。因此这种办法大概只有在极少的情况下才能为失败者所用。

第二个办法是加速退却。但这恰好是胜利者所希望的，而且这很容易使部队过度劳顿，出现大量掉队人员，丢失和损坏火炮和各种车辆，从而造成更大的损失。

第三个办法是避开敌人，以便绕过容易被追敌切断退路的地点，在距敌人较远的地方，付出较少的劳顿行军，从而减少因匆忙退却而带来的损失。这最后的办法是三个办法中最糟糕的，因为通常只能将它视为一个无力偿还债务的人又欠下一笔新债,从而导致更为窘迫的局面。但是在有些情况下,这个办法还是值得推荐的,有时还是唯一可行的办法,而且也有成功的先例。然而一般来说,人们采用这个办法事实上大多不是由于确信它可以更有把握地达到目的,而是出于另一个令人难以容忍的理由,即害怕与敌人交手。害怕与敌人交手的统帅是多么可怜啊! 无论部队的士气受到多大的打击,无论对自己与敌人遭遇时在士气方面处于劣势的担心是多么正确,胆怯地回避一切与敌人作战的机会只会使自己的处境变得更糟。假如拿破仑在1813年回避哈瑙会战[1],改由曼海姆[2]或科布伦茨附近过莱茵河,那么他就不可能把哈瑙会战后尚余的3万至4万人带过莱茵河。**失败者恰恰可以通过小心准备和进行的小规模战斗以及由于是防御者而拥有的利用地形方面的优势,而能首先让部队的士气重新振作起来。**

在这里,防御者的哪怕是最小的战果所产生的有利效果也是令人难以置信的。但是对大多数的指挥官来说,要想做这种尝试,首先要克服自己的疑虑;而上述第三个办法即避开敌人,初看上去似乎容易得多,以至人们往往愿意这样做。然而失败者这样避开敌人,通常恰恰最能推动胜利者达成意图,从而使自己彻底失败。但是我们必须指出,这里指的是整个部队,至于一支被切断退路的部队试图通过绕路重新与其余部队会合,则是另一回事,因为这种情况是不同的,而且成功的例子并不少见。这种奔向同一目标的赛跑要有一个条件,就是追击者要有一支部队径直跟在退却者的后面,收获起所有被遗弃的东西,并且让退却者一直觉得追兵就在后面。布吕歇尔从滑铁卢[3]到巴黎追击法军的行军,在其他方面都做得很出色,唯有这一点没有做到。

这样的行军当然也会一并削弱追击者。如果逃敌被他另一支较大规模的部队接应,如果率领它的是一位杰出的统帅,而追击者没有充分做好消灭敌人的准备,那么就不宜使用这种方法进行追击。但是如果情况允许,这种手段就能像一部大机器那样发挥作用。在这样的追击下,败军会由于不得不丢下伤员和疲惫不

---

[1] 1813年10月,莱比锡会战后,拿破仑在退却途中在哈瑙受到奥地利、巴伐利亚和俄国联军的阻击。30日,拿破仑率剩下的3.5万余人击败联军,保证了退路的安全。——译者注
[2] 曼海姆(Mannheim),今德国巴登-符腾堡州一城市,位于内卡河流入莱茵河河口附近。——译者注
[3] 滑铁卢(Waterloo),今比利时瓦隆-布拉班特省一小镇,北距首都布鲁塞尔16公里,位于苏瓦涅森林南端。——译者注

堪者而不成比例地受到损失，部队由于时刻担心失败而士气低落，以致几乎不能设想会进行认真的抵抗；每天都会有数以千计的人未经战斗即成为追兵的俘虏。胜利者在这种充满幸运的时刻不能害怕分兵，这样才能把他和他的部队所能得到的一切都纳入胜利的旋涡，才能切断敌军此前外派小部队的退路，攻占敌军未做防御准备的要塞，以及占领大的城镇，等等。在新的状态[1]出现以前，胜利者可以为所欲为，而且他越是敢作敢为，新状态就出现得越迟。

在拿破仑的战争中，不乏通过大的胜利和出色的追击而取得辉煌战果的例子。我们只要回忆一下耶拿会战、雷根斯堡会战[2]、莱比锡会战和"美好姻缘"会战就够了。

---

[1] 指胜利者与失败者之间迟早会出现的均势状态。——译者注

[2] 1809年4月，拿破仑率法军进攻南德意志。具体是达武进攻雷根斯堡，马塞纳进攻奥格斯堡，拿破仑率主力居中策应。卡尔大公企图各个击破法军，命令希勒率一部向兰茨胡特迎击马塞纳，自率主力向雷根斯堡挺进。21日，希勒所率奥军于兰茨胡特被法军击败。22日，拿破仑率主力从兰茨胡特向卡尔大公的背后雷根斯堡迂回，与达武夹击奥军。卡尔大公大败，渡过多瑙河，退向维也纳。——译者注

★ 第十三章 ★
会战失败后的退却

在失败的会战中,败军的力量受到破坏,而且精神力量受到的破坏比物质力量受到的破坏更大。如果败军在新的有利情况出现以前进行第二次会战,将会招致彻底大败,甚至全军覆灭。这是一条军事上的公理。退却就其本性来说,应该进行到双方力量重新平衡为止,无论是由于败军得到了增援,还是由于败军得到了坚固要塞的保护,或者是由于败军利用了大的地形障碍,又或是由于胜利者的兵力过于分散。力量再度平衡出现的迟早,取决于败军所受损失的程度和失败的大小,但更多是取决于追击者的特点。一支败军的处境自会战后竟然没有任何变化,在退却不远处就得以重新部署就绪,这样的例子还少吗?究其原因,要么是因为胜利者士气不振,要么是因为胜利者在会战中所获得的优势不足以进行强有力的追击。

为了利用追击者的这些弱点或错误,为了不在形势所迫的范围以外再多退一步,更主要的是为了将自己的精神力量保持在尽量有利的一个水平,败军就非常有必要缓慢地且战且退,而且只要追击者超出限度地利用其优势,退却者就应立即进行勇敢和大胆的反击。杰出的统帅和久经战争历练的军队在退却时,总是像一只受伤的狮子一样退去。这无疑也是有关退却的最好的理论。

我们确实看到,当人们要摆脱一个危险处境时,往往不是迅速地摆脱危险,而是喜欢玩弄一些无济于事的形式，导致无谓地浪费时间，从而变得危险。有经验的指挥官认为"迅速摆脱危险"这一原则是十分重要的，但是人们不应将会战失败后的总的退却与一般的摆脱危险相混淆。谁要是认为在会战失败后的总退却中通过几次急行军就可以摆脱敌人，就可以比较容易地站稳脚跟，谁就是大错特错了。在进行总退却时，一开始必须尽量缓慢地退却，一般要以未受敌人摆布为原则。为坚持这个原则，就必须与紧追的敌人进行血战，为此做出牺牲是值得的。如果退却者不遵守这一原则，加速自己的退却，不久就会成为溃退。在溃退的情况下，仅是掉队士兵的数量就会比进行后卫战时可能牺牲的人还要多。此外，退却者剩下的最后一点勇气也会因此而丧失得一干二净。

　　用最优秀的部队组成一支强大的后卫部队，由最勇敢的将军率领，在最重要的时刻得到整个军团的支援，仔细认真地利用地形，每当敌前卫部队冒进和地形对我有利时，就进行强有力的伏击——简而言之，退却者准备和计划进行一系列真正的小规模会战，是贯彻上述原则的手段。

　　一方在会战时面临的有利条件有多有少，坚持的时间有长有短，因此这一方在会战失败后退却时面临的困难自然也有大有小。从耶拿会战和"美好姻缘"会战中，我们可以看到，竭尽全力抵抗优势对手后在退却时会混乱到什么程度。

　　不时出现分兵退却的论调[1]，主张分成小股部队退却，甚至做离心状的退却。我们这里要考察的不是那种只是为了便于行动而进行的分兵，在这种情况下，分开的部队依然有可能共同作战，而且始终保持共同作战的意图。除此以外，任何其他分兵的做法都是极其危险的，是违背事物本性的，因此是大错特错的。任何一场失败的会战都是一种削弱和瓦解的因素，这时最迫切需要的是集中兵力，并在集中的过程中恢复秩序、勇气和信心。退却者在敌人乘胜追击的时刻，以分开的小股部队去骚扰敌人的两侧——这完全是荒谬的想法。如果敌人是一个胆小的书呆子，那么这种办法也许能起到作用和收到效果；如果退却者不能肯定对手有这种弱点，那么他就不应该采用这种办法。如果会战后的战略形势要求退却者向左右派出部队，以保护自己的两侧，那也只能在情形许可的范围内进行。但是对这种分兵必须总是视为迫不得已而为之的下策，而且退却者在会战结

---

[1] 劳埃德和亚当·冯·比洛。——作者注

束的当天也很少能够做到这一点。

弗里德里希大帝在科林会战和放弃围攻布拉格[1]以后,分三路退却,但他不是主动选择这样做的,而是因为他当时的部队位置和保护萨克森的任务让他只能这样做。拿破仑在布里昂会战[2]后命令马尔蒙向奥布河方向退却,他自己则渡过塞纳河[3]转向特鲁瓦[4]。这次行动之所以没有给他带来什么不利,只是因为联军没有追击他,且分散了兵力,一部分(布吕歇尔)转向马恩河,另一部分(施瓦岑贝格)则由于担心兵力不足,只是十分缓慢地推进。

---

[1] 布拉格(Prag),今捷克共和国首都,位于伏尔塔瓦河河畔。——译者注
[2] 1814年1月29日,拿破仑在布里昂(Brienne-le-Château,今法国奥布省一城市,位于奥布河河畔)击败布吕歇尔率领的俄普联军,但2月1日在附近的拉罗蒂埃会战中负于联军。有的学者认为这两次会战为同一事件,将其统称为布里昂会战。联军在会战胜利后并未追击,反而分兵。很多评论家认为,如果联军当时集中兵力挺进巴黎,那么拿破仑就无法挽回败局。——译者注
[3] 塞纳河(die Seine),法国北部一条河流,流经里昂、巴黎等城市,流入英吉利海峡,长777公里。——译者注
[4] 特鲁瓦(Troyes),法国东北部一城市,位于巴黎东南,塞纳河河畔。——译者注

★ 第十四章 ★

夜战

夜战是怎样进行的，其过程的特点是什么，这些是战术上的问题。在这里，我们只是把夜战作为一个特殊的手段来考察。

其实，任何夜间进攻都只是程度较强的袭击。初看上去，夜间进攻似乎是十分有效的，因为在人们的想象中，防御者受到的进攻是其意料之外的，而进攻者对于所要发生的一切肯定早就做好了准备。防御者和进攻者的处境是多么不同啊！人们把夜战想象成一方面防御者处于极其混乱的状态，而另一方面进攻者只要忙着收获果实就行了。因此那些无须指挥任何部队、无须负任何责任的人常常会有夜袭的想法，然而在现实中，夜袭是很少见的。

上述种种想象都是以下述情形为前提的：进攻者了解防御者的举措，因为那些举措是防御者事先采取的和明显的，无法躲过进攻者的火力侦察和分析；相反，进攻者的举措是在进攻之前才采取的，防御者想必是无从了解的。但是实际上防御者对进攻者的举措并非完全无法知道；进攻者对防御者的举措更不是完全能够了解的。如果我们与对手的距离不是近到他就在我们眼皮底下（就像霍赫基尔希会战前，弗里德里希大帝就在奥地利人眼皮底下），那么我们只能从火力侦察和巡逻得到的情况，以及从俘虏和探子的陈述中了解敌人的部署情况。这样了解到的情况总是很不全面的，从来不是准确可靠的，因为这些情报或多或少总是过时的，敌人的位置可能自情报上报后又有了变化。再有就是，在过去军队采用旧的战术和宿营方法时，要了解对手的位置比现在容易得多。宿营帐篷组成的一条线比茅草屋营垒或露营容易识别得多，部队在展开的、有规律的前线上宿营也比目前经常出现的多路部署的各个师更容易识别。现在我们眼前有可能就是敌人某个分成多路宿营的师，但我们却无法了解到它的任何部署情况。

而防御者的部署情况还远不是进攻者要了解的全部，了解防御者在战斗过程中计划采取的举措同样重要，因为防御者的举措肯定不只是向四外射击。与以往战争相比，防御者的举措让近代战争中的夜袭更加困难，因为在近代战争中，这些在战斗过程中采取的举措比在战斗前采取的举措要多得多。在我们的战斗中，防御者的部署大多是临时采取的，而不是固定不变的，因此在我们的战争中，防御者比过去更能出敌不意地打击进攻者。

因此除了直接观察以外，进攻者在夜袭时很少或者根本无法了解有关防御者的更多情况。

相反，防御者一方甚至还有一个小的有利条件：他对构成自己阵地的地带比进攻者更熟悉，就好像一个人在自己家里，即使是在黑暗中也比陌生人更容易辨明方向。比起进攻者，防御者更清楚自己部队各部分的位置，可以更容易地抵达那里。

由此可见，在夜战中，进攻者和防御者一样需要好的眼力，因此只有特殊的原因才能让人决定发起夜间进攻。

这些特殊的原因大多与部队的从属部分有关，很少与部队本身有关，因此通常只是在从属的战斗中出现夜袭，在大的会战中很少有夜袭。

如果其他情况有利，我们就可以用大的优势兵力进攻敌军的一个从属部分，把它包围起来，或者予以全歼，或者在对其不利的战斗中让它蒙受重大损失。但是我们必须出敌不意地行动，否则这种意图是不可能实现的，因为敌人的任何一个从属部分都不会自愿投入这样一个不利的战斗，而是会回避这种战斗。然而除了利用十分隐蔽的地形这一少数情况以外，只有在夜间才能达到高度的出敌不意。因此，如果打算利用敌军某一从属部分漏洞百出的部署来实现上述意图，就必须利用夜间。即使战斗本身将在拂晓开始，至少也要在夜间做好预先的战斗部署。对敌军前哨或小部队的小规模夜袭就是这样进行的，其关键在于通过优势兵力和迂回，出敌不意地让敌人卷入一场不利的战斗，以致他不受到大的损失就无法脱身。

受到进攻的部队越大，对它进行这种夜袭的难度就越大，因为兵力较大的部队在内部拥有更多的手段，在援军到来以前，能够利用纵深抵抗较长时间。

由于上述原因，进攻者通常根本不能把敌人整个部队作为夜间进攻的对象，因为即使没有外来的援军，敌人整个部队本身也有足够的手段应对来自多方面的进攻。特别是在现代，任何人对这种普通的进攻形式都是一开始就有戒备的。多面进攻能否取得战果，通常并不取决于是否出敌不意，而完全取决于其他条件。在这里我们不想研究这些条件，而只是想指出：利用迂回固然可以收到很大的效果，但也带来很大的危险；因此除个别情况外，要想成功迂回，就必须具有如同进攻敌军的某一从属部分那样所必需的优势兵力。

但是包围和迂回敌军的一支小部队，特别是在漆黑的夜里，还是比较可行的，因为我们投入的部队无论对敌人这支小部队有多大的优势，毕竟很可能只是自己整个部队的一个从属部分。在这种冒着巨大危险的赌博中，比起用整个部队，人们还是可以用这一部分兵力做赌注的。此外，我们部队的大部分甚至全部，通常都可以支援和接应前去冒险的这支部队，从而可以减少这次行动面临的危险。

但是夜袭之所以只能由较小的部队来实施，不仅是因为它在冒险，而且也因为它在实施上面临很多困难。由于出敌不意是夜袭的本意所在，那么隐蔽行动就是实施夜袭时的基本条件。小部队比大部队更容易隐蔽行动，而对整个部队的几路部队来说就很少能做到这一点。出于这一原因，这样的夜袭行动在多数情况下也只是针对敌军的单个前哨。至于针对较大的部队，只有当它们没有足够的前哨时，才能对它们进行夜袭。例如弗里德里希大帝在霍赫基尔希会战中就是由于没有足够的前哨才受到夜袭的。比起从属部分，整个部队本身受到夜袭的情况更少见。

近代战争进行得比以前迅速和有力得多，双方部队的营地经常相距很近，而且没有强大的前哨配系，因为双方总是处于决战前不久的危机状态中。不过在这样的年代，双方的战斗准备都更充分。相反，以往战争中的一个习惯做法是：双方即使除了相互牵制以外没有任何其他打算，也还是面对面地进入各自的营垒，于是相持时间很长。弗里德里希大帝就经常和奥地利人在近到可以相互炮击的距离上相持数周。

这种更便于夜袭的设营方法在近代战争中已经不用了。现在军队已经不再携带全部给养和宿营必需品，因此通常有必要在敌我之间保持一日行程的距离。如果我们仍想特别关注一下对敌军进行夜袭的问题，那么可以得出结论：现在已经很少能够出现足以促成夜袭的动机了。这些动机包括：

1. 敌人特别粗心或者鲁莽，但这种情况很少见。即使有这种情况，通常会得到敌人士气方面很大优势的弥补。

2. 敌军惊慌失措，或者我军中的精神力量极占优势，以至仅此优势就足以代替指挥。

3. 要突破敌人优势兵力包围，因为此时一切都取决于出敌不意，而且这个单纯的突出重围的意图可以使兵力更好地集中起来。

4. 最后，敌我双方兵力悬殊，我方处于绝望的境地，以至我方只有采取极为冒险的行动才有可能成功。

但是在上述这些情况中总还是要具备一个条件，即敌军就在我们眼前，而且没有前卫部队保护。

此外，大多数的夜间战斗在开始时就要考虑到它是随日出而结束的，接近敌人和发起进攻都必须在暗夜的掩护下进行，因为这样进攻者就能更好地利用给对手造成的混乱。相反，如果只利用暗夜接近敌人，而战斗要在拂晓才开始，那就不能算是夜战了。